尚書

曾運乾 注

黃曙輝 校点

上海古籍出版社

图书在版编目（CIP）数据

尚书／曾运乾注；黄曙辉校点.—上海：上海古
籍出版社，2015.12（2025.5 重印）
（国学典藏）
ISBN 978－7－5325－7847－4

Ⅰ.①尚… Ⅱ.①曾… ②黄… Ⅲ.①中国历史—商
周时代 Ⅳ.①K221.04

中国版本图书馆 CIP 数据核字（2015）第 247014 号

国学典藏
尚书
曾运乾　注
黄曙辉　校点
上海古籍出版社出版发行
（上海市闵行区号景路159弄1–5号A座5F　邮政编码 201101）
（1）网址：www.guji.com.cn
（2）E－mail：guji1@guji.com.cn
（3）易文网网址：www.ewen.co
江阴市机关印刷服务有限公司印刷
开本 890×1240　1/32　印张 8.625　插页 5　字数 224,000
2015 年 12 月第 1 版　2025 年 5 月第 8 次印刷
印数：12,501 — 13,550
ISBN 978－7－5325－7847－4
K·2119　定价：34.00 元
如有质量问题，请与承印公司联系

前　言

黄曙辉

在我国古代浩如烟海的古代典籍中,《尚书》是流传至今历史最为久远的一部历史文献汇编,其中保存了大量先秦时期政治、思想、历史、哲学、历法、典章、法律、语言文字、地理、军事诸方面的珍贵文献资料,为研究我国上古时代历史、文化的一部重要古籍。《尚书》属于五经之一。尚,上也。"尚书"即上古以来之书,是汇编上古历史文件与追述古代事迹的著作,相传由孔子编选而成,又经后代儒者增改。

西汉初伏生所藏壁中《尚书》尚存二十八篇,以西汉当时通行文字隶书抄写,故称《今文尚书》。后又有汉武帝时在孔子住宅壁中发现之《尚书》,较今文多十六篇,《汉书·艺文志》记载刘向见到藏于朝廷中秘府的《尚书》,东汉杜林避难陇西时获得漆书《尚书》,这些《尚书》都以秦汉以前的古文写就,故称《古文尚书》,然均已散佚。至东晋初,豫章内史梅赜献《古文尚书》五十八篇,其中包括西汉今文二十八篇,但被析成三十三篇,以及另外二十五篇,用来凑成刘向、郑玄所说的古文五十八篇之数。全书有一篇《孔安国序》,各篇有题为《孔安国传》的注。此部伪《孔传古文尚书》,当时以为真,立于学官。唐代修《五经正义》,其《尚书》正文,即梅赜所献之古文。然宋代吴棫、朱熹,宋元之际吴澄,元代赵孟頫及明代梅鷟等学者(吴说见《书纂言》、梅说见《尚书谱》和《尚书考异》),都怀疑梅赜所献之书为伪书,至清代阎若璩撰写《尚书古文疏证》,列举九十九事,判定《古文尚书》为伪作,《孔安国传》是"伪《孔传》",这一本子是"伪孔本"。《古文尚书》之非真,当时以为定论。不过现代有人提出,梅赜所献之《尚书》,亦有其来源,或为梅氏选择编纂而成,不得径冠以"伪"字。伪孔本中保存了今文二十八篇,它们是商周文献的孑遗,仍是今天研究古史的珍贵资料。古文《尚书》之真伪,尚是经学史上悬案,未可云定谳。清华大学于2008年7月收藏的一批战国竹简,内有不少《尚书》文献,当为真《古文尚书》,却与梅赜所献者不同,则梅书之伪,又得到地下实物的验证,期待清华竹简的研究成果早日完整公布,为《古文尚书》真伪之争划上句号。

今古文《尚书》篇目分别如下:

《今文尚书》二十八篇,分别为:《虞书》(两篇。汉今文与马融、郑玄古文中与《夏书》合称为《虞夏书》),《尧典》、《皋陶谟》;《夏书》(两篇),《禹贡》、《甘誓》;《商书》(五篇),《汤誓》、《盘庚》、《高宗肜日》、《西伯戡黎》、《微子》;《周书》(十九篇),《牧誓》、《洪范》、《金縢》、《大诰》、《康诰》、《酒诰》、《梓材》、《召诰》、《洛诰》、《多士》、《无逸》、《君奭》、《多方》、《立政》、《顾命》、《吕刑》、《文侯之命》、《费誓》、《秦誓》。

《虞书》记载的是我国上古唐虞时代的历史传说,包括唐尧禅让给虞舜、虞舜的政治活动、虞舜与大臣的对话等,因都以虞舜为中心,故称《虞书》。

《夏书》中的《禹贡》记载大禹治水以后全国的地理情况,另一篇《甘誓》记载大禹的儿子启征讨诸侯有扈氏的誓师辞,这都说的是夏朝初期的事情。

《商书》中的《汤誓》记载商汤伐桀,其馀都是商朝后半期的事情,其中《盘庚》记载盘庚迁都于殷时告谕臣民的讲话;其馀都记载商朝末年的事,《西伯戡黎》、《微子》与商纣王有关,和《周书》中前一部分的内容是直接相连的。

《周书》中,从《牧誓》到《立政》这十四篇内容最为丰富,详细记载了周朝灭殷(即商)以及周人如何巩固其对殷人的统治等情况,包括:武王伐纣、周公摄政、周公东征、周公召公会谈、周公还政等;周公姬旦为其主要人物。后面五篇的时代和内容性质各不一样,前三篇是西周前期周朝中央的档案资料,后两篇属于春秋中期鲁国和秦国的资料。

《伪古文尚书》五十八篇,凡《虞书》五篇、《夏书》四篇、《商书》十七篇、《周书》三十二篇。除古文中本有的二十八篇被分作三十三篇外,另有二十五篇为伪造,分别是:《大禹谟》、《五子之歌》、《胤征》、《仲虺之诰》、《汤诰》、《伊训》、《太甲》(上、中、下三篇)、《咸有一德》、《说命》(上、中、下三篇)、《泰誓》(上、中、下三篇)、《武成》、《旅獒》、《微子之命》、《周官》、《君陈》、《毕命》、《君牙》、《冏命》和《蔡仲之命》。

孔传《伪古文尚书》中有仅存篇目的四十篇:《汩作》、《九共》(九篇)、《槁饫》、《帝告》、《厘沃》、《汤征》、《汝鸠》、《汝方》、《夏社》、《疑至》、《臣扈》、《典宝》、《明居》、《肆命》、《徂后》、《沃丁》、《咸乂》(四篇)、《仲丁》、《河亶甲》、《祖乙》、《高宗之训》、《分器》、《旅巢命》、《归禾》、《嘉禾》、《成王政》、《将蒲姑》、《贿肃慎之命》、《亳姑》。

《尚书》各篇文体不尽相同,大多数篇章是“记言”,但也有些篇章是“记事”或“记言兼记事”。《尚书》中的“典”,即经典之意,像《尧典》记载尧舜的事迹和言论,古人奉为经典,故称“典”。君臣对话称为“谟”,臣对君的建议称为“训”。其中题为“誓”、“诰”的是号令。平时的号令叫“诰”,有关军事的叫“誓”。“命”是君对臣的封赐和命令等。《盘庚》、《微子》以人名为题,《高宗肜日》、《西伯戡黎》以事为题,《洪范》、《无逸》以内容为题。

《尚书》向来号称难读,韩愈《进学解》曾感叹“周《诰》殷《盘》,佶屈聱牙”,不依赖注释,基本无法通解。汉代以来,有关《尚书》的注释汗牛充栋,清代学者考证研究,用力更勤,成果也最丰硕,如江声的《尚书集注音疏》、王鸣盛的《尚书后案》、孙星衍的《尚书今古文注疏》、王先谦的《尚书孔传参证》,都是旁征博引、汪洋浩瀚的专著,但这些可供研究《尚书》的学者参考,不是初学可用之书,真正能起到入门津逮之用,当推民国时期曾运乾先生所著的《尚书正读》。

曾运乾(1884—1945),著名语言文字学家。字星笠,晚年自号枣园,湖南省益阳人。毕业于湖南优级师范学堂,曾从王湘绮、曾广钧诸先生治文字学,于音韵、训诂尤有研究。历任东北大学、中山大学、湖南大学教授。他在音韵学方面的贡献主要表现在:对"声纽"的研究上,提出古纽"喻三归匣"、"喻四归定"的论点,认为喻纽三等字跟匣纽是同类,得到学界认可;提出《切韵》音系不只是韵类有洪细的区别,声类也有洪细的不同,声类和韵类的洪细恰好是相应的;认为中古有五十一类声纽。1996年中华书局合刊其相关音韵学著作为《音韵学讲义》,2012年湖南教育出版社《湖湘文库》版《声韵学》网罗更富。

曾氏学识渊博,上自诸经子史,下至小学训诂天文星相乐律无不博览,除相关音韵著作及各期刊上发表者外,尚有石印本《春秋三传通论》、《礼经礼记通论》各一卷和国立湖南大学出版之《广韵研究讲义》、《古声韵学讲义》、《尚书正读》六卷等,铅印本有与陈鼎忠(天倪)合撰之《通史叙例》1933年南京钟山书局本、《目录学讲义》国立清华大学本、《声韵学》湖南大学本。其他如《毛诗说》、《三礼说》、《尔雅说》、《荀子说》、《庄子说》等书稿,生前未能整理,其中《毛诗说》后由周秉钧整理于岳麓书社1990年出版。

《尚书正读》乃曾氏遗著之一,所释以今文二十八篇为主,其馀只存篇目与书序。除今文二十八篇外,其他各篇分别注有"逸"字或"亡"字。"逸"是指有经文的"逸篇"来说的,"亡"是指根本没有经文的篇名来说的。《蔡仲之命》属"逸篇",但本书中没有任何文字说明,也无此四字篇名,当属遗漏。由于曾氏精通小学,故于训诂、辞气二者,均极其精能,以此通解《今文尚书》二十八篇,不欲令其有一言之隔。《古文尚书》部分,因曾氏判定为伪,故未予以注释。会通汉唐以来诸家的注疏考证,多所折衷,对前人成说博观慎取以为参证。尤多广采清人诸家《尚书》研究成果,如江声的《尚书集注音疏》、王鸣盛的《尚书后案》、孙星衍的《尚书今古文注疏》、焦循《禹贡郑注释》和

《尚书补疏》、刘逢禄《尚书今古文集解》等，经其筛选，所取皆诸书精华。其注疏简明扼要，于训诂、文法、声音、辞气间力图推求古人立言真意所在，精谨绵密。其于经文纠结难明之处，则剖肌析理，能道其所以，胜义纷披，卓绝一时，使素称佶屈聱牙的《尚书》略可通读，颇便后学。

　　曾氏生前，曾以此书为讲稿，授课于中山大学与湖南大学，后经顾颉刚先生推荐，中华书局据湖南大学油印讲义加以整理，校正讹误，并加断句，于1964年正式出版。惟当时仅加断句，未可云文析义明；于引文起讫，亦未尝辨明，一般读者仍苦难读。今施以新式标点，疏通文义；于引用旧注以及博采通人之说处，悉加校核，标明起止，简体横排，以供广大读者参考。曾氏挚友杨树达先生1936年序此书，曾谓“依其训释以读经文，有如吾人读汉唐人之诏令奏议”，今经此爬梳整比，庶几益化艰深为平易，使佶屈聱牙之文已变为唐宋人之诏令奏议者，再变为人人可读之书云。

目 录

卷一 虞夏书

尧典 舜典

昔在帝尧，聪明文思，光宅天下。将逊于位，让于虞舜，作《尧典》。

【正读】尧，唐帝名。典，《说文》云："从册在丌上，尊阁之也。"郑康成云："《书》以尧为始，独云'昔在'，使若无先之典然也。"按《周官》："外史掌三皇五帝之书。"《左传》载楚左史能读《三坟》、《五典》、《八索》、《九丘》。《楚语》：申叔时云："教之训典。"注以为"五帝之书"。是尧以前书有称"典"者。《史记·五帝本纪》云："学者多称五帝，尚矣，然《尚书》独载尧以来。"盖孔子序《书》，上记唐虞，下至秦缪，编次其事。唐虞以上，非无记载，以其简编脱落，朴略难传，断远取近，自唐虞始，故云"使若无先之典然也"。光，犹广也。宅，宅而有之也。尧、舜禅让之事，虽分两序，实为一篇，首尾贯穿，盖夏史所记也。

虞舜侧微，尧闻之聪明。将使嗣位，历试诸难，作《舜典》。

【正读】侧，伏也。微，犹贱也。之，犹其也。历试诸难，郑康成说以入麓伐木，其一隅也。刘逢禄《书序述闻》云："二典，《大学》引作帝典者，盖《尧典》、《舜典》异序同篇，故序言'将逊于位，让于虞舜'，即前半篇咨岳举舜之事也。又序言'虞舜侧微，尧闻之聪明。将使嗣位，历试诸难'，即下半篇宾四门、纳大麓以下之事也。古今文本二典皆合为一篇，犹之《顾命》、《康王之诰》伏生本合为一篇，则亦一书而两序也。惟赵岐《孟子注》乃云：‘孟子时《尚书》凡百二十篇，逸《书》有《舜典》之序，亡失其文。《孟子》诸所言舜事，皆《舜典》及逸《书》所载。’考《孟子》所载舜往于田及完廪诸事，不称‘《尧典》曰’，又不称‘《书》曰’，其‘祗载见瞽瞍’称‘《书》曰’，则逸《书》《大传》之类也。又曰：‘不及贡，以政接于有庳，此之谓也。’亦传记所称，皆不足为《舜典》之证。即《史记》所作《舜本纪》，亦无出《尧典》所述之外，可知非别有篇矣。"陈亦韩《经咫》云："本无别出《舜典》，《大学》引《书》，通谓之帝典而已。虞夏之书，不若后世史家立有定体，二帝分厘为两纪也。"陈兰甫云："陈说通矣。刘说以《康王之诰》为比，尤通。若谓《舜典》亡矣，岂可云《康王之诰》亦亡失乎？"今按，诸说并是也。二典通为一篇，宛如后世史家合传体。晚出孔传本析"慎徽"以下为《舜典》，固为割裂，清朱竹垞、赵云松欲析"月正元日"以下为《舜典》，然截去"慎徽五典"以下，明与序文"历试诸难"不合，不如仍旧。

曰若稽古，帝尧曰放勋，钦明文思安安，允恭克让。光被四表，格于上下。

【正读】"曰若"，审慎之词。"曰"，亦作"粤"，或作"越"。《汉书·律历志》引《武成》"惟一月壬辰，旁死霸，粤若来二月"，《逸周书·世俘》"惟一月丙午，越若来二月"，《周书·召诰》"惟太保先周公相宅，越若来三月，惟丙午朏"。越若，皆语词，无实义。稽，考也。古，故也，从十口；十口，识前言者也。"曰若稽古"四字句绝。段玉裁《古文尚书撰异》云："'曰若稽古'四字为句，不独《皋陶谟》也，盖《尧典》亦然，《逸周书·武穆解》可证也。"按《左传》引《尧典》"赋纳以言"为《夏书》。《墨子·明鬼篇》云："《尚书》夏书，其次商周之书。"郑康成《书赞》云："三科之条，五家之教。"段玉裁云："三科，谓虞夏一科，商一科，周一科也。"《扬子法言》亦称"《虞夏之书》浑浑尔，《商书》灏灏尔，《周书》噩噩尔"，皆题曰"虞夏书"者，孔颖达谓虞夏同科，虽虞事亦连夏。窃意二典三谟，本夏史所记，或虽出于伯夷、彭祖之手，其书实成于夏代，故冠以"曰若稽古"四字。《左氏》、《墨子》所由目为"夏书"，而马、郑等乃改题"虞夏"也。序云"昔在帝尧"，云"昔在"者，即"曰若稽古"之例，亦审慎之意也。昔正考父校商之名颂十二篇于周太师，以《那》为首。其《辑》之乱曰："自古在昔，先民有作。温恭朝夕，执事有恪。"先圣王之传恭，犹不敢专。称曰自古，古曰在昔，昔曰先民，此与太史执简、孔子序《书》，如出一辙。而贾、马乃以"若稽"为"顺考"，郑君乃以"稽古"为"同天"，岂所拟于不知则阙者哉？尧，名也。放勋，盖字也。"帝尧曰放勋"五字句绝。即《五帝本纪》云"帝尧者放勋"也。敬事节用谓之钦，照临四方谓之明，经纬天地谓之文，虑深通敏谓之思，宽容覆载谓之安。允，信。克，能。不懈于位曰恭，推贤让能曰让。"光被四表，格于上下"，郑云："言尧德光耀及四海之外，至于天地。所谓'大人与天地合其德，与日月合其明'也。"晚出孔《传》训"光"为"充"，虽本雅训，然以"光"为"广"之借字，不如郑君用光之本义为训也。

克明俊德，以亲九族。九族既睦，平章百姓。百姓昭明，协和万邦，黎民於变时雍。

【正读】俊，大也。《大学》引此经释之云："皆自明也。"郑注云："皆自明明德也。"九族者，郑云："上自高祖，下至玄孙，凡九族，皆同姓。"睦，敬和也。平，当为采，形之误也。《说文》："采，辨别也。读若辨。"郑云："辨，别，章，明也。"百姓，百官族姓也。协，亦和也，双声联用。黎，众也。於，叹词，如《诗》"於昭于天"之"於"。变，化也。时，善也。雍，和也。言众民从化而变，悉臻和善也。章太炎《尚书故言》云："《尧典》记事，文不直遂，而以美言总摄，犹与汉世铭颂相似。其颂德称'钦明文思安安，允恭克让，光被四表，格于上下'，又与魏晋州郡品目邻类也。上世史官诚草略，亦由德广所及，不可繁称。所谓'太上，下知有之'，'荡荡乎民无能名焉'。"按，以上浑言尧之德化。

乃命羲和，钦若昊天，历象日月星辰，敬授民时。

【正读】《国语·楚语》云："少昊之衰也，九黎乱德，民神杂糅，不可方物。颛顼受之，乃命南正重司天以属神，命火正黎司地以属民。其后三苗复九黎之德，尧复育重黎之后不忘旧者，使复典之，故重黎氏世叙天地。"韦注云："重黎之后为羲和。郑君亦谓尧育重黎之后羲氏、和氏之贤者，使掌旧职天地之官。"是也。钦，敬也。若，顺也。昊天，混然之气，昊然广大也。钦若昊天者，言当顺天以求合，不当为合以验天也。历，数也，读如"历日月而迎送之"之"历"。象者，像也，读如"圣人象之"之"象"也。古历定天周三百六十五度又四分度之一。日，每日行天一度。月，每日行天一十三度又十九分度之七。星，二十八宿环列于天，四时迭中者也。日月之所会，是谓辰。分二十八宿之度为十二次，是为十二辰。稽四者之度，象四者之行，以审知时候而授民也。羲和，掌天地，四子分掌四时。

分命羲仲，宅嵎夷，曰旸谷。寅宾出日，平秩东作。日中，星鸟，以殷仲春。厥民析，鸟兽孳尾。

【正读】羲仲，官名，盖春官也。下文羲叔、和仲、和叔，则夏官、秋官、冬官也。仲、叔皆羲和氏之子，所谓重黎氏世叙天地，以至于夏商者也。宅，度也。度之而识其晷景，以定中国之日出入分也。嵎夷，《禹贡》在青州，《说文》在冀州，《史记索隐》云："按今文《尚书》及《帝命验》并作禺铁，在辽西。"《后汉书·东夷传》说夷有九种云："昔帝命羲仲宅嵎夷，曰旸谷，盖日之所出也。"考《禹贡》"海岱惟青州"，《尔雅释文》引郑注"舜以青州越海，而分齐为营州"，则青州正有今辽沈之地。旸谷为首阳山谷，则在今辽阳县境。《禹贡》与冀州接壤，故《说文》又以为在冀州也。寅，敬也。宾，蔡《传》云："礼接之如宾客也。"出日，方出之日。盖以春分之旦，朝方出之日，而识其初出之景也。盛百二《尚书释天》云："宾饯测日，与下敬致不同。彼测于正午之时，以表景之长短，知日行之发敛。而此则测之于卯西，以表景之斜直，知日躔之进退。所争在俄顷，必先以候之，始知宾饯之喻，分外亲切。"平，当为采。《周官·冯相氏》注引作"辨"。辨秩，辨别秩序也。东作，陈寿祺《左海文集》云："作，始也。日春行东陆，立春春分，月从青道，出黄道东，故经曰'辨秩东作'，言日月之行于是始，羲仲辨次之也。西成，成训平也。日秋行西陆，立秋秋分，月从白道，出黄道西，故经曰'辨秩西成'，言日月之行于是得正而平，辨次之也。是时日夜分，气候适平也。又日春在奎，而月圆于角。角者，东宫维首之星也。日秋在角，而月圆于奎。奎者，西宫维首之星也。亦东始西平之义，步日以月，此二者春秋致月之事也。"按陈氏以"平秩东作"及"平秩西成"为春秋致月之事，实发前人所未发。盖前人于"东作"、"南讹"、"西成"、"朔易"四者，均就农事泛言，按之历法及文例，均有未合。考日躔月离，同为步天家所重。春分宾日，秋分饯日，既以表景测日躔之进退，而于月离竟不之及，岂足以知合朔之迟速及交食之时刻？一也。上文命羲和历象日月星辰，是言总测四者，乃能敬授民时。此文宾日饯日推求日躔之进退，敬致推求日躔之发敛，是历象日行也。星鸟、星火、星虚、星昴，考验漏刻中星，以定启闭分至，是历象星辰也。若遗月不测，四缺其一，乌足以瞻天象之全？二也。又本文文例整齐，由天象而人事，由人事而物候，皆先言推步，后言征验。若"东作"、"南讹"、"西成"、"朔易"皆言农事，而"南讹"之下又言"敬致"，则文气隔阂为不辞矣。三也。故陈氏言"东作"、"西成"为春秋致月之法，毫无可疑。惟其所释阔略，尚未足以阐明经旨。考一行《大衍历议》引刘向《洪范五行传》云："日有中道，月有九行。"中道，谓黄道也。九行者，青道二，出黄道东。赤道二，出黄道南。白道二，出黄道西。黑道二，出黄道北。立春春分，月东从青道。立夏夏至，月南从赤道。立秋秋分，月西从白道。立冬冬至，月北从黑道。月不行黄道。谓之九道。月之出入，必循黄道内外也。所谓黄道即日道，斜落于赤道而与赤道交于春秋分处。所谓白道、赤道、青道、黑道皆月道，又斜交于黄道。其交点逐时东移。交周分为四象，有正交，有中交。正交者，交之始也。中交者，交之终也。又有半交当两交之中，与黄道相去六度。尧时冬至日在虚，立春日在壁，春分日在昴，立夏日在东井，夏至日在星，立秋日在轸，秋分日在房，立冬日在斗。令春分月道从昴起右旋，当星入阴历为正交，当房去黄道六度为半交，至虚入阳历为中交，复于故所而稍东，是为交终。复以次而东，正于井为立夏，正于星为夏至，正于轸为立秋，正于房为秋分，正于斗为立冬，正于虚为冬至，正于壁为立春。逐节转移，不循故轨。凡月追及于日而东西无距度为朔，距日一百八十度为望。此皆为东西同经。其入交也，正当黄道而无纬度，是为南北同纬。虽入交而非朔望，则同纬而不同经。当朔望而非入交，则同经而不同纬。若日月之行逢朔望，而东西同经，又值入交，而南北同纬，则有薄蚀。当朔而日为月所掩，是为日蚀。当望而月为日所冲，是为月蚀。故月行出入黄道，交阴阳历为推测日月食之根。推步家所依以起度也。羲和治历，于春秋分测日之晷景于晨，以知日躔进退。又测月之宿度于夜，以知交道出入。因中星以知日躔，亦因中星以知月道。一行《大衍历议》云："月行合朔所交，以黄道内为阴历，外为阳历。阴阳历交在夏至冬至，则月行青道白道，所交则同，而出入之行异。故青道至春分之宿及其所冲，皆在黄道正东。白道至秋分之宿及其所冲，皆在黄道正西。"依此推尧时，则春分正于昴而行白道。交阴历于昏中星，交阳历于旦中虚。半交至秋分之宿则为房，其对冲之宿则为昴。秋分正于房而行青道。交阴历于昏中虚，交阳历于旦中星。半交至春分之宿为昴，其对冲之宿则为房。是故刘向言春分月从青道。一行云："冬在阴历，夏在阳历，月行青道。"两不相同者，刘向以半交所至言，一行以交初所临言也。星昴、星火两相对冲，白道、青道相为首尾。由白道可推青道，由青道复可推白道。经于春分言"东作"，于秋分言"西成"，白道、青道两相成也。于春秋分皆言"平秩"，不啻将月行逐渐东移之道，丝丝入绘也。于春分言"日中"，于秋分言"宵中"，又不啻将昼间测日、夜间测月之理，两两对勘也。月行交道既明，日月薄蚀，乃有可推。古人制字，朔、望、有均从月得义。"朔"字从月从屰，月与日同经度而不同纬度，则相屰而为合朔；若同经度而又同纬度，则相屰而为日食。"望"为月食专字，从月从壬，取日月相对望也；从亡，遇食则有亡象焉。"有"为日食专字，从月，月光蔽其明也；从又，一指蔽前，泰山不见也。则知日月食之由于蔽也。然则测月道以验薄蚀，有文字以来知之，羲和特因旧法加精也。至于测验不于冬夏而于春秋者，盖以测天之术，月道为难；合天之验，日食为准。春秋二分，道则黄赤斜交，纬度之差，大而易见；星则昏旦迭中，昼夜之度，均而不爽，故测月以春秋为宜也。虽交终有退，周终有差，羲和验否，未得而知。然当时月道，春分正于昴，夏至正于星，秋分正于房，冬至正于虚，则固万世推算日月蚀之根数，无可致疑。日中者，春分之刻，于永短为适中也。《正义》引马融云："古制刻漏，昼夜百刻。日中，昼漏五十刻，夜亦五十刻。"星鸟者，南方朱鸟七宿之中星，即七星也。不曰星星，而曰星鸟者，避不成词也。殷，正也。《正义》云："冬夏言正，春秋言殷者，其义同以调正四仲之气候也。"析，分散也。蔡《传》云："先时冬寒，民聚于隩，至是则以民之散处而验其气之温也。"孳尾者，乳化曰孳，交接曰尾。以物之生育而验其气之和也。

申命羲叔，宅南交，曰明都。平秩南讹，敬致。日永，星火，以正仲夏。厥民因，鸟兽希革。

【正读】申，重也。南交，古交趾也。《大戴礼·少闲篇》云："昔虞舜以天德嗣尧，朔方幽都来服，南抚交趾，出入日月，莫不率俾。"《墨子·节用篇》云："古者尧治天下，南抚交趾，北降幽都，东西至日所出入，莫不宾服。"是其证也。曰明都，依郑注增。郑云："夏不言'曰明都'三字，摩灭也。"按依上下文"曰旸谷"、"曰昧谷"、"曰幽都"例，"宅南交"下必实指其地名。郑知为"曰明都"三字，必有所据，今未知其审。"平秩南讹"，与下文"平在朔易"同为冬夏致日之事。南，南陆也。朔，北陆也。《尔雅·释天》云："玄枵，虚也。北陆，虚也。大梁，昴也。西陆，昴也。"古以星纪日月之行，分为四象，亦谓之四陆。《曲礼》云："前朱雀，后玄武，左青龙，右白虎。"合诸《左传》"日在北陆，西陆朝觌"之文，是四陆即四象也。角、亢、氐、房、心、尾、箕，为东陆苍龙之宿；斗、牛、女、虚、危、室、壁，为北陆玄武之宿；奎、娄、胃、昴、毕、觜、参，为西陆白虎之宿；井、鬼、柳、星、张、翼、轸，为南陆朱雀之宿。《尔雅》举虚为北陆，昴为西陆，则星为南陆，房为东陆可知。又《左传》于冬言"日在北陆",则夏时日行南陆可知也。此所言之"南",即日所躔之南陆,尧时夏至日在星也。下文所言之"朔",即日所躔之北陆,尧时冬至日在虚也。讹,动也,言发动。下文"易",《说文》云"日月为易,言变易"也。"讹"与"易"相对为文。古历言天体浑圆,环列二道:一曰赤道,赤道者,以南北极为主而中分之,南北纬度皆九十度者也;一曰黄道,其道斜交于赤道内外,其与赤道南北至远之处不过二十三度半者也。本为平直,因其斜交赤道,故觉其有内外也。赤道古曰中衡。从黄道东端引一线,南与赤道平行者为内衡,今称北回归线;从黄道西端引一线,北与赤道平行者为外衡,今称南回归线:日道南北之所极也。唐尧时,夏时日行南陆朱鸟七宿,夏至日在星,在黄道为最北,南去赤道二十三度半,是称内衡。自此发而南,右旋,历东陆苍龙七宿迄房,交于赤道为秋分。复右旋,行北陆玄武七宿迄虚,北距赤道二十三度半,是为冬至,是称外衡,在黄道为最南也。自此敛而北,仍右旋,历西陆白虎七宿迄昴,交于赤道为春分。复右旋,经南陆朱鸟七宿迄于星,当内衡,复于夏至。是为一岁。本文"南讹",言日行自南陆而动。下文"朔易",言日行自北陆而变也。或曰:南讹言日道自内衡南行。朔易言日道自外衡北返也。南讹朔易,犹言南发北敛。南讹极于冬至,朔易极于夏至。其闲迟疾盈缩,不能一概,故须辨章次第之也。经于南讹言平秩,于朔易变言平在者,在,察也。古人治历,从冬至起。气分太过或未至,纤微之差,误以千里。故尤须平章熟察之也。敬致者,《周官·保章氏》"冬夏致日",《左传》"日官居卿以底日",《尔雅·释诂》:"底,止也。"又:"待也。""底"、"致"声相近,义亦相成。春迎方出之日而言宾,秋送将入之日而言饯,夏冬待方中之日而言致言底,其义一也。《汉书·天文志》云:"日有黄道,一曰光道。黄道北至东井,去北极近;南至牵牛,去北极远。夏至至于东井,近极,故暑短;立八尺之表,而晷景长一尺五寸八分。冬至至于牵牛,远极,故晷长;立八尺之表,而晷景长一丈三尺一寸四分。晷景者,所以知日之南北也。此日去极远近之差,晷景长短之制也。"日永者,马云:"日长则昼漏六十刻,夜漏四十刻。"星火者,仲夏之昏火星中。《左傅》:"古之火正或食于心,故心为大火。"《夏小正》："五月大火中。"《尔雅》："大火谓之大辰。"注："大火，心也。在中最明，故时候主焉。"因，犹言因仍也。《说文》："仍，因也。"《论语》："仍旧贯。"言因仍旧事也。此言夏时天气溽暑，民气因仍，惮于进取改作也。希革者，晁错云："扬粤之地，鸟兽稀毛，其性能暑。"是希革犹言稀毛也。

分命和仲，宅西，曰昧谷。寅饯纳日，平秩西成。宵中，星虚，以殷仲秋。厥民夷，鸟兽毛毨。

【正读】李光地云："西者，九州之极西处。识其暑景，以定中国之日入时也。"昧谷，今文本作"柳谷"，虞仲翔驳郑解《尚书》违失事，言古大篆"亚"字当读为"柳"。古"柳"、"卯"同字，而以为昧。按古文亚、亚二字形近。伏生本盖作亚，以亚、柳声同而读为柳。壁中本盖作"亚"，以亚昧双声而读为昧。《尔雅》："西至日所入为大蒙。"《淮南子》："至于蒙谷，是谓定昏。"蒙谷即昧谷，日之将入有蒙昧之象。蒙昧亦双声字。蔡《传》云："曰昧谷者，以日所入而名也。"饯，礼送行者之名。纳日，方纳之日也。盖以秋分之莫，夕方纳之日而识其景。是也。西成者，秋分月从白道，与春分月从青道相成也。"平秩东作"、"平秩西成"并春秋致月之事。宵中者，郑云："日不见之漏与见者齐。"星虚者，秋分之昏虚星中。厥民夷，《史记》作"其民夷易"。臧琳云："《尔雅》'平、均、夷、弟，易也。'是'夷''易'义同。言其民至秋乐易也。"毨，郑云："理也。毛，更生整理。"按更生为苏，"苏"、"毨"声相近。

申命和叔，宅朔方，曰幽都。平在朔易。日短，星昴，以正仲冬。厥民隩，鸟兽氄毛。

【正读】朔方者，李光地云："九州之极北处。识其暑景，以定中国之日南也。盖地极南，则夏至日极北。地极北，则冬至日极南也。"幽都，幽州也。下文"流共工于幽州"，《淮南子》作"幽都"，"州"、"都"古声相近。朔易,日道自极南敛南而北也。与"平秩南讹"对文,皆冬夏致日之事。日短,马云:"昼漏四十刻,夜六十刻。"冬至之昏昴星中。隩,郑本作"奥",内也。江声云:"谓民避寒而入室内也。"《诗》云:"嗟我妇子,曰为改岁,入此室处。"毛,毛,蔡《传》云:"鸟兽生耎毳细毛以自温也。"

帝曰:"咨,汝羲暨和。期三百有六旬有六日,以闰月定四时,成岁。允釐百工,庶绩咸熙。"

【正读】咨,嗟也。暨,与也。期,复其时也。十日曰旬。有,读为又。古历周天三百六十五度又四分度之一。日行历周天为一岁。日,日行天一度,则行三百六十五又四分日之一,乃复其时。此云"期三百有六旬有六日"者,举成数言之也。以闰月定四时成岁者,王萱龄云:"《四分术》曰:周天三百六十五度四分度之一。日行一度,月行十三度十九分度之七,减日一度,余十二度十九分度之七。以月分母十九乘十二度,入分终七,得二百三十五为章月。以分母四乘章月,得九百四十为日法。积三百六十五日,九百四十分日之二百三十五为一岁日行数。以分母四乘三百六十五日,入子一,得一千四百六十一,以月行分母十九乘之,得二万七千七百五十九,为周天分数。如日法九百四十而一,得二十九日九百四十分日之四百九十九,为合朔日数。十二乘合朔,得全日三百四十八,余分五千九百八十八。如日法九百四十而一,得全日六,又九百四十分日之三百四十八。共三百五十四日九百四十分日之三百四十八,为一岁月行数。三百六十日者,一岁常数也。日行一岁多五日九百四十分日之二百三十五为气盈。月行一岁少五日九百四十分日之五百九十二为朔虚。合气盈朔虚,得多十日九百四十分日之八百二十七,为一岁闰数。三岁一闰,则三十二日九百四十分日之六百一。五岁再闰,则五十四日九百四十分日之三百七十五。十有九岁七闰,则二百六日九百四十分日之六百七十三。故三年不置闰,则以正月为二月,每月皆差,九年差三月,即以春为夏。十七年差六月,即四时相反,时何由而定,岁何由成乎?"允,信也。釐,治也。工,官也。庶,众。熙,兴也。言置闰成岁,四时不差,庶得以此信治百工,而兴起众功也。以上治历明时。

帝曰："畴，咨，若时登庸。"放齐曰："胤子朱，启明。"帝曰："吁，嚚讼，可乎。"

【正读】《说文》："寿，谁也。"《尔雅·释诂》："畴，谁也。""畴"为"寿"之借字。刘逢禄《尚书今古文集解》云："畴咨二字，本当倒易，古人文字不拘也。下'畴咨若予采'同。"今按刘说是也。"畴若时登庸"、"畴若予采"，犹"舜命官畴若予工"、"畴若予上下草木鸟兽"也。咨，嗟也。"畴"句绝，"咨"句绝，犹云嗟，谁可顺时征用贤才者。此疑问词位于句首之通例。放齐，臣名。胤子朱，郑云："帝尧胤嗣之子，名曰丹朱。"启，开也。开明者，言其有知人之明也。吁，惊词。嚚讼，《史记》易为"顽凶"。《正义》曰："凶，讼也。"盖本《尔雅》"讻，讼也"为训。言不忠信曰嚚。

帝曰："畴，咨，若予采。"讙兜曰："都，共工方鸠僝功。"帝曰："吁，静言庸违，象恭滔天。"

【正读】采，事也。又曰："嗟，谁顺予事者？"讙兜、共工，四凶之二。当此之时，二人共相荐举。都，於，叹美之辞。方，读如旁。鸠，如《左传》"五鸠鸠民"之"鸠"，聚也。僝，具也。功，事也。言共工安集人民，功事已具。吁，惊词。静，读如靖。静言，巧言也。《公羊·文十二年传》"惟諓諓善靖言"，《说文》引作"戋戋巧言"，是"静言"即"巧言"也。庸，用也。违，邪僻也。言共工巧言，其用违僻。象，似也。象恭，貌似恭顺，即令色也。《皋陶谟》"巧言令色孔壬"，亦谓共工也。滔，读为慆。《周语》"无即慆淫"注："慆，慢也。"《离骚》："椒专佞以慆慢兮。""慆"、"慢"同义联用。天，君也。慆天，即慢上也。"滔天"字与下文字同义异。

帝曰："咨，四岳，汤汤洪水方割，荡荡怀山襄陵，浩浩滔天。下民共咨，有能俾乂。"佥曰："於，鲧哉。"帝曰："吁，咈哉，方命圮族。"岳曰："异哉，试可乃已。"

帝曰：“往，钦哉。”九载，绩用弗成。

【正读】咨，嗟也。四岳，四方诸侯之长，分主方岳之事。唐虞为四岳，周初则二伯也。呼四岳者，欲其荐贤治水也。晚出孔《传》云：“汤汤，流貌。”洪，洚水也。洚水不遵道也。方，读为旁，溥也。割，害也。荡荡，水浟濪也。怀，包。襄，上也。浩浩，盛大貌。滔，水漫漫大也。俾，使也。乂，治也。言洪水漫天，下民咨嗟，有能使治者乎？佥，皆也。於，叹美词。郑云：“於为乌声。”鲧，禹父崇伯也。咈，违也。方命，郑云：“谓放弃教命。”圮，毁也。族，族类也。言其婞戾自用也。异，郑君读为異。四岳称異者，言异乎帝所闻也。试可乃已，《史记》作“试不可乃已”。钱大昕云：“古人语急，以不可为可。”钦，敬也。帝命鲧者，郑兴所谓“尧知鲧不可用而用之者，屈己之明，因人之心”也。三考，九年，功用不成，则放退也。以上三询不得贤，为下文禅舜作张本。

帝曰：“咨，四岳。朕在位七十载，汝能庸命巽朕位。”岳曰：“否德忝帝位。”曰：“明明扬侧陋。”师锡帝曰：“有鳏在下，曰虞舜。”帝曰：“俞，予闻，如何？”岳曰：“瞽子。父顽，母嚚，象傲，克谐。以孝烝烝，乂不格奸。”帝曰：“我其试哉。女于是，观厥刑于二女。”厘降二女于妫汭，嫔于虞。帝曰：“钦哉。”

【正读】庸，用也。巽，《史记》易为“践”，履也。《孟子》“践天子位”正本此言也。“践”、“巽”声相近。否，《史记》作“鄙”，言鄙陋也。忝，辱也。明明扬侧陋，《史记》说为悉举贵戚及疏远隐匿者。上“明”，如《周语》“尊贵明贤”之“明”。下“明”，如《洪范》“而畏高明”之“明”。扬，如《文王世子》“事举言扬”之“扬”。师，郑云：“诸侯之师也。”锡，合词贡言也。《召诰》“太保乃以庶邦冢君入锡周公”，亦此意。无妻曰鳏。虞，国氏。舜，名。俞，然也。予闻者，言己亦尝闻其人也。如何者，询其实也。瞽子，乐官瞽瞍之子。心不则德义之经为顽，口不道忠信之言为嚚。象，舜异母弟也。傲，傲慢不友也。克，能。谐，和。"以孝烝烝"句绝。《诗·泮水》传云："烝烝，厚也。""以孝烝烝"倒语，犹言"烝烝以孝"也。乂，治也，言内治也。格，至也，言相厚以孝，治不至奸也。蔡邕《九嶷山碑》云："逮于虞舜，圣德克明。克谐顽傲，以孝烝烝。"是二语句绝之证。试者，郑云："试以为臣之事。"今按："试"即序文"历试诸难"之"试"。"厘降二女"，试以内治也。"慎徽五典"至"纳于大麓"，乃试以为臣之事也。此"试"字直贯至"烈风雷雨弗迷"。据此，知截"慎徽五典"以下为《舜典》者非也。女，读如《左传》"宋雍氏女于郑庄公"之"女"。是，指舜言。刑，读如《诗·思齐》"刑于寡妻"之"刑"。传："刑，法也。"二女者，娥皇、女英也。见《列女传》。帝曰"我其试哉，女于是，观厥刑于二女"，皆记尧言。《正义》云："马郑王本说此经，皆无'帝曰'，当时庸生之徒漏之也。"厘，饬也。降，下也。妫汭，马云："水所入曰汭。"妫汭，妫水之曲。段玉裁《古文尚书撰异》云："此二句自尧言之，皆记事也。"整治下二女于妫汭，《易》曰："自上下下。"《诗序》亦言"王姬下嫁于诸侯"也，与《大雅》"自彼殷商，来嫁于周，曰嫔于京"文法正同。嫔，妇也。妇，服也。帝曰钦哉，又记言也。钦哉，饬之也。

慎徽五典，五典克从。纳于百揆，百揆时叙。宾于四门，四门穆穆。纳于大麓，烈风雷雨弗迷。

【正读】徽，美也。五典，五品之常法。《左传》太史克说以"父义，母慈，兄友，弟恭，子孝"，《孟子》说以"君臣有义，父子有亲，夫妇有别，长幼有序，朋友有信"。《孟子》说为该也。郑云："五典五教，盖试以司徒之职。"五典克从者，《左氏》云："无违教也。"今谓上文"以孝烝烝，刑于二女"皆"慎徽五典"之事。纳于百揆者，《左传》云："使主后土以揆百事，莫不时叙。"又云："百揆时叙，无废事也。"王引之云："时叙，犹承叙也。承叙者，承顺也。"孙星衍云："此试以司空之职。"宾，读为傧。四方诸侯来朝者，舜傧迎之也。四门，明堂四门也。《明堂位》云："九夷之国，东门之外。

八蛮之国,南门之外。六戎之国,西门之外。五狄之国,北门之外。"四门穆
穆,《左氏》云:"无凶人也。"《史记》云:"诸侯远方宾客皆敬。"孙星衍
云:"此盖试以司马之职。"纳于大麓者,刘逢禄云:"《孟子》所谓使之主
祭而百神享之,是天受之也。烈风雷雨弗迷,谓风雨时节,百谷顺成,神享
之征也。"按此即《礼》所云"因吉土以飨帝于郊,而风雨节,寒暑时"也。
以上言"历试诸难"。晚出孔《传》分"帝曰钦哉"以上为《尧典》,"慎徽五
典"以下为《舜典》。姚方兴又增"曰若稽古"等二十八字,均不知此文承上
"试"字来。

帝曰:"格,汝舜。询事考言,乃言底可绩,三载。汝
陟帝位。"舜让于德弗嗣。

【正读】格,来也。询,谋也。乃,犹汝也。底,定也。绩,成也,功也。三载,
试舜以来年数。后文所谓"三载考绩"也。乃言底可绩者,言询事考言,汝
言皆定可成也。"可"字应在"底"字上,作"乃言可底绩",知者,"底绩"
二字当时成语。《禹贡》亦言"覃怀底绩"也。《皋陶谟》"朕言惠可底行。
禹曰俞,乃言底可绩",上文"可"字在"底"上,下文"可"字在"底"下,其
义一也。陟,升也。汝陟帝位者,欲禅位于舜也。嗣,继也。李善《文选·典
引》注云:"韦昭云:'古文台为嗣'。"是"嗣"今文作"台"也。作"嗣"于义
为顺。

正月上日,受终于文祖。

【正读】正月者,王肃云:"惟殷周改正,易民视听。自夏以上,皆以建寅为
正。此篇二文不同,文异辞耳。"上日,马云:"朔日也。"受终者,《史记》云:
"于是尧老,命舜摄行天子之政。"《孟子》亦云:"尧老而舜摄也。"文祖
者,《史记》说尧太祖也。以上舜受尧禅。

在璇玑玉衡，以齐七政。

【正读】郑云："璇玑玉衡，浑天仪也。其转运者为玑，其持正者为衡，皆以玉为之。七政，日月五星也。以玑衡视其行度，以观天意。"按：在，察也。察其行度以观天象也。《正义》："玑为运转，衡其横箫。运玑使动于下，以衡望之。是'王者正天文之器'。"《传说汇纂》云："历之理，非数无以显，而数非象无以明。璇玑玉衡，实具天象。七政丽天，惟月之距地为近。次日，次金水，次火，次木，次土，而恒星为最远。七政之行，惟月之右旋为速。次日，次金水，次火，次木，次土，而恒星为最迟。又就其行度细较之，日有盈缩，月有朓朒，五星复有迟留顺逆之不同。必有以齐之，而后历可治焉。圣人观天地之经纬，七政之运行，而为璇玑以象之。复为玉衡以窥之，以察日之南北，则节气之早晚可辨；以察日之出入，则昼夜之永短可分；以察月之周天与会日，则晦朔弦望之期候可定。至五星之会日冲日，而有合伏退望。五星之近日远日，而有顺逆迟留。与夫日月五星之互相掩映而为交食凌犯，俱可推步而不爽。是即所谓齐也。盖璇玑之设，象天地之经纬；玉衡之制，窥七政之运行也。"

肆类于上帝，禋于六宗，望于山川，遍于群神。

【正读】肆，遂也。类，谓以摄位事告天也。《五经异义》云："非时祭天谓之类。"禋，精意以享也。六宗者，马云："天地四时也。"按，如《周官·大宗伯》"以苍璧礼天，以黄琮礼地，以青珪礼东方，以赤璋礼南方，以白琥礼西方，以玄璜礼北方"也。望于山川者，晚出孔《传》云："九州名山大川五岳四渎之属，皆以一时望祭之。"遍于群神者，郑云："以尊卑次秩祭之，如丘陵坟衍之属。"

辑五瑞，既月乃日，觐四岳群牧，班瑞于群后。

【正读】马云："辑，敛也。"五瑞，公侯伯子男所执以为瑞信也。《周官·典瑞》云："公执桓圭，侯执信圭，伯执躬圭，子执谷璧，男执蒲璧。"虞制当相同也。尧将禅舜，使群牧敛之，复使舜亲往班之。既月乃日，《史记》说为择吉月日。是月为择月，日为择日也。

岁二月，东巡守，至于岱宗，柴。望秩于山川，肆觐东后，协时月正日，同律度量衡。修五礼五玉三帛二生一死贽。如五器，卒乃复。

【正读】郑云："岁二月者，正岁建卯之月也。巡守，行视所守也。岱宗，东岳名也。"柴，马云："积柴加牲其上以燔之也。"望秩于山川者，遍以尊卑祭之。五岳视三公，四渎视诸侯，其馀小者或视卿大夫，或视伯子男矣。秩，次也。东后，东方之诸侯也。协正四时之月数及日名，备有失误也。其节气晦朔，恐诸侯有不同，故因巡守而合正之。律，阴吕阳律各六也。度，丈尺。量，斗斛。衡，斤两也。五礼，公、侯、伯、子、男五等之礼也。五玉，即五瑞。执之曰瑞，陈列曰玉。三帛，所以荐玉也。受瑞玉者，以帛荐之。周礼改之为缫也。二生一死贽者，羔雁，生，卿大夫所执也；雉，死，士所执也。贽之言致，所以自致也。马云："五玉礼终则还之，三帛以下不还也。"按，"如"犹"若"，与上文为转语也。三帛三贽不还，五玉则卒事而还。《大传》所谓"无过行"者，复其圭以归其国。

五月南巡守，至于南岳，如岱礼。八月西巡守，至于西岳，如初。十有一月朔巡守，至于北岳，如西礼。归，格于艺祖，用特。

【正读】《史记》以南岳为衡山。或言"如岱"、"如西"，或言"如初"者，文之变也。马云："艺，祢也。"晚出孔《传》云："巡守四岳，然后归告，至文祖之庙。特，一牛。"

五载一巡守，群后四朝，敷奏以言，明试以功，车服以庸。

【正读】四朝者，马云："四面诸侯朝于方岳之下。"敷，犹遍也。奏者，进也，告也。敷奏以言，述职也。明试以功，考绩也。车服以庸，酬庸也。《周官》："国功曰功，民功曰庸。"

肇十有二州，封十有二山，浚川。

【正读】马云："禹平水土，置九州。舜以冀州之北广大，分置并州。燕、齐辽远，分燕置幽州，分齐置营州，于是为十二州。"在九州之后也。肇，当为兆，域也。郑云："新置三州，并旧为十二州。更为之定界。"按十二州者，冀、兖、青、徐、扬、荆、豫、梁、雍、幽、并、营也。封，封土为坛也。封之者，将以祭，因高增高也。十有二山者，郑云："十有二州之镇。"按《周官·职方氏》："九州各有山镇。"浚，疏通之也。

象以典刑。流宥五刑。鞭作官刑，扑作教刑，金作赎刑。眚灾肆赦，怙终贼刑。钦哉，钦哉，惟刑之恤哉。

【正读】象，刻画也。盖刻画墨、劓、剕、宫、大辟之刑于器物，使民知所惩戒，如九鼎象物之比。俗说乃以画衣冠、异章服为象刑，盖传之失其真也。象，即唐虞时刑名，《皋陶》"方施象刑"是也。《荀子·正论》云："世俗之为说者曰：'治古无肉刑而有象刑。'是不然。以为治耶，则人固莫触罪。非独不用肉刑，亦不用象刑矣。以为人或触罪耶，而直轻其刑。然则是杀人者不死，伤人者不刑也。乱莫大焉。"以此知象刑非如俗说也。以，用也。典，常也。唐虞时之典刑，盖伯夷所作。《吕刑》云："伯夷降典，折民惟刑。"是也。流，放也。宥，宽也。五刑，墨、劓、剕、宫、大辟也。官刑，马云："为辨治官事者为刑。"扑作教刑，郑云："扑，榎楚也。为教官为刑者。"

金作赎刑者，郑云："意善功恶，使出金赎罪，坐不戒慎者。"正刑五，加之流、宥、鞭扑、赎刑，此之谓九刑。按此言刑之条目也。眚灾，过失也。肆，纵佚之也。怙，恃也。贼，杀也。孙星衍云："言有所恃而终不改过者，如贼杀人之刑，不赦之也。"按，怙终贼刑，如《康诰》言"人有小罪非眚，乃惟终，自作不典，式尔。有厥罪小，乃不可不杀"。眚灾肆赦，如《康诰》言"乃有大罪，非终，乃惟眚灾，适尔。既道极厥辜，时乃不可杀"也。此言用刑之方法也。恤，忧也。晚出孔《传》云："舜陈典刑之义，敕天下使敬之，忧欲得中。"

流共工于幽州，放驩兜于崇山，窜三苗于三危，殛鲧于羽山，四罪而天下咸服。

【正读】马云："幽州北裔，崇山南裔，三危西裔，羽山东裔。"殛，诛也。郑云："禹治水既毕，乃流四凶。舜先举禹而后殛鲧。"王肃云："若待禹治水功成，而后以鲧为无功而殛之，是为舜用人子之功，而流放其父。则为禹之勤劳，适足使父致殛。舜失'五典克从'之义，禹陷三千莫大之罪，进退无据，迂亦甚哉。"刘逢禄云："舜流四凶，盖在询事考言三载之中。《左氏》所谓'四门穆穆，无凶人也'。史臣类纪在摄位之末，所谓先德教而后刑罚，非顺时事。《洪范》亦言'鲧则殛死，禹乃嗣兴'。郑氏之误，王肃驳之，当矣。"以上记舜摄政之大事。

二十有八载，帝乃殂落。百姓如丧考妣，三载，四海遏密八音。

【正读】二十有八载者，晚出孔《传》云："尧年十六即位，七十载求禅，试舜三载，自正月至崩二十八载，凡寿一百一十七岁。"殂落，死也。百姓，百官也。盖有爵土者，为天子服斩衰三年，礼也。《孟子》亦云："舜既为天子矣，又率天下诸侯以为尧三年丧。"是"百姓"即"百官"之证。三载，《孟子》引作“三年”，当从之。遏，绝。密，静也。八音，金、石、丝、竹、匏、土、革、木。此节结束上半篇，皆尧时事。

月正元日，舜格于文祖，询于四岳，辟四门，明四目，达四聪。

【正读】此尧崩后之三年也。《孟子》：“舜相尧二十有八载，尧崩三年之丧毕，夫然后之中国而践天子位焉。”月正，正月也。或言“正月”，或言“月正”，或言“上日”，或言“元日”，皆史变文耳。王肃云：“夏而上皆寅正。”按，依《尧典》分至中星，仲夏日永星火，仲冬日短星昴，则寅正无疑。郑君云：“帝王易代，莫不改正。尧正建丑，舜正建子。此时未改尧正，故云正月上日，即位乃改尧正，故云‘月正元日’，故以异文。”其说非也。文祖者，尧太祖庙也。格，至也。晚出孔《传》云：“舜服尧三年丧毕，将即政，故复至文祖庙告。”询，谋也。四门者，明堂四门也。古以明堂为宗祖配帝、咨询岳牧、傧见群后、接纳贤士、宣布政教之地。宾于四门，四门穆穆，无凶人也。辟四门，明四目，达四聪，无遗贤也。《伊训》言“诞资有牧方明”，咨牧伯也。《洛诰》言“旁作穆穆，迓衡不迷”，光于上下，勤施四方也。辟，开也。达，通也。江声云：“开明堂之四门以出政教于天下，以明通四方之耳目。”是也。此节总挈下半篇，皆舜时事。

咨十有二牧，曰：“食哉惟时。柔远能迩。惇德允元，而难任人，蛮夷率服。”

【正读】咨，嗟而勅之也。牧，长也。十有二牧，十二州长也。曰者，嗟咨而言于州牧也。食，如“艰食”、“鲜食”之“食”。时黎民阻饥，民食尤重，故首及焉。惟时者，食为民本，而重农先在授时也。柔远能迩，郑《诗·民劳》笺云：“能，伽也。安远方之国，顺伽其近者。”按伽亦安扰之意。惇，厚。允，信。元，善也。难，拒远也。任人，佞人也。率，循也。服，治也。

舜曰："咨，四岳。有能奋庸熙帝之载。使宅百揆，亮采惠畴。"佥曰："伯禹作司空。"帝曰："俞，咨禹，汝平水土，惟时懋哉。"禹拜稽首，让于稷契暨皋陶。帝曰："俞，汝往哉。"

【正读】段玉裁云："首言'舜曰'，已下乃言'帝曰'者，以别于前文之'帝曰'也。"奋，起。庸，功。熙，广。载，事。宅，居也。亮，相。采，官。惠，顺。畴，类。百揆，度百事，总百官，故以"亮采惠畴"为言。佥，皆也，皆四岳也。司空，平水土之官，与《周礼·冬官·司空》职略同。四岳举之者，言伯禹见作司空，可居百揆之任也。俞，然。汝平水土者，嘉其旧绩也。惟时懋哉者，勉其新猷也。暨，与也。稷、契与皋陶皆尧时旧臣。俞者，郑云："然其举得其人，汝往居此官，不听其所让。"

帝曰："弃，黎民阻饥，汝后稷，播时百谷。"

【正读】弃，后稷名，周之先也。黎，众也。阻，厄也。后，主也。后稷，官名。播，散也。时，郑云："读为蒔。"《说文》："蒔，更别种也。"

帝曰："契，百姓不亲，五品不逊，汝作司徒，敬敷五教，在宽。"

【正读】契，高辛氏之子，殷之先。五品，《孟子》说为君臣、父子、夫妇、长幼、朋友也。逊，顺也。《孟子》言："契之为司徒也，教以人伦。父子有亲，君臣有义，夫妇有别，长幼有序，朋友有信。"此之谓"敬敷五教"。又述放勋曰："劳之来之，道之直之，辅之翼之，使自得之，又从而振德之。"此之谓"五教在宽"也。五教，或本有重文。

帝曰："皋陶，蛮夷猾夏，寇贼奸宄。汝作士，五刑有服，五服三就。五流有宅，五宅三居。惟明克允。"

【正读】《说文》："夏，中国之人也。"猾，乱也。猾夏，侵犯中国也。强取为寇，杀人为贼。乱在外为奸，在内为宄。士，郑云："察也，主察狱讼之事。"五刑，墨、劓、剕、宫、大辟也。观舜命皋陶语，即知象刑非画衣冠、异章服也。蛮夷猾夏，寇贼奸宄，岂画衣冠、异章服所能治乎？服，用也。五刑，五服，即《皋陶谟》"五刑五用"也。就，次也。三就，野朝市也。《国语》臧文仲云："大刑用甲兵，其次用斧钺，中刑用刀锯，其次用钻凿，薄刑用鞭扑，以威民也。"故大者陈之原野，小者致之市朝。五刑三次，是无隐也。流以宥五刑，故为五流。宅，亦居也。三居者，郑云："自九州之外，至于四海，三分其地以为远近。若周之夷镇蕃也。"允，信也。惟明克允者，蔡《传》云："致其明察，乃能使刑当其罪，而人无不信服也。"

帝曰："畴若予工。"佥曰："垂哉。"帝曰："俞，咨垂。汝共工。"垂拜稽首，让于殳、斨暨伯与。帝曰："俞，往哉，汝谐。"

【正读】畴，谁也。若，善也。工，主百工之官也。殳与斨与伯与，三臣名。谐，偕也，和也。孙星衍云："俞则然其让矣。仍使偕往治事。"

帝曰："畴，若予上下草木鸟兽。"佥曰："益哉。"帝曰："俞，咨益。汝作朕虞。"益拜稽首，让于朱虎、熊罴。帝曰："俞，往哉，汝谐。"

【正读】上谓山，下谓泽。虞，马云："掌山泽之官。"朱虎、熊罴，二臣名。刘逢禄云："殳、斨、伯与，垂之佐。朱虎、熊罴，益之佐。于此独言'汝谐'，而不别命以职也。"

帝曰："咨四岳，有能典朕三礼。"佥曰："伯夷。"
帝曰："俞，咨伯。汝作秩宗。夙夜惟寅，直哉惟清。"伯
拜稽首，让于夔龙。帝曰："俞，往钦哉。"

【正读】命礼官亦询于四岳者，重典礼也。伯夷，《国语》云："伯夷，能礼于
神以佐尧者也。"《大戴记》云："伯夷虞史。"三礼，郑云："天事、地事、人
事之礼也。"秩宗，郑云："主次秩尊卑。"夙，早也。寅，敬也。直，正直也。
清，静洁也。神，聪明正直而壹，故事神当正直而清明。即祝史陈词，不可
诬而渎也。帝尧之时，三苗复九黎之德，巫风犹有未尽涧除者。故饬之如
此。

帝曰："夔，命汝典乐，教胄子。直而温，宽而栗，刚
而无虐，简而无傲。诗言志，歌永言，声依永，律和声。
八音克谐，无相夺伦，神人以和。"夔曰："於，予击石拊
石，百兽率舞。"

【正读】胄子，郑云："国子也。"《王制》云："王太子，王子群后之太子，卿
大夫元士之适子，国之俊选，皆造焉。"是说"教胄子"之事也。马云："直
而温，正直而色温和。宽而栗，宽大而敬谨战栗也。刚而无虐，刚毅而不
虐害也。简而无傲，简约而无傲慢也。"按《国语》："教国子以德。"郑云：
"诗所以言人之志意也。永，长也。歌又所以长言诗之意。声之曲折，又依
长言而为之。声中律，乃为和也。"江声云："和，调也。律吕所以调和其声
也。"音者，《诗序》云："声成文，谓之音。"笺云："声为宫商角征羽也。"
声成文者，宫商上下相应。谐，和也。伦，理也。神人以和者，郑云："祖考来
格，群后德让，其一隅也。"按七语教国子以乐。先治性情，乃可以言乐也。
於，叹词。石，磬也。拊，抚也。《周礼·太师》职云："令奏击拊。"先郑注云：
"乐，或当击，或当拊。"百兽率舞者，郑云："率舞，言音和也。"谓声音之
道，与政通焉。江声云："音能感物，则能使群生咸遂，故与政通。"按，言

"百兽率舞"者,见兽犹知感,则人民之感化不待言矣。乐为虞氏所掌,韶为舜德之至,故详言之。加入夔言,所以发挥韶乐之盛也。

帝曰:"龙,朕堲谗说殄行,震惊朕师。命汝作纳言,夙夜出纳朕命,惟允。"

【正读】堲,《说文》云:"疾恶也。"谗说殄行,郑云:"所谓色取仁而行违,是惊动我之众臣,使之疑惑。"纳言,郑云:"如今尚书,管王之喉舌也。"《汉书·百官公卿表》云:"龙作纳言,出入帝命。"《诗·烝民》亦云:"出纳王命,王之喉舌。"允,信也。

帝曰:"咨,汝二十有二人,钦哉,惟时亮天功。三载考绩,三考黜陟幽明。庶绩咸熙。分北三苗。"

【正读】二十有二人,禹、弃、契、皋陶、垂、益、伯夷、夔、龙、彭祖并十二牧也。《史记·五帝本纪》曰:"禹、皋陶、契、后稷、伯夷、夔、龙、垂、益、彭祖,自尧时而皆举用,未有分职,于是舜乃至于文祖"云云。又曰:"此二十二人,咸成厥功。"史公数二十二人不及四岳者,四岳,四方诸侯之长。尧时所任,舜无所敕命也。又四岳本四人,加入此数,于经未符。知四岳为四人者,四岳答二帝之词,皆称"佥曰",如云"佥曰于鲧哉","佥曰伯禹作司空","佥曰伯夷"是也。九官之外增彭祖者,盖史公所据古文说有之。《大戴礼·五帝德》云:"孔子曰:'尧举舜、彭祖而任之。'"则彭祖自尧时已举。此命官中,疑有"命彭祖"一节,古文脱去也。《世本》、《大戴礼》并言陆终氏娶于鬼方氏,产六子,其一曰樊,是为昆吾;其二曰惠连;其三曰籛,是为彭祖;其四曰莱;其五曰安;其六曰季连。昆吾、彭祖,皆国氏也。《世本》又言彭祖姓籛名铿,在商为守藏史,在周为柱下史。然则彭祖世掌典籍,犹重黎之世序天地也。孔子曰:"述而不作,信而好古,窃比于我老彭。"包注:"老彭,殷贤大夫,好述古事。"实则老彭在唐虞时已在廿二人之列，禹等九人皆有分职，而彭祖未言。由《世本》推之，则老彭即唐虞史官也。时，承也。亮，助也。天功，人事也。言天者，大之也。《皋陶谟》云："天工，人其代之。"下言五典、五礼、五服、五刑，则天工即人事也。三载考绩，三考黜陟幽明者。晚出孔《传》云："三年有成，故以考功。"九岁则能否幽明有别。黜退其幽者，升进其明者。伏生《大传》云："三岁而小考者，正职而行事也。九岁而大考者，绌无职而赏有功也。积不善至于幽，六极以类降，故黜之。积善至于明，五福以类相升，故陟之。皆所自取，圣无容心也。"熙，兴也。庶绩咸熙，犹云"咸熙庶绩"也。北当为个，形之误也。《说文》："个，分也。从重八。""八，别也。象分别相背之形。"分个三苗者，江声云："三苗为西裔诸侯，其族类当复不少，相聚为恶，故复分析流之。"是也。按本文皆敕命二十二人语。分个三苗，乃大事之特殊者，附言于末，欲诸臣知所警惕也。以上记舜命九官十二牧，无为之政，用人而已。

舜生三十，征庸三十，在位五十载，陟方乃死。

【正读】晚出孔《传》云："三十征庸，三十在位，服丧三年，其一在三十之数，为天子五十年，凡寿一百一十二岁。"按《史记》舜年二十以孝闻，年三十尧举之。年三十尚未娶，经所谓"有鳏在下曰虞舜"也。以后历试三载，摄位凡二十八年，经所云"二十有八载，放勋乃殂落"，《孟子》所谓"舜相尧二十有八载"也。三年之丧，二十五月而毕，则舜年六十二。经所谓"百姓如丧考妣，三载"，《孟子》所谓"尧崩三年之丧毕"也，又"五十载，陟方乃死"，则寿一百一十二岁。孔《传》所推与经合，惟句读有误耳。陟方乃死者，方，方岳也。如《易》象"省方观民设教"之"方"。陟，升也。如《诗》"陟彼高冈"之"陟"。《韩诗外传》云："当舜之时，有苗不服。其不服者，衡山在南，岐山在北，左洞庭之陂，右彭蠡之水。时有苗盖为乱江汉之间，舜因南巡以征之，远讫苍梧之野。"《淮南子·修务训》："舜南征，道死苍梧。"《史记》云："舜南巡狩，崩于苍梧之野，葬于九嶷，是为零陵。"晚出《家语》亦云："舜嗣帝五十载，陟方岳，死于苍梧之野而葬焉。"皆"陟方乃死"之证。以上综计一生。

汩作 九共九篇 槁饫 《汩作》、《九共》逸，《槁饫》亡

帝厘下土，方设居方，别生分类，作《汩作》、《九共》九篇，《槁饫》。

【正读】晚出孔《传》云："言舜理四方诸侯，各设其官，居其方，别其姓族，分其类。汩，治。作，兴也。言其治民之功兴。"按居方盖官名，与《周官·职方氏》相当。设，置也。九共，江声云："共读为龚，给也。"按宋薛季宣《书古文训》云："伏生称《九共》以诸侯来朝，各述其土地所生美恶，人民好恶，为之贡赋政教。略能记其语曰：'予辨下土，使民采采，使民无敖。'"据此则《九共》九篇，当为九州所共给于上者，与《禹贡》相表里。倪即楚左史倚相所读之《九丘》乎? 槁饫，孔《传》："槁，劳也。饫，赐也。"依其所释，则《槁饫》为犒劳宴饫之事，古书既亡，暗射无以考中，是非不可知也。郑康成云："《汩作》、《九共》逸，《槁饫》亡。"孙星衍云："逸者，不立学官，逸在秘府也。亡者，竟亡其文。故汉人所云'逸十六篇'，亡于晋永嘉之时也。"

大禹谟 皋陶谟 益稷 《大禹谟》逸，晚出古文有

皋陶矢厥谟，禹成厥功，帝舜申之，作《大禹》、《皋陶谟》、《益稷》。

【正读】矢，陈也。申，重也。谟，谋也。按《书序》有异序同篇者，如《尧典》、《舜典》及《顾命》、《康王之诰》是也。有同序异篇者，如《汩作》、

《九共》、《槁饫》十一篇同序,《大禹谟》、《皋陶谟》、《益稷》三篇同序
是也。《禹谟》已佚,今存者惟《皋陶谟》一篇,《益稷》实包在内。晚出孔
《传》析"帝曰来禹"以下为《益稷》,固可不必。然篇首有"暨稷暨稷"之
文,则固《尚书》命篇之旨也。合两篇为一观之,与序文正相应。马、郑本
别有《弃稷》,古书征引,殊无证验。或谓《后汉·舆服志》永初二年初诏
有司采《周官》、《礼记》、《尚书·皋陶篇》,乘舆服从欧阳氏说,公卿以
下从大小夏侯氏说,即谓日月星辰及絺绣之文,是今《益稷》本为《皋谟》
之证。不知二篇合一,今文常例。《尧》、《舜》二《典》合称《帝典》,《顾
命》、《康王之诰》合称《顾命》,故《皋陶谟》、《益稷》亦合称《皋陶谟》
也。《益稷》,马、郑本作《弃稷》,形之误也。因古文"益"作"𧰼"、"弃"
作"𢍰"而致误。刘逢禄云:"《书序》孔子所定。稷为配天之祖,周人以讳
事神,故《典》、《谟》稷独称官,惟帝命乃名耳。据周立法,必无以《弃稷》
名篇之理。"今按刘说是也。郑康成云:"《大禹谟》、《弃稷》逸。"

曰若稽古,皋陶曰:"允迪厥德,谟明弼谐。"禹曰:
"俞,如何?"皋陶曰:"都,慎厥身,修思永。惇叙九
族,庶明励翼,迩可远在兹。"禹拜昌言曰:"俞。"

【正读】"曰若稽古"四字句绝。"皋陶"下属为句。曰者,《史记》言"帝舜
朝,禹、伯益、皋陶相与语帝前,皋陶述其谋",是也。段玉裁曰:"'帝尧曰
放勋',此本纪记事体之祖也。'皋陶曰允迪厥德,谟明弼谐',此记言之体
也。皆以'曰若稽古'先之。夏史所作,故皆云'稽古'也。今谓'曰若稽古'
四字,无异于竺典之'如是我闻'。汉今文家秦延君说'曰若稽古'三万言,
亦太费词矣。"允,信也。迪,蹈也。德者,《管子·心术篇》云:"德者道之
舍。"舍,谓得于心也。弼,辅也。谐,和也。言信由其德,则谟明而弼谐矣。
俞,然也。如何,询其详也。《论衡·问孔篇》云:"皋陶陈道帝舜之前,浅略
未极。禹问难之,浅言复深,略指复分。"是也。都,於也,叹词。修,治也。
永,久也。"慎厥身"句绝。修思永者,言修身当思其可大可久也。惇,厚也。

叙，秩叙也。庶，众。明，贤明也。励，勉。翼，辅也。言先修其身，次叙九族，又次以众贤明作辅翼，则可大可久之业也。刘逢禄云："《礼·大学》修齐治平，《中庸》九经之义，本诸帝典，此四语亦总摄之。"按皋陶陈谟，前二语道其略，后四语道其详，其恉一也。昌言，美言也，见《说文》。

皋陶曰："都，在知人，在安民。"禹曰："吁，咸若时，惟帝其难之。知人则哲，能官人。安民则惠，黎民怀之。能哲而惠，何忧乎驩兜，何迁乎有苗，何畏乎巧言令色孔壬？"

【正读】上言"迩可远在兹"，皋陶嫌意有未尽，复足之曰："尤在知人安民。"吁，惊词。咸，皆。时，是。帝，言尧也。帝其难之者，孙星衍说以《左氏·文十八年传》鲁太史克言十六族四凶，尧不能举，不能去。《论语》云："博施济众，尧舜其犹病诸。"是也。哲，智。官，任。惠，仁。怀，思也。言知人则能器使，安民则众人思归之也。巧言，静言庸违也。令色，象恭滔天也。孔，甚。壬，佞。巧言令色孔壬，言共工也。四凶举其三者，郑云："禹为父隐，故言不及鲧也。"

皋陶曰："都，亦行有九德。亦言其人有德，乃言曰，载采采。"禹曰："何？"皋陶曰："宽而栗，柔而立，愿而恭，乱而敬，扰而毅，直而温，简而廉，刚而塞，强而义。彰厥有常吉哉。

【正读】皋陶既言可大可久之业在于知人安民，此复言知人之道也。亦有两相须之意。上下两语均言"亦"者，如《酒诰》言"亦罔非酒惟行，亦罔非酒为辜"也。言人之行有九德，称人之行者，亦当举其所作某事某事以为验，不可凭虚妄下考语也。载，为也。采，事也。采采，非一事也。《毛传》说"采采卷耳"云："采采，事采之也。"意亦犹此。何者，禹询九德之目也。

金履祥说"九德"云:"九德凡十八字,而合为九德者,上九字其资质,下九字则进修,亦有德性之全美者,宽者易弛,宽而坚栗则为德。柔者易弱,柔而卓立则为德。谨厚曰愿,愿者易同流合污而不庄,愿而严恭则为德。治乱曰乱,乱者恃有治乱解纷之才则易忽,乱而敬谨则为德。扰者驯熟而易耎,扰而刚毅则为德。直者径行而易讦,直而温和则为德。简者多率略,简而有廉隅则为德。刚者多无蓄,刚而塞实则为德。强者恃勇而不审宜,故以强而义为德也。"彰,显也。常,祥也。吉,善也。"常吉"联用字。上举九者皆祥善之德,所谓基德也。言用人者,当彰显此有祥善之德之士哉。

日宣三德,夙夜浚明有家。日严祗敬六德,亮采有邦。翕受敷施,九德咸事。俊乂在官,百僚师师,百工惟时。抚于五辰,庶绩其凝。

【正读】此承上言官人之法也。宣,显也。三德六德,郑云皆"乱而敬"以下之文。浚,《方言》云:"敬也。"明,勉也。晚出孔《传》云:"九德之中有其三,可以为卿大夫。卿大夫称家。"严,马读为"俨",矜庄貌。祗,亦敬也,联言之者,如《无逸》言"严恭寅畏",《周语》言"震动恪恭"。亮,佐也。采,事也。有邦,晚出孔《传》云:"可以为诸侯也。"翕,合也。敷,溥也。事,立也。晚出孔《传》云:"能合受三与六之德而用之以布施政教,使九德之人皆用事,谓天子也。"按本文于天子言九德,于有邦言六德,于有家言三德,非谓等杀以三,乃言德称其位,大凡如是也。俊乂,郑云:"才德过千人为俊,百人为乂。"僚工,皆官也。师师,相效法也。时,善也。言俊乂在官,百僚皆转相师法,百工亦善其事也。《盐铁论·刺复篇》引此经说之云:"言官得其人,人任其事,故官治而不乱,事起而不废。士守其职,大夫理其位,公卿总要执凡。"公卿谓俊乂,大夫谓百僚,士谓百工也。又《论衡·答佞篇》云:"唯圣贤之人,以九德检其行,以事效考其言。行不合于九德,言不验于事效,人非贤则佞矣。"是言九德官人之法也。抚,顺也。五辰,或谓五时,非,有四时无五时也。五辰,即五星,谓土木火金水。言官人既得,则在位者皆如五纬之经天,罔有错乱也。凝,成也。以上言知人。

无教逸欲有邦,兢兢业业,一日二日万几。无旷庶官,天工,人其代之。

【正读】逸,淫也。欲,私欲也。有邦者,诸侯也。无教逸欲云者,谓上之所好,下有甚焉者也。兢兢,戒也。业业,危也。一日二日,犹言日日也。几者,《易·系辞》云:"几者微之动,吉凶之先见者也。"言有国者无教以佚游,当戒其危,日日事有万端也。旷,空也。庶官,百官也。《论衡·艺增篇》云:"毋空众官,真非其人,与空无异,故言空也。"天生民而立之君,使司牧之,故事曰天工。人其代之者,天不自下治之,使人代治之,故人居其官,不可旷厥职也,言安民之为要。"天工人代"一语,结上文以起下文。

天叙有典,敕我五典五惇哉。天秩有礼,自我五礼有庸哉。同寅协恭和衷哉。天命有德,五服五章哉。天讨有罪,五刑五用哉。政事懋哉懋哉。

【正读】蔡《传》云:"叙者,君臣父子兄弟夫妇朋友之伦叙也。秩者,尊卑贵贱等级隆杀之品秩也。"典,常也。敕,饬也。惇,厚也。五典五惇,即《孟子》所称"君臣有义,父子有亲,夫妇有别,长幼有序,朋友有信"也。五典之教,皆以厚为之本也。礼有五,郑云:"谓天子也,诸侯也,大夫也,士也,庶人也。"自,从也。自我者,《礼书》云:"圣人缘人情而制礼。"又云:"礼由人起。"是也。有庸,马本作"五庸",当从之。盖古写书者于上"五"字旁作"=",读者以为"又","又"读作"有",则云"有庸"也。庸,用也。五礼五庸者,言五等之礼,各有吉凶宾军嘉五者之用也。典曰天叙,礼曰天秩者,典礼皆本乎性之自然,非有创造挢揉,使若出乎天意云尔。"同"、"协",皆和也。"寅"、"恭",并恭也。衷,别外之事也。见《苍颉篇》。同寅,相接以寅也。协恭,相待以恭也。和衷,相与以诚也。言同寅协恭，乃可以和衷也。郑君云："并上典礼，共有此事。"则五典之厚、五礼之用，均当同寅协恭以和其衷，不可貌取也。陈大猷云："典礼，教化也，所以尽感发之妙。服刑，政事也，所以尽劝惩之方。皆承天以从事。"今谓典礼为人类相与之道，故导之寅恭，以致其和；刑赏为国家驭世之柄，故齐之以政事，而求其懋。总须君臣端己于上，而后小民乃能承流于下也。五服者，郑云："十二也，九也，七也，五也，三也。"江声云："章之言明，五等之服有五等之章，所以章明其德也。"按五等者，天子也，上公也，侯伯也，子男也，卿大夫也。五刑者，墨、劓、剕、宫、大辟也。五用，即《尧典》"五服"，服亦用也。《国语》云："大刑用甲兵，其次用斧钺，中刑用刀锯，其次用钻笮，薄刑用鞭扑，以威民也。"是五刑五用也。服曰天命，刑曰天讨。言刑赏皆所以报人功罪，为上者不参私意于其间，便若出于天意也。懋，勉也。蔡《传》云："爵赏刑罚，乃人君之政事，君主之，臣用之，当勉勉而不可怠者也。"

天聪明，自我民聪明。天明畏，自我民明威。达于上下，敬哉有土。"

【正读】聪明，谓视听。《泰誓》曰："天视自我民视，天听自我民听。"即此意也。明畏，即赏罚。《吕刑》云："德威惟畏，德明惟明。"是也。《周官·卿大夫》："使民兴贤，出使长之。使民兴能，入使治之。"注："言为政以顺民为主也。"引此经云云，皆言天人合一之理，明天命本于人心也。达，通也。上谓天，下谓民。民之所欲，天必从之。故善为政者不必验诸天，直验诸民可也。以上言安民。

皋陶曰："朕言惠可底行。"禹曰："俞，乃言底可绩。"皋陶曰："予未有知，予思日赞赞襄哉。"

【正读】朕，予也。惠，顺也。底，致也。《史记》引此文作"吾言底可行乎"，则此语为问词。乃,犹汝也。绩,功也,成也。予未有知,谦词也。赞,佐也。
襄,读为嚢,乱也。治理为襄。赞襄,言佐助治理也。重言赞者,言非一也。
以上皆禹皋相语于帝前。

帝曰:"来,禹,汝亦昌言。"禹拜曰:"都,帝,予何
言,予思日孜孜。"皋陶曰:"吁,如何?"禹曰:"洪水滔
天,浩浩怀山襄陵,下民昏垫。予乘四载,随山刊木,暨益
奏庶鲜食。予决九川距四海,浚畎浍距川,暨稷播,奏庶艰
食鲜食。懋迁有无化居。烝民乃粒,万邦作乂。"皋陶曰:
"俞,师汝昌言。"

【正读】予何言者,王肃云:"禹言帝在上,皋陶陈谟于下,已备矣,我复何
所言乎?"予思日孜孜者,皋陶言予思日赞赞襄哉,禹继皋陶陈谟,故言予
亦惟思日孜孜矣。依此则《皋谟》与《益稷》不可划分两篇矣。但上为禹、
皋问答之辞,下为舜、禹君臣交儆之语,文辞虽不可断,文意实各有系属。
晚出孔《传》析此以下为《益稷》。证以《书序》"皋陶矢厥谟,禹成厥功,帝
舜申之,作《皋陶谟》、《益稷》",亦未始无据也。孜孜,犹汲汲也。吁,如
何者,询其所孜孜者何事。禹乃具述政治之难也。昏垫,郑云:"昏,没也。
垫,陷也。"禹言洪水之时,民有陷没之患。四载者,《说文》云:"水行乘
舟,陆行乘车,山行乘檋,泽行乘辒。"是也。刊,《说文》作"栞","槎识
也"。槎,邪斫也。邪斫木以为道路表识,故史公易为"行山表木"也。暨,
与词。益,伯益也。《尧典》"畴若予上下草木鸟兽,佥曰益哉",是也。奏,
进。庶,众也。鲜,马云:"生也。"晚出孔《传》云:"鸟兽新杀曰鲜。"与益
槎木,获鸟兽,民以进食也。九川,王肃云:"九州之川也。"距,犹致也。
浚,深通之也。畎浍,郑云:"田间沟也。"浍所以通水于川也。《论语》:"禹
尽力乎沟洫。"播,散种也。艰,马本作"根",云"根生之食,谓百谷"。奏庶
艰食鲜食者,洪水之后,黎民阻饥,虽种谷物,收获犹少,兼营鲜食也。懋,
《大传》作"贸"。《说文》云:"贸,易财也。"迁,徙也。化,古货字。刘逢禄

云："贸迁有无，谓行货为商，《史记》训为调有馀补不足也。化居，谓居货
为贾。"按《汉书·食货志》云："废居居邑。"如淳云："居贱物于邑中以待
贵也。"烝，众也。乂，治也。王引之云："众民粒食，万国始治。"作之言乍，
乍者始也，"作"与"乃"相对成文。"师"，史公易为"此"，盖当作"斯"，
"斯"、"师"古同音。

禹曰："都，帝，慎乃在位。"帝曰："俞。"禹曰：
"安汝止，惟几惟康。其弼直，惟动丕应。徯志以昭受上
帝，天其申命用休。"

【正读】禹既言致治之难，故戒帝以"慎乃在位"也。安汝止，言安汝之所
止，如《大学》言"为人君止于仁，为人臣止于敬，为人子止于孝，为人父
止于慈，与国人交止于信"也。几，危也。康，安也。惟几惟康，犹言思危则
安也。弼，辅臣也。直，十日烛隐也。丕，犹斯也。惟动丕应，犹言动之斯和
也。徯，待也。昭，清明也。徯志以昭受上帝，《史记》作"清意以昭待上帝
命"。以"清"说"昭"，以"待"说"徯"，似史公所据本作"昭志以徯受上
帝"，或晚出孔《传》本文有倒误也。申，重也。禹言缉熙敬止，惟几惟安，
辅臣贤明，动无不应，然后清明志意以待上帝之眷命，天其以休嘉重命汝，
汝可永保天禄矣。

帝曰："吁，臣哉邻哉，邻哉臣哉。"禹曰："俞。"

【正读】晚出孔《传》云："邻，近也。言君臣道近，相须而成。"郑云："反复
言此，欲其志心入禹。"江声云："志心入禹者，犹言推心置腹，欲禹与己一
心一德也。"按禹言责重帝躬，帝言亦须良辅。所谓君臣交儆。

帝曰："臣作朕股肱耳目。予欲左右有民，汝翼。予欲
宣力四方，汝为。予欲观古人之象，日月星辰山龙华虫作

会，宗彝藻火粉米黼黻絺绣，以五采彰施于五色作服，汝
明。予欲闻六律五声八音，在治忽，以出纳五言，汝听。予
违汝弼，汝无面从，退有后言。钦四邻。"

【正读】股肱耳目，郑云："动作视听皆由臣也。"左右，助也。马云："我
当左右助民，汝当翼成我也。"按此言司徒之职。宜，布也。力者，江声云：
"《周礼·司勋》治功曰力。"按亦兼王功、国功、事功、战功言之。功，亦
力也。为，王引之云："读如'相为'之'为'，为，犹助也，言助君宣力四方
也。"按此言士师之职。舜命九官，蛮夷猾夏，寇贼奸宄，以属士者也。象，
画象也。日月星辰至絺绣者，郑云："绘，读为缋，谓画也。希，读为黹，黹
也。绣，谓刺也。宗彝，虎蜼也。粉米，白米也。自日月至黼黻凡十二章，天
子以饰祭服。日也，月也，星辰也，山也，龙也，华虫也，六者画以作绘，施
于衣也。宗彝也，藻也，火也，粉米也，黼也，黻也，六者黹以为绣，施于裳
也。至周而变之，以三辰为旌旗。谓龙为衮，宗彝为毳，或捐益上下，更其
差等。周礼有衮冕、鷩冕、毳冕三者，各是其服章首所画，举其首章以名服
耳。衮，龙也。衮冕九章，以龙为首。鷩冕七章，以华虫为首。毳，虎蜼也。
毳冕五章，以虎蜼为首。"按黼作斧形，刃白而銎黑，为两斧相背，黻为两弓
相背，黹为绣者，所以威不轨而昭文德也。龙衮九章，盖山龙华虫绘于衣，
宗彝藻火粉米黼黻黹于裳也。鷩冕七章，盖绘华虫于衣，余则黹于裳也。
毳冕五章，盖绘藻火于衣，黹粉米黼黻于裳也。其三章者，粉米黼黻黹于
裳也。是周时冕服制也。"以五采彰施于五色作服"者，郑云："性曰采，施
曰色。未用谓之采，已用谓之色。作服者，此十二章为五服，天子备有焉。
公自山龙而下，侯伯自华虫而下，子男自藻火而下，卿大夫自粉米而下。"按
山龙而下，《周官·司服》之衮冕也，华虫而下则鷩冕也，藻火而下则毳冕
也，粉米而下则希冕也，十二章则火裘而冕也。明者，明其差等也，此言秩
宗之职，制为章服，序别尊卑，君子所以辨上下而定民志。六律者，律十
有二。阳六为律，阴六为宫。举阳阴从可知也。五声，宫、商、角、征、羽也。
八音，金、石、丝、竹、匏、土、革、木也。在，察也。治，理。忽，怠也。在治

忽者,察声音之哀乐,以知政教之理乱也。《礼·乐记》云:"凡音者生于人心者也,情动于中,故形于声。声成文,谓之音。是故治世之音,安以乐,其政和。乱世之音,怨以怒,其政乖。亡国之音,哀以思,其民困。声音之道,与政通矣。"又云:"审声以知音,审音以知乐,审乐以知政,而治道备矣。"皆此义也。"在治忽"三字,《史·夏本纪》作"来始滑",《索隐》古文"在治忽",今文作"采政忽"。《汉·律志》引作"七始咏","七"或又作"桼"。"忽",郑本作"曶",皆因形近声近而误,当依古文为是。五言者,五方之声诗也。《礼·王制》:"五方之民,言语不通,嗜欲不同,达其志,通其欲。东方曰寄,南方曰象,西方曰狄鞮,北方曰译。"合之中国,则五也。出者,如《周官·大行人》王之所以抚邦国诸侯者,九岁属瞽史,谕书名,听声音也。纳者,如《王制》"御瞽几声之上下",又"命太师陈诗以观民风"者也。听者,察其哀乐,审其贞邪,以施政教而成化也,此言乐官之职也。违,背也。弼,辅也。四邻,史迁说为四辅。郑君说为左辅、右弼、前疑、后丞。实即上文所言"汝翼"、"汝为"、"汝明"、"汝听"也。

庶顽谗说,若不在时,侯以明之,挞以记之,书用识哉,欲并生哉。工以纳言,时而飏之。格则承之庸之,否则威之。

【正读】庶,众也。心不则德义之经为顽。谗说,见《尧典》。若,语词。在,察也。时,是,指上股肱耳目之义。侯为射侯之侯。《考工记·梓人》注:"侯制上广下狭,盖取象于人也。张臂八尺,张足六尺。"《礼·射义》:"诸侯以《狸首》为节。"注:"《狸首》,篇名。"《仪礼·大射》注:"狸之言不来也,其诗有射诸侯首不朝者之言,因以名篇,故谓之《狸首》也。"明之,所以耻之也。挞,古文作遲,狭也。记之,谓惩义之,俾不忘也。《周礼·闾胥》"凡事掌其比觵挞罚之事"注:"挞者,失礼之罚也。"书者,《周官·大司寇》云:"以明刑耻之。"注:"书其罪恶于大方版,著其背。"又《司救》"凡民之有衺恶者,三让而罚,三罚而士加明刑"注:"罚,谓挞击之也。"加明刑者，去其冠饰，而书衺恶之状著之背也。识，亦记也。哉，亦之也。《释诂》"哉"、"之"同训"间"，谓言之间也。生者，不为死刑也。言侯以明之，挞以记之，书以识之，皆欲生之，不致之死地也。工，官也。纳言者，下云"敷纳以言"也。时，善也。飏，如"明明扬侧陋"之"扬"。格，正也。承，进也。庸，用也。飏之承之庸之者，所谓或以德进，或以言扬，或以事举也。否则，与上文为转语。亦见《无逸》。威之，畏之也。

禹曰："俞哉。帝光天之下，至于海隅苍生，万邦黎献，共惟帝臣。惟帝时举，敷纳以言，明庶以功，车服以庸，谁敢不让，敢不敬应。帝不时，敷同日奏，罔功。"

【正读】光，充也。苍生，黔首也。黎，众。献，贤也。时，善也。敷，《左传》引作"赋"，杜注："赋，犹取也。"取纳以言，观其志也。庶，章太炎云："读为度，今文庶作试。明试以功，考其事也。车服以荣，报其劳也。"《韩诗外传》云："古者必有命民，有能敬长怜孤，取舍好让者，命于其君，然后敢饰车骈马。未得命者不得乘车，乘车皆有罚。是故其民虽有钱财侈物，而无礼义功德，即无所用其钱财。故其民皆兴仁义，而贱不争贵，强不凌弱，众不暴寡，是唐虞之所以象典刑而民不敢犯也。"《春秋繁露·度制篇》云："贵贱有等，衣服有制，朝廷有位，乡党有序，则民有所让而不敢争。所以一之也。《书》曰：'舆服以庸，谁敢不让，敢不敬应。'此之谓也。"帝不时，对上"惟帝时举"立文。敷，溥也。奏，进也。史公说为布同善恶则无功，言帝不能敷纳以言，明试以功，车服以庸，善恶同日进用，则治道无成矣。以上亦舜禹对言，帝意责难于臣，臣意责难于君，犹君臣交儆意也。

帝曰："无若丹朱傲。惟慢游是好，傲虐是作。罔昼夜頟頟，罔水行舟。朋淫于家，用殄厥世，予创若时。"

【正读】晚出孔《传》无"帝曰"二字，《史记》有。《汉书·楚元王传》刘向上奏、《论衡·谴告》及《问孔篇》，《后汉·梁冀传》袁著上书，并引"无若丹朱"为帝戒禹之词，则有"帝曰"者是也，今据增。本文因帝敕禹有庶顽谗说之惩，禹言惟帝时举，莫敢不应，帝复言若丹朱者，虽时举亦罔功也。无若丹朱傲者，自来皆以为舜相戒之辞，按之文意，实不相类。帝意盖言庶顽谗说未有若丹朱傲者，下乃历举其状以实之。傲，慢也。慢，惰也。游，佚也。虐读为谑，戏谑也。作，为也。頟，读为刜，《说文》"船行不安也，读若兀"。罔，无也。罔昼夜，谓昼夜不息，郑云："頟頟使人推行之。"与许说亦近。罔水行舟者，言洪水已平，丹朱乘舟行水，惟好嫚游也。朋，读为风，放也。牝牡相诱谓之风。淫，淫乱，郑云："朋淫，淫门内。"是也。殄，绝也。世者，《周语》注云："父子相继曰世。"创，惩也。二语倒文，言予创若时，用殄厥世。意言予惩创其如是，故殄其世，使其不得父子相继也。帝言朕堲谗说，不得不严惩也。

禹曰："予娶涂山，辛壬癸甲。启呱呱而泣，予弗子，惟荒度土功。弼成五服，至于五千，州十有二师。外薄四海，咸建五长。各迪有功，苗顽弗即工。帝其念哉。"

【正读】晚出古文本无"禹曰"二字。"予娶涂山"作"娶于涂山"，据《史记》校正。本文意言庶顽谗说，不仅丹朱然也，苗顽尤为可念。涂山，《说文》作"嵞"，云"九江当涂也"，引《虞书》曰："予娶嵞山。"辛壬癸甲者，《吕氏春秋》云："禹娶涂山氏女，不以私害公，自辛壬癸甲四日复往治水，故江淮之俗，以辛壬癸甲为嫁娶日也。"《说文》亦云："（九江当涂）民以辛壬癸甲之日嫁娶。"则禹娶三宿，即被帝命治水也。启，禹子。呱呱，小儿啼声。弗子者，《列子·杨朱篇》云："惟荒度土功，子产不字，过门不入。"《孟子》亦云："禹八年于外，三过其门而不入。"言急于治水也。"辛壬癸甲"四字语意未完，意言予娶涂山，仅四日而被命治水，启生堕地，呱呱而泣，予过门而不得入，惟荒度土功是务也。以事涉及闺房之好，燕昵之私，帝前不能直率言之，仅举"辛壬癸甲"为歇后语，听者自可意悟也。荒，奄也。奄，大也。大度土功，即下文所云也。"弼成五服，至于五千"者，郑云：
"敷土既毕，广辅五服而成之。去王城五百里为甸服，于周为王畿，其弼当
侯服，去王城千里。其外五百里为侯服，于周当甸服，去王城一千五百里。
其弼当男服，去王城二千里。又其外五百里为绥服，于周为采服，去王城二
千五百里。其弼当卫服，去王城三千里。又其外五百里为要服，于周为蛮
服，去王城三千五百里，四面相距为七千里，是九州之内也。"要服之弼，
当其夷服，去王城四千里。又其外五百里为荒服，于周为镇服，去王城四千
五百里。其弼当蕃服，去王城五千里。至于面方各五千里，四面相距为方万
里。尧初制五服，服各五百里，要服之内方四千里，曰九州，其外荒服曰四
海。此禹所授地记曰"昆仑山东南地方五千里名曰神州"者，禹治水所弼
五服之残数，亦每服各五百里，故有万里之界万里之封焉。《五经异义》
云："今《尚书》欧阳夏侯说，中国方五千里。古《尚书》说五服方五千里，
相距万里。"许慎谨案："以今汉地考之，自黑水至东海，衡山之阳至于朔
方，经略万里，从古《尚书》说。"郑氏无驳，与许同也。按许郑同谓当时中
国方万里，是也。惟郑谓九州必在方七千里之内，似非虞夏之制。虞时十有
二州，《尧典》所谓"肇十有二州，咨十有二牧"，是也。东略嵎夷，西叙昆
仑，南抚交趾，北尽冀州，亦非拘于七千里之地也。师，长也。州有十二师，
即十二牧也。薄，迫也。五长者，晚出孔《传》云："诸侯五国，立贤者一人
为方伯，谓之五长，以相统治，以奖帝室。"按《左传》管仲："五侯九伯，汝
实征之。"五侯当此之外建五长，九伯当此之州十有二师也。各迪有功者，
《传》云："九州五长各蹈为有功。惟三苗顽凶，不得就官，善恶分别。"帝
其念哉者，言丹朱既殄厥世，而苗顽凶恶尤甚，当思有以惩治之也。

帝曰："迪朕德，时乃功惟叙。"

【正读】迪，导也。时，是。乃，犹汝也。叙，比次也，如"三苗丕叙"、"西戎
即叙"之"叙"。帝言朕导之德，以化其心。若比其族类，别其善恶而诛赏
之，是汝之功也。金履祥曰："使禹敷德，皋明刑，此帝化苗始末。此语在

前,分北次之,徂征最后。"按禹言"苗顽,帝其念",帝曰"惟叙时乃功",君臣交儆,意义一贯。

皋陶方祗厥叙,方施象刑惟明。

【正读】孙星衍云:"此下虞史伯夷所述,非舜言也。"按上舜、禹相语,由慎德而及任贤,由任贤而及赏罚,由赏罚而及黜陟,由黜陟而及奸恶,由奸恶而及苗顽。九州承化,苗民独否,敷德之外,惟在明刑。蛮夷猾夏,寇贼奸宄。大刑用甲兵,中刑用刀锯,亦士师之职,此皋陶所有事也。故史官于舜、禹语毕,即继之曰"皋陶方祗厥叙,方施象刑惟明",言顽凶不化,非刑无可惩戒也。史公说之云:"皋陶于是敬禹之德,令民皆则禹,不如言,刑从之。舜德大明。"亦谓用德不如用刑也。惟史公释意甚当,《释文》则不词。今按祗,敬也。叙者,别生分类,诘奸除暴之法,即上文帝所言也。象刑者,刻刑杀之象于器物,使民知所戒,若郑铸刑鼎、晋铸刑书之类,不仅载其条文,且又昭其形象也。禹铸九鼎,使民知神奸,舜为象刑,使民知戒惧,其意一也。自言象刑者,均谓上古无肉刑而有象刑。上刑赭衣不纯,中刑杂屦,下刑墨,以居州里,而民耻之,而反于礼。试问蛮夷猾夏,三苗逆命,果赭衣墨幪所能感化乎?《荀子·正论篇》云:"凡爵列官职赏庆刑罚皆报也,以类相从者也。一物失称,乱之端也。夫赏不当功,罚不当罪,不祥莫大焉。杀人者死,伤人者刑,是百王之所同也,未有知其所由来者也。"其非世俗象刑之说甚当。明者,如《吕刑》言"明于刑之中"也,此言舜禹君臣交儆,皋陶方从事于诘奸除暴之法,而务求其中也。

　　夔曰:"戛击鸣球、搏拊、琴瑟以咏。"祖考来格,虞宾在位,群后德让。下管鼗鼓,合止柷敔,笙镛以间,鸟兽跄跄。《箫韶》九成,凤皇来仪。夔曰:"於,予击石拊石,百兽率舞。"

【正读】"夔曰"至"以咏"，《史记》说为"夔行乐"，则此节亦史官叙事文。曰，爰也。爰，于是也。戛击，郑云："戛，擽也。""戛击鸣球"以下数器，鸣球，玉磬也。磬，县也。而以合堂上之乐，玉磬和，尊之也。搏拊，以韦为之，装之以穅，形如小鼓，所以节乐。咏，歌诗也。按鸣球下数器，谓搏拊、琴、瑟及鸣球四者，总蒙"戛击"为文也。格，至也。虞宾，谓前代帝王之后，舜以为宾也。群后，谓诸侯来助祭者。德，《说文》"升也。"德让，谓升降揖让也。郑云："已上皆宗庙堂上之乐所感也。""下管"以下言舜庙堂下之乐，故言下也。下管，吹管者在堂下，管为竹乐之总名。鼗，如鼓而小，持其柄摇之，旁耳还自击。合止柷敔者，郑云："合乐用柷，柷状如漆筩，中有椎，合之者投椎于其中而撞之，所以节乐。"敔，状如伏虎，背有刻，以物擽之，所以止乐。笙镛以间者，晚出孔《传》云："镛，大钟。"迭，间也。郑云："以间者，堂上堂下间代而作。"鸟兽跄跄者，郑云："谓飞鸟走兽跄跄然而舞也。"箫韶，郑云："舜所制乐也。"乐备作谓之成。成，犹终也。每曲一终，必变更奏。若乐九变，人鬼可得而礼。按来仪者，言婆娑而舞也。"夔曰于"以下，见《尧典》。按乐节次凡六。先金奏，次升歌，次下管，次间歌，次合乐，次金奏。以金奏始，以金奏终。本文不言金奏，然以鸣球始，以击石拊石终，金石即钟磬，《孟子》所谓"金声而玉振之"也。此文戛击鸣球，则金奏也。搏拊琴瑟以咏，则升歌也。下管鼗鼓，合止柷敔，则下管也。笙镛以间，则间歌也。箫韶九成，则合乐也。击石拊石，则以金奏终也。此乐之大成也。言鸟兽跄跄，凤凰来仪，百兽率舞者，皆形容声乐之盛，欲见难致之禽，难服之兽，犹且率舞，则物无不和可知也。此本有虞祭祀之乐，史官类记于皋陶象刑后者，欲以盛乐化苗顽也。

"庶尹允谐"，帝庸作歌曰："敕天之命，惟时惟几。"乃歌曰："股肱喜哉，元首起哉，百工熙哉。"皋陶拜首稽首飏言曰："念哉，率作兴事，慎乃宪，钦哉。屡省乃成，钦哉。"乃赓载歌曰："元首明哉，股肱良哉，庶事康哉。"又歌曰："元首丛脞哉，股肱惰哉，万事堕哉。"

帝拜曰："俞，往钦哉。"

【正读】庶，众。尹，正。允，信。谐，和，郑云："言乐之所感，使众正之官信得其谐和。"按众尹允谐，与上"百兽率舞"、"凤皇来仪"等文不类。《列子·黄帝篇》"尧使夔典乐，击石拊石，百兽率舞，凤皇来仪，《箫韶》九成"，亦不连"庶尹允谐"类举，知不与上文为一事也。庶尹允谐，实帝歌章首，与下"惟时惟几"韵。歌词在上者，古人行文，自不拘也。敕，正也。几者，事之微也。惟时惟几者，蔡《传》云："惟时者，无时不戒勑也。惟几者，无事而不戒敕也。意言庶尹虽能允谐，然正天之命，无时无事，不当深自戒饬也。"乃歌曰者，续为歌也。孔《传》云："元首，君也。"股肱之臣喜乐尽忠，君之治功乃起，百官之业乃广。江声云："先言股肱，重任于臣也。"飏，与"扬"通，续也。念者，犹言"帝其念之"也。率作兴事，言元首当为股肱先导也。宪，法度。屡，亟也。省，顾省。成，成功也。皋陶所言即下"赓歌"意。赓，亦续也。载，为也。江声曰："皋陶先言元首，责难于君之谊也。"丛脞，烦碎也。惰，懈弛也。堕，坏也。江声云："拜者，答皋陶也。受其戒，故答拜之，明上之不虚取于下也。往钦哉者，戒庶尹各往敬其职也。"金履祥曰："箫韶作歌二章，盖因上章股肱耳目之辞，亦以类附。于以见喜起工和之盛，非一时之言也。"吴闿生云："郅治之隆，及君臣相得之美，非语言文字所能尽。既于韶乐形容之矣，犹以为未足，乃复著帝与皋陶之赓歌以寄其趣，即以代后世史家之论赞也。"

禹　贡

禹别九州，随山浚川，任土作贡。

【正读】九州之名旧矣，此言"禹别九州"者，禹始分画州界，主名山川，斥大中国区域也。任土者，郑云："谓定其肥硗之所生。"江声云："土肥则所生丰，土硗则所生俭，视其所生，准其赋以制贡，即郑注经文所云'观地肥硗，定贡赋上下'是也。"段玉裁云："疑当有'作《禹贡》'三字。"

禹敷土，随山刊木，奠高山大川。

【正读】敷，分也，《书序》云"禹别九州"也。随山刊木者，郑云："必随州中之山而登之，除木为道以望观所当治者，则规其形而度其功焉。"奠，定也，正也。刘逢禄云："禹平水土，主名山川，盖谓导其脉络，正其主名也。"

冀州。既载壶口，治梁及岐。既修太原，至于岳阳。覃怀底绩，至于衡漳。

【正读】九州之文，皆先举州界，次山原川泽夷服，次土性草木，次田赋，次土贡，次贡道。冀州直举州名，不言界者，宋晁以道云："所以尊京师，示王者无外之意。"按古惟九州，至舜摄帝位，命禹平水土，以冀、青地广，分冀东恒山之地为并州，又东北医无闾之地为幽州，又分青州东北辽东之地为营州。然则《禹贡》冀州、青州当以辽河为界，以西为冀州，以东而南为青州地。冀州当东据辽，西南距河。晚出孔《传》谓冀州三面距河者，非其实也。若书之，当云"辽河惟冀州"也。至九州之次，《正义》云："以治为先后。水性下流，当从下泄，故治水皆从下始。冀州帝都，故从冀起。而东南次兖，而东南次青，而南次徐，而南次扬，从扬而西次荆，从荆而北次豫，从豫而西次梁，从梁而北次雍。雍地最高，故在后也。自兖以下，皆准地之形势，从下向高，从东向西。青、徐、扬三州并为东偏。雍高于豫，豫高于青、徐，雍、豫之水从青、徐入海也。梁高于荆，荆高于扬，梁、荆之水从扬入海也。兖州在冀州东南，冀、兖二州之水各自东北入海也。冀水不经兖州，以冀是帝都，河为大患，故先从冀起，而次治兖。若使冀州之水东入兖州，水无出处，治之无益，虽是帝都，不得先也。"按孔说是也。"既载壶口"以下，言山原川泽。载，事也。马、郑、王均以"既载"属上冀州为读，非是。壶口，山名，在今山西吉县西南七十里。梁，亦山名，今陕西韩城县西北之山也。王鸣盛《尚书后案》云："壶口山，上连孟门，下控龙门。当路束流，为河之扼要处，故禹首辟之。孟门，在今山西大宁县西南八十里。龙门在今河津县西北三十里壶口山尽处，西与韩城之龙门相对。上口至下口，约一百六十余里。《水经注》云：'龙门未辟，河出孟门之上。大禹疏通，谓之孟门。孟门，即龙门之上口，实黄河之巨阨。此石经始禹凿，河中漱广，夹岸崇深，其水崩浪万寻，浑洪赑怒，迄于下口。'是也。梁山首枕河西，北连龙门，《诗》所谓'奕奕梁山，维禹甸之'者也。"今按河自孟门而下，束于高山，水流狭迫，及至鸿水泛滥，高出孟门之上，冀州全境，均在怀山襄陵之中。禹上凿龙门以通其流，下播九河以杀其势，故经首书"既载壶口"矣。次言"治梁及岐"者，郑云："治水从下起，以襄水害易也。"焦循《禹贡郑注释》云："壶口梁山既治，而河水南下矣。河无定者，积石至龙门，阻而横流。一旦凿而通之，既出龙门，非南溢必且四溃。乃治岐，使渭水挟关中诸水之力，从西来逼之，东行于大华雷首之间。故治壶口不治梁，水仍壅积而不行。治梁而不治岐，水之南决无由趋而东也。壶口、梁、岐之治，三者间不容发。故曰'既载壶口，治梁及岐'。河水湍急，非有他水持之，未可言治。治梁及岐,即所以平冀州之水,又何疑于雍州之山哉?"今按岐在陕西岐山县东北十里,梁、岐并雍州山,于冀州言之者,如焦所说。太原今山西县,汾水所经。岳,即太岳山,今山西霍县东。"既修太原,至于岳阳"者,王鸣盛云:"言禹导汾水,因鲧之功修之也。是时帝都平阳,太原据其上游,鲧必极意崇防。然必河道既通,而汾水始有所受。鲧但知治太原,不知导壶口,功用不成。故禹必先事壶口梁山,而后修鲧旧迹,自太原以至岳阳也。"今案,州中言"至于"者,施功所及也。覃怀,郑云"县名",在今河南武陟县西。衡漳者,孔疏云:"漳水横流入河。"言"覃怀底绩"者,王鸣盛云:"覃怀地当孟津之东少北、太行之正南。沸水出其西,淇水出其东,为河北沃壤。盖太行乃河北之脊,脊上诸州并山险,惟覃怀南濒河,地平衍,洪水时亦受河患。今曰'底绩',则孟津洛汭之河治矣。"按至于衡漳者,蒙上底绩为文也。以上言山原川泽。

厥土惟白壤。

【正读】此言土性也,马云:"壤,天性和柔也。"《传》云:"色白而壤。"

厥赋惟上上错,厥田为中中。

【正读】《传》云:"赋,谓土地所生以供天子,上上,第一。"错,杂,杂出第二等之赋。田之高下肥瘠,九州之中为第五,此言田赋也。郑云:"此州入赋不贡。"

恒卫既从,大陆既作。

【正读】恒水,今滱水,即《职方》之"沤夷"。卫水,即《职方》之"虖池"。今同。胡渭《禹贡锥指》云:"经有自上目下互受通称之例,曾谓幽、冀二大川禹曾不一及之,而仅施功于恒、卫小水耶?""既从"者,从河入海也。大

陆,泽名。郑云:"在钜鹿北。"《尔雅》十薮,晋有大陆。按在今河北钜鹿
西北。"作"者,为之陂障以潴水也。按此言川泽,不与衡漳类叙者,胡渭云:
"恒卫大陆,施功于九河既道之后,故变例书于田赋之下。"

岛夷皮服。

【正读】《传》云:"海曲谓之岛。"按云岛夷,盖今辽河以西地,与青州嵎夷
指辽河以东者为异。皮服者,蔡沈云:"海岛之夷以皮服来贡也。"按此言
土贡也。冀州附近帝都,有赋无贡,惟岛夷有贡。

夹右碣石,入于河。

【正读】孔《疏》云:"《地理志》碣石山在右北平骊城县西南。《传》于下文
'导河入海'云'入于渤海'。渤海北距碣石五百馀里。"按在今河北抚宁、
昌黎二县界。"夹右碣石"者,《传》云:"夹行此山之右。"今按,夹石者,右
山左海也。山脉太行恒山至于碣石,自西向东趋。岛夷贡道,循海岸西趋,
故云"夹右碣石"也。凡贡道所经,旁山海行曰夹,舍陆舟行曰入。梁州云
"逾于沔"、"入于渭",是也。王肃云:"凡每州之下说诸治水者,禹功主于
治水,故详记其所治之州,往还所乘涉之水名。后儒则以为贡道,依经文
并次各州土贡之下,则说贡道者为尤合也。"

济河惟兖州。

【正读】孔《传》云:"东南据济,西北距河。"

九河既道,雷夏既泽,灉沮会同。

【正读】九河者,郑云:"河水自上至此流盛,而地平无岸,故能分为九以

杀其势。"壅塞,故通利之也。九河之名,徒骇、太史、马颊、覆釜、胡苏、简、洁、钩盘、鬲津。周时齐桓公塞之,同为一河。今河间弓高以东至平原鬲津,往往有其遗迹焉。孔《疏》:"《汉书·沟洫志》成帝时河堤都尉许商上书曰:'古说九河之名,有徒骇、胡苏、鬲津。今见在成平、东光、鬲县界。自鬲以北至徒骇,相去二百余里。'是九河所在,徒骇最北,鬲津最南。盖徒骇是河之本道,东出分为八枝也。"按今河北阜城县西南有弓高故城,山东有平原县,又德县北有鬲县故城,河北交河县东有成平故城,东光县东有东光城,皆九河分播处也。于冀州首言"壶口",于兖州首言"九河"者,禹治洪水,二处同时施功。《孟子》言"禹功",亦以"疏九河"为第一义也。雷夏,泽名,《汉志》雷泽在济阴成阳。灉沮者,《尔雅》:"水自河出为灉。济为漯。""漯"、"沮"同音字。"会同"者,源分河济,流入雷夏也。成阳在今山东菏泽县东北,雷夏又在其东北。王鸣盛云:"雍、沮二水,《汉志》不载。盖济之别流,平地涌出,五代后河流经此,荡然无存矣。"

桑土既蚕,是降丘宅土。

【正读】郑云:"其地尤宜蚕桑,因以名之。"今濮水上地有桑间者。此州寡于山,而夹川两大流之间,遭洪水,其民尤困。水害既除,于是下丘居土,以其免于厄,尤喜,故记之。

厥土黑坟,厥草惟繇,厥木惟条。

【正读】马云:"坟,有膏肥也。"繇,抽也。条,《说文》:"小枝也。"

厥田惟中下,厥赋贞,作十有三载乃同。

【正读】郑云:"贞,正也。治此州正作不休十三年,乃有赋,与八州同,言功难也。其赋下下。"金仁山《尚书表注》云:"'贞'本作'下下',篆文重字但于字下作‘＝’。兖赋‘下下’，古篆作‘下＝’，或误作‘正’，遂讹为‘贞’。"
今按金说近是。郑"贞作"连读，不词。

厥贡漆丝，厥篚织文。

【正读】郑云："贡者，百功之府，受而藏之。其实于篚者，入于女功，故以贡
篚别之。"《武成》曰："篚厥玄黄，昭我周王。"

浮于济漯，达于河。

【正读】《汉·地理志》"东郡东武阳"下云："禹治漯水，东北至千乘入
海。"按东武阳在今山东朝邑县西，千乘则今山东高苑县也。王鸣盛云：
"自宋时河决浚滑，朝邑流绝，旧迹不可复见，惟指唐宋以后所行之大清
河为故漯水、小清河为故济耳。"按循流上下曰浮，因水入水曰达。

海岱惟青州。

【正读】孔《传》云："东北据海，西南距岱。"按此州越海而有辽东等地。
《传》云："东北跨海。"《尔雅释文》引郑注"舜以青州越海，而分齐为营
州"。马释《尧典》"肇十有二州"亦云："舜分齐置营州。"青州既兼青、营
二州地，则今山东东部并今辽河以东之地皆古青州境。孔《疏》云："东莱
东境之县，浮海入海之间，青州之境，非止海畔而已。"汉末公孙度为辽东
太守，越海收东莱诸郡，置营州刺史，自立为辽东侯平州牧，尧时青州当
越海而有辽东也。舜分青州为营州，营州即辽东也。岱，泰山也。郑云："东
岳曰岱山。"按"岱"、"泰"声相近。

嵎夷既略，潍淄其道。

【正读】嵎夷，已见《尧典》。《史记·夏本纪》"嵎夷既略"《索隐》云："今文《尚书》及《帝命验》并作'禺铁'，在辽西。《说文》'嵎'作'堣'，在冀州。"《后汉书·东夷传》说夷有九种云："昔尧命羲仲，宅嵎夷曰旸谷，盖日之所出也。"亦以为在辽海之地。惟本经嵎夷在青州，《说文》说在冀州，盖由今文诸家说辽西。辽西，夏冀州故境。实则嵎夷青州地，当在辽水以东。知者，《尧典》"宅嵎夷曰旸谷"，旸谷今首阳山谷，则今辽阳县境，亦在辽东也。《说文》"旸"作"崵"，云"山在辽西，一曰堣夷旸谷"，盖亦沿今文家之说而误也。略，《说文》云："经略土地也。"金仁山云："首书'堣夷'，非例也。自帝尧以堣夷正东方之景，而青境实跨有东夷，逆河未沦，斜连辽碣，其后遂分为营州。"今按《禹贡》立文，先书州界，次书山原川泽，次书夷裔，如梁州云"和夷底绩"，雍州云"三苗丕叙"，是也。此特先书者，经于冀州末言"岛夷皮服"，青州首言"嵎夷既略"，正见禹之经略广远也。孔《疏》："《地理志》云：潍水出琅邪箕屋山，北至都昌县入海。淄水出泰山莱芜县原山东北，至千乘博昌县入海。"按箕县在今山东莒县东，都昌今昌邑县也。莱芜今县，原山在县东。博昌今博兴县。

厥土白坟，海滨广斥。

【正读】郑云："斥，谓地咸卤。"

厥田惟上下，厥赋中上。

【正读】《传》云："田第三，赋第四。"

厥贡盐絺，海物惟错。

【正读】絺，细葛。海物，海鱼也。鱼种类尤杂。

岱畎丝枲铅松怪石，莱夷作牧，厥篚厜丝。

【正读】畎，谷也。怪，异，好石似玉者。岱山之谷，出此五物，皆供之。莱夷，地名。"莱夷作牧"，与上"岛夷皮服"、下"岛夷卉服"一例，皆言夷贡也。此云"作牧"，盖贡牧养之物，非谓莱夷可以放牧也。厜桑，蚕丝，中琴瑟弦。

浮于汶，达于济。

【正读】《汉志》："汶水出泰山莱芜县原山西，南入济。"孙云："今安山县，古汶达济之道。"

海岱及淮惟徐州。

【正读】《传》云："东至海，北至岱，南及淮。"

淮沂其乂，蒙羽其艺。大野既豬，东原底平。

【正读】淮见后导水。沂水，出山东沂水县北，南至邳县东南入运。乂，治也。蒙山，在山东蒙阴县西南。羽山，在江苏赣榆县西南。艺，《传》云："可种艺。"大野，即钜野泽，今钜野县境。马云："水所停止，深者曰豬。"王鸣盛云："是泽本汶、济所钟。明永乐九年开会通河，遏汶、济入运，泽涸无存。东原，今东平县地，汶、济之间也。"

厥土赤埴坟，草木渐包。

【正读】《传》云："土黏曰埴。"渐包，相包裹而同长也。

厥田惟上中，厥赋中中。

【正读】《传》云："田第二，赋第五。"

厥贡惟土五色，羽畎夏翟，峄阳孤桐。泗滨浮磬，淮夷
蠙珠暨鱼，厥篚玄纤缟。

【正读】土五色者，王肃云："王者取五色土为大社，封四方诸侯，各割其
方色，王者覆四方。"羽畎者，郑云："羽山之谷，贡夏翟之羽。"孔《传》云：
"羽中旌旄。"峄，山名，在今山东邹县南。《传》云："峄山之阳，特生桐，
中琴瑟。"泗水，出今泗水县，下流入淮。浮磬者，《传》云："泗水厓，水
中见石可以为磬。"蠙珠，郑云："珠名，淮水之上，夷民献此蠙珠与美鱼
也。"《说文》云："玭，珠也。宋弘云：'淮水中出玭珠，玭，珠之有声者。'"
玄纤缟，《传》云："玄，黑绘。缟，白绘。纤，细也。"纤在中，明二物皆当
细。

浮于淮泗，达于河。

【正读】《释文》"河"，《说文》作"菏"，云"水在山阳湖陵南，从水，苛
声"。胡氏《禹贡锥指》云："金履祥《通鉴前编》云：'菏泽与济水相通，而
泗水上可以通菏，徐州浮淮达泗，自泗达菏也。青州书"达于济"，则达菏
可知。故徐州书"达于菏"，则达于济可知。'渭按：济水豬为菏泽，此经蒙
青之文曰'达于菏'，则由济入漯可知矣。兖、青、徐、扬四州之贡道，前后相
承，不复不乱。汶与济连，故青曰'浮于汶，达于济'。徐扬道由淮泗，从泗
入济，必由菏泽，故书曰达于菏泽。若作'河'，则复而无理。河漯青且不言
矣，而徐复云达于河，陵乱失次。"王光禄云："泗水从淮阴入淮，即禹浮淮
达泗之道。菏水从湖陵入泗，即禹浮泗达菏之道也。菏即济也，达于菏，达
于济矣。"

淮海惟扬州。

【正读】孔《传》云:"北据淮,南距海。"杜佑《通典》云:"扬州东南距海,自晋以后,皆以五岭之南至于海为扬州域。"今按扬以距海为界,贡以沿海为道。又"阳鸟攸居"、"岛夷卉服",皆指附海各岛,则州界自以孔《传》"南距海"为正。郑但言自海以东,非其实也。《尧典》"羲仲宅南交",《墨子》言"尧治天下,南抚交趾",禹斥大九州,岂尚局蹐五岭以北乎?

彭蠡既豬,阳鸟攸居。三江既入,震泽底定。

【正读】彭蠡,郑云:"《地理志》彭蠡泽在豫章彭泽县西。南方谓都为豬。"阳鸟,郑云:"谓鸿雁之属,随阳气南北。"今按《禹贡》全文无以禽兽表地者。又经文先序州界,次言山原川泽,次言夷服,亦无舍地望而先言鸟兽者。"鸟"当读为"岛"。《说文》所谓"海中往往有山可依止曰岛",是也。本经皆假鸟为之。"岛夷皮服"、"岛夷卉服",古今文本皆作"鸟"。郑释冀州鸟夷云:"东方之民搏食鸟兽者也。"《后汉书·度尚传》注:"鸟语,谓语音似鸟也。"引《书》"岛夷卉服",殆于望文生义矣。晚出孔《传》读"鸟"为"岛",云"海曲谓之岛",与《说文》合。本文"阳鸟","鸟"字亦当读为"岛"。阳岛,即扬州附海岸各岛。大者则台湾、海南是也。云阳岛者,南方阳位也。攸,所也,安也。攸居,安居也。知岛隶本州者,下文土贡有"岛夷卉服"可证。卉服者,阳岛苦暑,故有卉服。犹之冀州苦寒,则有皮服也。青州越海而有辽东半岛,则言"嵎夷既略";扬州越海而有附近诸岛,则言"阳岛攸居",其例一也。解《禹贡》者不知扬州南距海,乃释阳鸟为鸿雁。贾捐之《谏伐珠崖疏》乃谓珠崖非《禹贡》所及,春秋所治矣,岂其然哉?又经文于各州兼领夷夏者,皆举外以况内,曰"嵎夷既略",曰"阳鸟攸居",曰"和夷底绩",曰"三苗丕叙",外夷如此,内地可知矣。三江者,江随地而异名也。江会汉为北江,会彭蠡为南江(郑注),会汇为中江。既入者,入于海也。本文立文与"伊洛瀍涧,既入于河"同例。洛水以上源不同而同入于河,江水以随地异名而同入于海,非各自独流也。详见下导水。震泽者,孔《疏》云:"会稽吴县故周太伯所封国,具区在西,古文以为震泽, 是吴南太湖名, 盖县治居泽东北。"

筿簜既敷, 厥草惟夭, 厥木惟乔。

【正读】郑云: "筿, 箭。簜, 大竹也。" 马云: "夭, 长也。"《传》云: "乔, 高也。"

厥土惟涂泥。

【正读】马云: "涂泥, 渐洳也。"

厥田惟下下, 厥赋下上, 上错。

【正读】《传》云: "田第九, 赋第七。杂出第六。"

厥贡惟金三品, 瑶琨, 筿簜, 齿, 革, 羽, 毛惟木。岛夷卉服, 厥篚织贝, 厥包橘柚锡贡。

【正读】金三品, 王肃云: "金银铜也。" 瑶琨,《传》云: "美玉。" 齿, 象齿。革, 犀皮。羽, 鸟羽。毛, 旄牛尾。木, 梗楠豫章。"惟木"之"惟", 犹与也, 声之转。岛夷, 即上文阳鸟, 东南附海岸各岛也。郑云: "此州下湿, 故衣卉服。贡其服者, 以给天子之官。" 按海岛溽暑, 故衣卉服。织贝, 锦名。厥包橘柚,《传》云: "小曰橘, 大曰柚。" 其所包裹而致者, 锡赐声借, 锡, 献也。《释诂》: "贡, 锡, 赐也。" 锡贡同义, 古人自有复语耳。

沿于江海, 达于淮泗。

【正读】《释文》: "沿, 郑本作沿, 马本作均。" 按"沿"作"沿", 形之误也。

"沿"作"均",声之误也。"均"、"沿"声相近。循江海行曰沿,《传》云:
"顺流而下曰沿。"沿江入海,自海入淮,自淮入泗,非也。禹时有江路可
通者,必不遵海。沿江上下,自江入淮,自淮入泗。江淮之通,始见于《禹
贡》之"导江会于汇"即"淮",继见于《孟子》之"禹排淮泗而注之江",
不自吴王沟通江淮始也。当时贡道必无舍安全之路而就海道艰险之理。
所谓"沿于海"者,即岭外各地附海诸岛之贡道也。其程沿海入江,溯江
入淮,由淮达泗,转由菏济而达于河也。后人不知岭外各地为《禹贡》所
治,又不知江淮之通,禹迹固然。乃谓沿江入海,自海入淮矣。为著旧迹于
此。

荆及衡阳为荆州。

【正读】孔《传》云:"荆州北据荆山,南及衡山之阳。"按荆山在今湖北南
漳县西,州境当今湖北、湖南、贵州、广西诸地。唐虞疆域,以交趾为极
南,故曰"分命羲叔宅南交,曰明都"矣。

江汉朝宗于海,九江孔殷,沱潜既道,云土梦作乂。

【正读】江汉自扬州入海,此云"朝宗于海"者,段玉裁云:"《说文》:'淖,
水朝宗于海也。从水,朝省声。',今之'潮'字。此今文说也。泽水之时,江
汉不顺轨。至禹治之,江汉始与海通波。于扬州曰'三江既入',既入者,入
于海也。于荆州曰'江汉朝宗于海',言海潮上达,直至荆州也。海潮上迎,
江汉之水下赴,朝夕往来,如君臣一德一心,呼吸相通,与前此壅阏者异
矣。二州之文,相与表里也。九江,《汉志》在庐江寻阳县南,皆东合为大
江。"王鸣盛云:"楚考烈王徙都寿春,秦灭之,以其都置九江郡,高帝更为
淮南国,寻阳县属焉。文帝析为庐江郡,寻阳改属庐江。故班《志》于寻阳
曰:'《禹贡》九江在南。'汉寻阳在江北,东晋移于江南,今九江府德化县
西十五里是,非汉寻阳也。"今按寿春为今寿县,庐江今县,汉寻阳在今黄

梅县北,是秦汉时均以九江在荆、扬之间,即今皖、鄂、赣三省之交。江分九道,故为九江。《尚书释文》引张须元《缘江图说》云:"九江参差,随水长短,始于鄂陵,终于江口,会于桑落洲。"是也。然经文立词,于水道由合而分,分而复合者,例明著之。如导河云"播为九河",导江云"东别为沱",是也。若九江本为九道,则导江文当云"又东播为九江",或云"又东别为九江"矣。而经乃云"过九江至于东陵",此其词例不合者一也。又经文立例,大水绝小水曰过。如导河云"东过洛汭,北过降水",导漾云"过三澨",导渭云"东过漆沮",是也。今九江为江水九孔,经于导江不应云"过九江"矣,此其词例不合者二也。又经文词例,山脉绝水曰逾。如导岍及岐云"逾于河",是也。若岷阳山脉过江而北,经当云"逾九江至于东陵"矣,此其词例不合者三也。刘歆觉其未合,乃谓九江者湖汉九水入彭蠡泽,如《释文》引《太康地记》所称是也。此其所指,与地望相准,词例亦合。惟湖汉诸水,合流为泽,经既称为彭蠡,又别其上源称为九江,同地异名,仍违经例。且彭蠡为九江,于古无征,殆近肊说。说九江者惟宋蔡氏为允。蔡氏云:"胡氏、曾氏以为九江即今之洞庭也。《水经》言九江在长沙下隽县西北。《楚地记》云:'巴陵潇湘之渊在九江之间。'今岳州巴陵县,即导江之东陵,汉之下隽也。洞庭正在其西北,则洞庭之为九江审矣。"刘逢禄云:"《山海经》洞庭山,帝之二女居之,在九江间(《水经注》引同)。朱子据以辨《史记》、《汉志》寻阳九江之误,刘歆以彭蠡当九江亦误,其说并是也。惟九江是洞庭,洞庭入江,江大而九江小,江纵而九江横,故可言过。又岷阳山脉亦称过九江者,是过其源,非过其流。若过其流,则当云逾九江矣。山脉长而九江短,山脉纵而九江横,故可言过。若九江为江流九派,则导山不当言过,而当言逾矣。知秦置九江郡于寿春为无据也。"孔,甚也。殷,盛也。洞庭汇沅、澧、湘、资各水流入大江,与彭蠡汇湖、汉诸水流入大江其势正等。彭蠡因汉与江斗,转成其泽,故系之汉。洞庭因沱江与九江斗,转而成泽,故系之江。谓之九江者,九为数之终,古人数之极多者皆终之以九,必因《尔雅》有九河之名,于九江亦必实指其名以配之,则邻于凿矣。沱者,《尔雅》云:"水自江出为沱。"《汉志》:"南郡枝江,江沱出西,东入江。"《水经·江水篇》"又东过枝江县南"注:"江水东径上明城北,其地夷敞,北据大江。江泛枝分,东入大江。县治洲上,故以枝江为称。"按,上明城在今松滋县西。潜者,《尔雅》云:"水自汉出为潜。"《史·夏本纪》作"涔",《说文》:"涔,渍也。一曰涔阳渚,在郢中。"则汉水之别出者也。按,当今湖北潜江县境。云、梦二泽名,跨江南北。云在江北,梦在江南。云称云土者,《楚语》称"云连杜洲",短言为云土,长言则为云连杜矣。作乂者,言可作而耕治也。

厥土惟涂泥。厥田惟下中,厥赋上下。

【正读】《传》云:"田第八,赋第三。"

厥贡羽毛齿革惟金三品,杶干栝柏,砺砥砮丹惟箘簬楛。三邦底贡厥名,包匦菁茅。厥篚玄纁玑组,九江纳锡大龟。

【正读】惟,犹与也。杶干栝柏,四木名。砺,磨石也。精者曰砥。砮,石,中矢镞。丹,可以为采。箘簬,皆美竹。楛中矢干。底,致也。厥名,其善也。包,亦包裹而致者。匦,《说文》古文作"朹",从木九声。《尔雅·释木》"朹,檕梅"郭注:"朹树状似梅,子如指头,赤色,似小柰,可食。"《异物志》云:"杨梅,一名朹,子如弹丸,正赤,五月中熟,味甘酸。"是也。菁茅,郑云:"茅之有毛刺者,给宗庙缩酒。"玄纁,可染之物也。玑,珠类。组,绶属。纳,入也。锡,赐,古者上下通称,非锡命也。

浮于江沱,潜于汉,逾于洛,至于南河。

【正读】江沱汉,皆此州川也。浮江泝汉,沿丹江而上,至商县龙驹寨,与洛源近,由此可达南河矣。贡程,循流上下曰浮,逆流而上曰潜。今文本作

"浮于江沱"。"潜汉",《释文》本或作"潜于汉",非。《正义》本或"潜"下有"于",误耳。按《史记》作"浮于江沱,涔于汉"。史迁书《禹贡》多古文说,故"涔"下有"于"字。晚出古文亦有"于"字,或以今文校之,删去"于"字,非也。陆、孔以有"于"者为误,所谓以不狂为狂也。考"潜"与"沂"声义并相近,潜之与沂,犹潜之与诉,《说文》"潜,想也",是二字义通。潜,涉水也。沂,逆流而上曰沂,义亦相近。下犯上谓之潜,又谓之逆。下告上谓之潜,又谓之诉。逆流而上谓之沂,亦谓之潜,其例一也。陆、孔不明"潜"字之义,乃反以古文作"潜于汉"为非。不知浮于江沱潜汉,经文固无此句例也。汉源与洛源虽近,然中隔秦岭,其间陆路数十里,故曰"逾"。凡贡程,舍舟登陆曰逾。梁州浮于潜,逾于沔。西汉、东汉之间亦有数十里之陆程,故亦曰"逾于沔"矣。又凡贡道与他州接,例不复述。浮于江沱,潜于汉,逾于洛,荆州已毕。必言"至于南河"者,盖由汉而洛,由洛南至漳关,即南河矣。与荆州之浮伊洛达河者,其道各异。禹时黄河东折处,盖称南河。

荆河惟豫州。

【正读】晚出孔《传》云:"豫州南至荆山,北距河。"按当有今河南全省及湖北北部。

伊洛瀍涧,既入于河。荥波既豬,导菏泽,被孟豬。

【正读】《汉志》伊水出弘农卢氏县东熊耳山,东北入洛。洛水出弘农上洛县冢岭山,东北至巩县入河。瀍水出河南谷城县晋亭北,东南入洛。涧水出弘农新安县,东南入洛。伊、洛、瀍、涧源异流同,必别言之者,密迩河津,施功特多也。此与扬州言"三江既入"同例。彼异名同流,而称"三江既入";此异源同流,而云"伊洛瀍涧,既入于河",皆非各自独流入海入河也。荥波既豬者,郑云:"沇水溢出河为泽也。今塞为平地,荥阳民犹谓其处为荥播,在其县东。"按"波"、"播"声之转。汉荥阳在今荥阳县西南。菏泽,《汉·地志》在济阴定陶县东。孟豬,在梁国睢阳县东北,菏泽之西南。按定陶在今山东定陶县西北,睢阳今河南商丘县。王鸣盛云:"此一节纪禹治陶丘复出之济也,菏泽在定陶之东,孟豬在睢阳之东北,相距仅一百四十里。二泽本有相通,禹因而疏之,以杀济渎之势。《水经注》引晋阚骃《十三州记》云:'不言入而言被者,明不常入也,水盛方覆被矣。'是也。至菏泽水,在定陶者其泽也,在胡陵者其流也。其流东合泗以注淮,与孟豬全无关涉。"按被者,及也,水盛则流被及也。

厥土惟壤,下土坟垆。

【正读】垆,疏也。马云:"豫州地有三等,下者坟垆也。"

厥田惟中上,厥赋错上中。

【正读】《传》云:"田第四,赋第二,又杂出第一。"

厥贡漆枲絺纻,厥篚纤纩,锡贡磬错。

【正读】《传》云:"纩,细绵。"锡,亦贡也,"锡贡"联语。段玉裁云:"锡赐,古者上下通称,非锡命也。"磬错,《传》云:"治玉石曰错,治磬错也。"

浮于洛,达于河。

【正读】自伊洛而下达于河。

华阳黑水惟梁州。

【正读】晚出孔《传》云："东距华山之阳,西至黑水。"《地志》京兆华阴县
南有太华山,在今县南八里。黑水即今怒江。上源曰喀喇乌苏,译言黑水
也,出前藏境,东南流入云南西境,又南流入海。详见导水章。梁州之境,
东北距华山,西南据黑水,约有今陕西南部、四川云南全省及贵州北部、
西康东南地。

岷嶓既艺, 沱潜既道。蔡蒙旅平, 和夷底绩。

【正读】《汉·地理志》岷山在蜀郡湔氏道西徼外,嶓冢山在陇西郡西县,
西汉所出。但导水章"嶓冢导漾,东流为汉",则嶓冢实为东汉所出,盖由
嶓冢自甘肃西和县蜿蜒而东,至陕西凤县北,折而西南,仍有嶓冢之号。
故唐李吉甫、杜佑于上邽县、金牛县分列两嶓冢山也。《禹贡》嶓冢,以在
金牛县者为是。"沱潜既道",已见荆州,复见此州者,水自江出者为沱,汉
出为潜,荆、梁二州,各有其流。今岷江自四川灌县南分为二,沱江东南流
至泸县合于江,是本州之沱也。潜水,今称西汉水,出西和县之嶓冢山,南
流至宁羌县,有东汉通谷,潜流来会。又南流至葭萌县地,又有东汉潜流
来会。荆州,《疏》引郭璞《尔雅音义》云:"有水从汉中沔阳县南流至梓潼
汉寿入大穴中,通峒山下,西南潜出,一名沔水。旧俗云,即《禹贡》潜也。"
此本西汉水,与导自嶓冢之汉,源流各别。惟因汉水潜流南出,与此相合,
故《禹贡》通称为"潜",是本州之"潜"也。蔡蒙,山名。《汉志》在汉嘉
县,今在四川雅安县北。旅,犹治也。和夷,郑云:"和,上夷所居之地也。
和,读曰桓。"《地志》云:"桓水出蜀山西南行羌中者也。"王鸣盛云:"郦
注云:'岷山西倾,各有桓水。'岷山桓水,即蜀山桓水也。"按以今地望准
之,则大小金川即古和夷所在地。

厥土青黎。

【正读】马云:"黎,小疏也。"

厥田惟下上，厥赋下中，三错。

【正读】田第七，赋第八，三错者，杂出第七第九等也。

厥贡璆铁银镂砮磬，熊罴狐狸织皮。

【正读】《传》云："璆，玉名。镂，刚铁。贡四兽之皮。"按织物。

西倾因桓是来，浮于潜，逾于沔，入于渭，乱于河。

【正读】西倾，《地理志》云在陇西临洮。王鸣盛云："今为甘肃洮州厅治所，三面临羌，南与四川松潘厅接界，西倾在其界内。"因桓是来者，马云："治西倾山，惟因桓水是来，言无馀道也。"王鸣盛云："郦道元谓蜀山西倾，俱有桓水。以和夷之和为蜀山桓水，以因桓之桓为西倾桓水。"其说据马、王注，因谓自西倾至葭萌入西汉，即潜水也。此条所谓"桓水"，即白水。《水经注》："白水出西倾山，流注汉水。"按即今白龙江也。此言西倾贡道，而言"因桓是来"者，与冀州言"夹右碣石"同例，皆特笔也。潜水源为西汉，下流与东汉之伏流相会，称为潜。《尔雅》所谓"汉别为潜"，《水经·桓水注》所谓"葭萌西汉"，即郑康成之所谓"潜水"者也。沔者，郑云："或谓汉为沔。"按郭璞《尔雅音义》云："有水自汉中沔阳县南流至梓潼汉寿入大穴中，通峒山下，西南潜出，一名沔水。旧俗云，即《禹贡》潜也。"按此则东汉别流，从沔阳西南潜出者称沔水。此经贡程，自西汉白龙顺流而下，自广汉逆流而上，皆所谓"浮于潜"也。贡程，循水上下曰浮，绝水登陆曰逾。荆州浮于江沱，潜于汉，逾于洛，是也。西汉水虽于通谷及汉寿均与东汉会，然皆伏流大穴中，不能乘舟，故须舍舟登陆。王鸣盛云："以今舆地言之，浮嘉陵江至广元县北龙门第三洞口，舍舟登陆，越冈峦而北，至第一洞口，出谷，乘舟至沔县南，经所谓'浮潜逾沔'也。入于渭者，《禹贡》言入，导山水与贡程不同。导山水言入，则山水所归也。如导山言入于海，导弱水入于流沙，黑水入于南海，河入于海等，是也。贡程言入，则舍陆舟行也。如冀州言'夹右碣石，入于河'，梁州逾于沔入于渭，皆舍陆舟行也。或谓经例由水而陆以入水曰逾，由水入水曰入。非也。由沔入渭，中隔终南太壹，无因由水入水。道由陕西褒城溯褒水，绝水行百馀里，入斜水，至郿县东北入渭。或谓汉武帝时曾有通褒斜漕运事，实则中间尚隔百馀里，以车转从斜下渭，非二水可通也。乱于河者，《尔雅》'正绝流曰乱'，从渭至夏都安邑，则正绝流也。"

黑水西河惟雍州。

【正读】晚出孔《传》云："雍州西据黑水，东距河，西南据黑水。"黑水今怒江，源出西藏拉萨之北，南流入南海者也。此州盖有今陕西、甘肃、新疆、青海、西藏各地。王鸣盛云："南至西倾积石，西逾三危，北至沙漠，辽阔不可纪矣。"

弱水既西，泾属渭汭。漆沮既从，沣水攸同。荆岐既旅，终南惇物，至于鸟鼠。原隰底绩，至于豬野。

【正读】弱水者，郑云："众水皆东，此独西流，故记其西下也。"按当指甘肃西境安西、敦煌二县水西流入黑海子者，详于导水章。泾水，出甘肃平凉县西南开头山，东南流至陕西高陵县入渭。王鸣盛云："《说文》：'汭，水相入也。'雍州有二渭汭。高陵，泾、渭二水之合，怀德，河、渭二水之合，均为水相入。"按属，相连属，属于渭也。漆水，《地理志》云"出扶风漆县西"，即今武功县水也。沮水，地志无征，当即今富平县西之沮水，自北而南流者。从，从于渭也。沣水，《地理志》云："出右扶风鄠县东南，北入渭。"同，同于渭也。荆山，《疏》云："《禹贡》北条荆山，在左冯翊怀德县南。"岐山，在今岐山县北。旅，治也。终南、惇物，《疏》云："《地理志》云：'右扶风武功县有太一山，古文以为终南。垂山，古文以为惇物，皆在县东。'三山空举山名，意蒙上既旅也。"按鸟鼠，即鸟鼠同穴山，渭源也，详下。原隰者，郑云："《诗》曰：'度其隰原。'即此原隰是也。"原隰，幽地，从此致功，西至豬野之泽也。《地理志》都野在武威，名曰休屠泽，《疏》云："武威县东北有休屠泽，古文以为豬野。"按今镇番县地。

三危既宅，三苗丕叙。

【正读】三危，郑云："《河图》及《地记书》曰：三危之山，在鸟鼠之西，南当岷山。"则在积石之西南。焦循《禹贡郑注释》云："郑注既引班《志》滇池黑水祠，又引《地记》明三危山之所在，云鸟鼠之西南当岷山，在积石西南，其地依稀可辨。"陈澧《东塾读书记》云："黑水出西藏喀萨北境，东流至喀木，盖《禹贡》雍、梁二州之界，三危当在其地。"按焦申郑义，陈言今地，并是也。宅，居也。三苗在此者，《尧典》云："窜三苗于三危。"是也。

厥土惟黄壤。厥田惟上上，厥赋中下。

【正读】田第一，赋第六。

厥贡惟球琳琅玕。

【正读】郑云："球，美玉也。琳，美石也。琅玕，珠也。"

浮于积石，至于龙门西河，会于渭汭。

【正读】晚出孔《传》云："积石山，在金城西南，河所经也。"按在今青海西宁县西南。龙门山，在今陕西韩城县北，西河，河西岸也。渭汭，渭入河处也。贡程，诸道会同曰会。绝河泝涑为安邑。

织皮，昆仑，析支，渠搜，西戎即叙。

【正读】郑云："衣皮之民，居此昆仑、析支、渠搜三山之野者，皆西戎也。"
按昆仑，今葱岭也。《山海经》云："昆仑虚在西北，河水出其东隅。"《水经
注》云："自昆仑至积石一千七百四十里。"又引《凉土异物志》曰："葱岭
之水，分流东西。西入大海，东为河源。《禹本纪》所谓昆仑。"是也。此言
河源皆初源。汉人以西域两河合流至盐泽，潜行地下，南出于积石，为中国
河。则此所云昆仑，即今新疆西部也。《水经注》云："自析支以西滨于河
首，羌居其右。河水东流，屈而东北，径于析支之地，是为河曲矣。"《后汉
书·西羌传》云："西羌之本，出自三苗，姜姓之别也。其国近南蛮及舜流四
凶徙之三危，河关之西南羌地。"是也。滨于赐支，至乎河首，绵地千里，皆
羌地。赐支，南接蜀汉徼外蛮夷，西北接鄯善、车师。据此则析支当今青海
地也。渠搜亦西戎。《汉武纪》应劭注："《禹贡》渠搜，在金城河关之西，
西戎也。"今按古之"渠搜"，汉称"车师"，一声之转。汉时车师前王庭，则
今新疆吐鲁番地也。叙九州竟，连及西戎三国者，《汉书·西域传》引此而
解之曰："禹就而叙之，非上威服，致其贡物也。"

导岍及岐，至于荆山。逾于河，壶口雷首，至于太岳。
底柱析城，至于王屋。太行恒山，至于碣石，入于海。

【正读】以下四节言导山，即言山脉也。郑云四列，道岍为正阴列，西倾为
次阴列，嶓冢为次阳列，岷山为正阳列。王鸣盛云："《天官书》云：'中国山
川东北流，其维首在陇蜀，尾没于勃海碣石。'今郑此注所分四列皆在陇
蜀，正所谓维首。"今按就《禹贡》山脉言，维首当在昆仑。《禹本纪》所谓
昆仑是也。本文导山，亦承上昆仑、析支、渠搜西戎三国言。上节于分州为
总结，于导山水为总挈，因中国山川均以昆仑为远源。特昆仑以东至河源
积石，江源岷山，其间多未立名，且非治功所及，故略之耳，非谓中国山川
维首在陇蜀也。此节言正阴列也。岍，《汉志》"吴岳，在右扶风汧县西，古

文以为汧山",今在陕西陇县西北。岐山,在今陕西岐山县东北。荆山,《汉志》在左冯翊怀德县。《禹贡》北条荆山在南。按怀德,今陕西朝邑县。以上皆河渭之间名山也。逾于河者,孔《疏》云:"谓山逾之也。此处山势相望,越河而东。"按山脉未有逾河者,此逾河而东,故特记之。山绝流曰逾,与贡程绝水登陆曰逾有别。此由陆绝流,彼由水登陆也。又导山言逾,亦与言过有别。荆山逾河,言绝流也。衡山过九江,言经其源也。壶口,《汉志》在河东北屈县东南,今在山西吉县西。雷首,《汉志》在河东蒲坂县南,今山西永济县东南。太岳,《汉志》在河东彘县东,今山西霍县东。底柱,在今山西平陆县东。析城,《汉志》在河东濩泽县西南,今山西阳城县西。王屋山,《汉志》在河东垣县东北,今山西垣曲县东北。太行山,绵亘于沁水漳水之间,迤逦而东北,与恒山接,《汉志》恒山在常山上曲阳西北,今河北曲阳县山也。碣石山,《汉志》在右北平骊成县西南,今河北抚宁县西南也。入于海者,山脉入于海也。

西倾朱圉鸟鼠,至于太华。熊耳外方桐柏,至于陪尾。

【正读】此言次阴列也。西倾,《汉志》在陇西临洮,今甘肃临洮县之西南也。朱圉山,《汉志》在天水冀县,今在甘肃伏羌县。鸟鼠山,《汉志》在首阳县西,今甘肃渭源县西。据今地志,朱圉在东,鸟鼠在西。自西而东,应先鸟鼠,后朱圉。经似误倒。王鸣盛云:"以山脉言,朱圉山绵亘于伏羌西南者甚众,可与鸟鼠错杂举之。"是也。太华,《汉志》在弘农华阴南,今陕西华阴县南。熊耳山,《汉志》在卢氏县东,今在河南卢氏县西南。外方山,《汉志》颍川嵩高县,注云:"武帝置,以奉太室山,是为中岳,古文以为外方山也。"嵩高,今河南登封县。桐柏,《汉志》在南阳平氏东南,今河南桐柏县西。陪尾,《汉志》"江夏郡安陆县,横尾山在东北,古文以为倍尾山。"安陆,今湖北县。《汉志》言在东北,则今大别山脉也。此条为渭汉淮汉之间诸山也。

导嶓冢，至于荆山。内方，至于大别。

【正读】嶓冢山，《汉志》陇西郡西县。《禹贡》嶓冢山，西汉所出，则今甘肃西和县东北之山也。然《禹贡》言嶓冢导漾，东流为汉，则为东汉水所出，故唐李吉甫、杜佑于上邽县金牛县分别两嶓冢。盖由嶓冢山脉自西和县起，蜿蜒而东，折而南，至陕西略阳县东尚名嶓冢，为东汉水源。折而东，为江汉间诸山脉，至湖北南漳县西南为南条荆山，《禹贡》荆、豫两州之界山也。《汉志》南郡临沮县，《禹贡》南条荆山在东北，是也。内方，《汉志》云"立章山，在江夏竟陵县东北，古文以为内方山"也。竟陵，在今钟祥县南。大别，《汉志》以为在庐江安丰县，则今安徽霍山县境。杜预、郦道元均不信其说。《元和志》云："鲁山，一名大别山，在汉阳县东北一百步。"则今汉口西岸晴川阁畔瞰江之山，与南岸黄鹤相对者。此与导漾云"至于大别，南入于江"亦合。以言江汉间山脉，尤得。

岷山之阳，至于衡山。过九江，至于敷浅原。

【正读】岷山，地志在蜀郡湔氐道西徼外，江水所出，今四川松潘县西北。按此言岷山，非言岷山山脉也。嶓冢西倾，皆自岷山分出。此云"岷山之阳"，则今乌蒙山脉，东走为苗岭山脉，又东为五岭山脉者也。不举山名，而言"岷山之阳"者，自衡山以上，未有其名，故略言其方向而已。《尔雅》："山南曰阳。"乌蒙山脉，上接昆仑南干，东出为五岭。自越城岭东北走者为衡山山脉。正干越湘离之源，为海阳山，又东为九嶷山，包络沅资澧湘上源，则经所谓"过九江"也。山脉绝水，过其源曰过。如衡山过九江是也。绝其流曰逾，如荆山逾于河是也。又山言过与水异。水言过者，过其流也。山言过者，过其源也。导山导水，同言过九江，而所指之地各异。敷浅源，《汉志》"豫章郡历陵傅阳山，傅阳川在南，古文以为敷浅源。"按《汉志》历陵在今江西九江县东，傅阳即鄱阳。"鄱"、"傅"声相近。"敷"、"傅"声亦同。傅阳山即鄱阳山，亦即敷浅源，亦即今之庐山。"敷"、"庐"声相转者，如"皮肤"之"肤"，籀文则作"胪"也。或谓高平曰原，当为地名，不为山名。不知本文导山，凡言至于皆为山名。如荆山、太岳、王屋、碣石、太华、荆山、大别、衡山皆是。若作地名，则于经例不合矣。方氏《通雅》云："《禹贡》表山，岂高山如庐而不表耶？"其说是也。盖五岭山脉至于骑田大庾之间，北出一支为湘、赣二水之界山，东北行则尽于庐山矣。此长江、珠江两川之间之山脊也。

导弱水，至于合黎，余波入于流沙。

【正读】弱水，自《水经》、《汉志》均以为今之黑水，自甘肃山丹县西北流，经张掖、酒泉，北流与白河会，而北注于居延海，流沙在其东，是古弱水也。然经明云弱水在西，此水始西北流，继而北流，与既西之文不合。刘逢禄云："今有合黎河，在肃州西南，会弱水入合黎山，即《传》所云在大流沙东者也。"按以今地志言之，则为今出自酒泉西南之疏勒河，西流经安西县北为布隆吉河，与自敦煌南来之党河会，西流入哈淖尔，则所谓"余波入于流沙"者也。或谓："弱水源出山丹县西北流，经张掖泽，高台县北，至盐池驿西流，经酒泉玉门，与疏勒河会，西流入流沙。惟自盐池驿以西至玉门，今不通流耳。"说亦近是。今甘肃西部各河，形体皆无定，水大皆汪洋流注，水小则形同淤塞也。郑云："凡言导者，发原于上未成流。凡言自者，亦发原于上未成流。"此经自弱水以下言过言会者，皆是水名，言至于者，或山或泽，皆非水名。按言导者，或有重源。

导黑水，至于三危，入于南海。

【正读】黑水，郑云："《地理志》益州滇池有黑水祠，而不记此山水所在，今中国无也。"陈澧云："昔人黑水之说不一，惟以为今之怒江者为是。其上源曰哈喇乌苏（蒙古谓黑曰哈喇，谓水曰乌苏）。出西藏喀萨北境，东流至喀木，盖《禹贡》雍、梁二州之界。三危当在其地。自此往南流为梁州西界，至云南曰潞江。又南出云南徼外入南海也。《禹贡》雍州经文云‘三危既宅’，则导黑水至于三危者为雍州境（雍州西境其地甚广，哈喇乌苏在河源之西，为雍州之水，则河源亦在雍州境内也）。雍州不近南海，则其入于南海者，必过梁州矣。"又云："《禹贡》郑注谓今中国无黑水。《汉书·地理志》亦不志黑水，惟益州郡滇池下云有黑水祠。盖汉地至今澜沧江而止，即《地理志》越嶲郡青蛉仆水也。怒江又在其西，非汉时中国地，但于滇池为祠望祀之耳。"按雍、梁二州西界入南海之水，惟澜沧、怒江足当黑水。而怒江上源又有黑水之称，则其为《禹贡》黑水无疑。三危，郑引《地记》云："三危山在鸟鼠之西，而南当岷山"，则在积石山之西南。按《地记》云"当岷山"者，直岷山而西南也。故郑申云"在积石山之西南"也。以地望准之，则今怒山山脉也。怒江经此地为萨尔温河。"萨尔温"即"三危"之转音也。《西藏总传》云："卫在打箭炉西南，俗称前藏。在卫西南，俗称后藏。喀木在卫东南。三处统名三危，即《禹贡》导黑水至于三危也。"按三危必以三处当之，似嫌过泥。但《尧典》云"窜三苗于三危"，《禹贡》云"三危既宅，三苗丕叙"。三苗为一大部落，则流宅之处，其地当非小也。《楚词·天问》云："黑水玄址，三危安在？""玄"为"交"字之讹，玄址即交址，古黑水盖由交址入海也。

导河积石，至于龙门。南至于华阴，东至于底柱，又东至于孟津。东过洛汭，至于大伾。北过降水，至于大陆。又北，播为九河，同为逆河，入于海。

【正读】《汉志》金城郡河关县云："积石山在西南羌中，河水行塞外，东北入塞内。"按在今西宁之西南。河水由星宿海东南流，绕大积石山之东麓，折而西北流，复折而东北流至甘肃临夏。经积石山南，则小积石山，非禹导河之积石也。凡导水举地，从其初源者言自，不其初源者不言自。如导淮自桐柏，导渭自鸟鼠同穴，导洛自熊耳。施功皆自初源，故言自。岷山导江，嶓冢导漾，导河积石。江河汉皆别有远源，故不言"自"。岷江自岷一源外, 别有出青海之大金沙江。汉水自宁羌嶓冢一源外, 别有源出西和嶓冢之西汉水。河自积石一源外, 别有出昆仑之远源。而此积石山则河之重源, 故不云导河自积石也。王光禄云: "自古言河出昆仑。《尔雅》、《山海经》皆无实指。惟于寘之西, 水西流; 其东, 水东流。注盐泽, 盐泽潜行地下, 南出为河源。见《史记·大宛》、《汉书·西域传》。言河源者, 以此为正。" 刘逢禄云: "《西域传》蒲昌海一名盐泽, 去玉门、阳关三百馀里。广袤三百里。其水停居, 冬夏不增减, 皆以为潜行地下, 南出于积石为中国河云。" 华阴, 今陕西县, 华山之阴也。底柱, 晚出孔《传》云: "山名, 河水分流, 包山而过, 山见水中若柱然。在西虢之界。" 按西虢, 今河南陕县也。孟津,《汉志》河内郡河阳县, 孟津在其境。按今河南孟津县。导水文凡大水经小水曰过。洛汭者, 洛水入河之曲也, 今在河南巩县北。大伾, 张揖云: "成皋县山也。" 按今河南汜水县西北。泽水, 郑云: "《地说》云: '大河东北流, 过降水千里, 至大陆, 为地腹'。" 今河内共县北山, 其水出焉。东至魏郡黎阳入河, 近所谓降水也。降, 读如 "郕降于齐师" 之 "降", 盖周时国其地者, 恶言降, 故改云共耳。大陆, 泽名, 在巨鹿北。播, 散也。播为者, 导水随流异名曰为, 分流异名曰播。九河者,《尔雅·释水》云: "徒骇、大史、马颊、覆釜、胡苏、简洁、钩盘、鬲津。" 是也。徒骇为最北之经流, 鬲津最南, 中间分流者七, 统名九河也。异流同归曰同为, 郑云: "同, 合也。" 下尾合, 名曰逆河, 言相向逆受也。入于海者, 入于渤海也。

嶓冢导漾, 东流为汉, 又东为沧浪之水, 过三澨, 入于大别, 南入于江。东汇泽为彭蠡。东为北江, 入于海。

【正读】嶓冢有二, 一在今甘肃天水县东南, 一在今陕西宁羌县西北。自天水县之嶓冢山流出者为西汉水, 自宁羌县之嶓冢流出者为东汉水。《元和郡县志》、《通典》均于上邽金牛分列两嶓冢。此经所导, 自指东汉, 故云嶓冢导漾, 不云导漾自嶓冢。盖禹时以西汉为东汉之上源, 又自东汉别出为潜, 至四川巴县入江。实则东汉固有别出之潜, 而东西二源各自分流也。

漾者，《华阳国志》云："汉水有二源，东源出武都氐道漾山。"是嶓冢一名漾山，山以水名也。东流为汉者，水随地异名曰为。王鸣盛云："自略阳县南、宁羌州北，流经沔县西南，又东径沔县褒城南、郑县南，经所谓'导漾东流为汉'也。"沧浪，《水经·沔水注》云："武当县西北四十里汉水中有洲名沧浪洲，庚仲雍《汉水记》谓之千龄洲，世俗语讹，音与字变矣。"按武当，今湖北均县。三澨，郑云水名，在江夏竟陵界。《史记索隐》云："竟陵有三参水，俗云是三澨水"也。按竟陵，今湖北天门县。至于大别者，《水经注》引《地说》云："汉水东行过三澨，合流触大别之陂，南与江合。"《元和志》云："鲁山一名大别山，在汉阳县东北一百步。"东汇泽为彭蠡者，郑云："汇，回也。"汉与江斗，转东，成其泽矣。"东为北江，入于海"者，王鸣盛云："此言导汉，故曰北江。下文导江曰中江，知彭蠡为南江矣。"

岷山导江，东别为沱，又东至于澧。过九江，至于东陵。东迆，北会为汇。东为中江，入于海。

【正读】不言导江自岷山者，江之远为大金沙江，此但记其施功自始，不言其远源所自。故与"导河积石"、"嶓冢导漾"同例也。东别为沱者，岷江自四川灌县分枝，东南流至泸县，入江为沱。东至于澧，经言"至于"皆地名，后以地名为水名。《水经》："澧水出武陵充县西，至长沙下隽县西北，东入于江。"注云："澧水流注于洞庭湖。"盖澧水注湖由湖达江，在今洞庭湖北。九江，《水经》以为在长沙下隽县西北。《山海经》："洞庭山，帝之二女居之，在九江间。"《楚地记》云："巴陵潇湘之渊，在九江之间。"据此，则洞庭汇沅、湘、资、澧诸水北入江，谓之九江。经例，大水过小水曰过，故言"过九江"矣。东陵，地名。《地志》、《水经注》以为庐江金兰西北东陵乡。王鸣盛以为在今湖北黄梅县境，是也。东迆，郑云："东迆者为南江。"按江，合汉为北江，合彭蠡为南江，岷江则中江矣。《说文》："迆，邪行也。"江自东陵而东，邪行向北，故云"东迆"。北会为汇者，"汇"为"淮"之叚借字。两大水相合曰会。江淮势均力敌，故云会。古江、淮本通，《孟子》言

"禹决汝汉，排淮泗而注之江"是也。久而湮塞，故春秋时吴城邗沟通江淮。云沟通者，复禹之旧迹也。或谓汇即彭蠡，非也。彭蠡，已见上"导汉"章，不应此章重见，当云"东会"，不当云"北会"。又经凡言会者皆水名。汇，非水名，与例不谐。故知非彭蠡也。东为中江，对会汉为北江，会彭蠡为南江而言也。言入于海者，即上文"三江既入"也。

导沇水，东流为济。入于河，溢为荥。东出于陶丘北，又东至于菏，又东北会于汶，又东北入于海。

【正读】沇水，《地志》出河东垣王屋山，东南至河内武德入河。按汉垣县，今山西垣曲县。武德，今河南武陟县西，其南岸则成皋也，今为汜水县。沇从此入河，溢出为荥泽，在今荥阳县北。郑云："今塞为平地，荥阳民犹谓其处为荥播也。"出者，出于地也。陶丘，今山东县。菏，今山东菏泽县。会于汶者，会于南旺也。王鸣盛云："以《水经注》、《元和志》、《寰宇记》诸书考之，今小清河所经皆古济渎，而大清河所经自历城以上至东阿，亦古沇渎也。"

导淮自桐柏，东会于泗沂，东入于海。

【正读】桐柏，《汉志》"南阳郡平氏县，《禹贡》桐柏，大复山在东南，淮水所自。"按平氏，今河南桐柏县东。言自者，自其始源也。东会于泗沂者，淮经安徽至江苏淮阴，泗水自北合沂水来会。东入于海，即淤黄河旧槽也。其枝流则自淮阴南流，经高邮江都入江。"导江"章所谓"北会为汇"，《孟子》所谓"排淮泗而注之江"也。

导渭自鸟鼠同穴，东会于沣，又东会于泾，又东过漆沮，入于河。

【正读】《地志》：“陇西郡首阳县，《禹贡》鸟鼠同穴山在西南，渭水所出。”按山在今甘肃渭源县西。沣水，《汉志》出右扶风鄠县东，北过上林苑入渭。按上林苑，在今长安县西南。会于泾者，泾水自西北来，与渭会于高陵县之南。漆沮者，孙星衍云：“《说文》𣿊水出北地直路西，东入洛，《水经》、《地理志》俱作‘沮’。汉直路县在今陕西中部县西北二百里。《说文》又有漆水，出右扶风杜陵岐山东入渭，一曰洛水。《诗·绵》所云‘自土沮漆’者，此漆在今陕西岐山县。经文于泾属渭汭下云‘漆沮既从’，似以水从洛入渭为是。”今按此经先言“会泾”，后言“过漆沮”，亦以洛水入渭为是。惟本条经文终有可疑。经例，大水过小水曰过，大小相等曰会。沣为小水，当言过而言会，漆沮如为洛水，则当言会而言过，皆不与例相符。又沣水流甚短促。王鸣盛谓沣水禹功所及，故独箸于经。意或然与？

导洛自熊耳，东北会于涧瀍，又东会于伊，又东北入于河。

【正读】洛水，出陕西商县西熊耳山，东北流，所谓“导洛自熊耳”也。至河南洛阳，涧水自西北来会于城西，瀍水自北来会于城东。又东流至偃师，伊水自南来会。又东北流至巩县，北入于河。孔氏《正义》云：“漾江先山后水，淮渭洛先水后山。”皆史文详略，无义例也。

九州攸同，四隩既宅。九山刊旅，九川涤源，九泽既陂。四海会同，六府孔修。

【正读】隩，《说文》作“墺”，“四方土可居也”。宅，居也。九山九川九泽，九州之山川与泽也。刊，除也。旅，王引之云：“治也。”涤者，《河渠书》云：“九川既疏。”孙星衍云：“涤源者，谓疏达其水源也。”陂者，《说文》云：“一曰泽障。”谓为之陂障，使无决溢也。会同者，谓贡道达于京师，无有阻碍。上文所谓“会于渭汭”也。六府，《左·文七年传》云：“水火金木土谷谓之六府。"孔，甚也。修，治也。

庶土交正，底慎财赋。咸则三壤成赋，中邦锡土姓。祗
台德先，不距朕行。

【正读】郑云："众土美恶及高下得其正矣。亦致其贡筐，慎奉其财物之
税，皆法定制而入之也。三壤，上中下各三等也。中邦，九州也。天子建其
国，诸侯胙之土，赐之姓，命之氏。其敬悦天子之德既先，又不距违我天子
政教所行矣。"按三壤者，于三等中又分九等也。中邦锡土姓，则蛮夷戎狄
不在胙土命氏之列可知矣。"祗台德先"倒文，犹言"先祗台德"也。不距
朕行者，明此篇为禹所自述。

五百里甸服。百里赋纳总，二百里纳铚，三百里纳秸
服，四百里粟，五百里米。

【正读】五百里甸服者，《史·夏本纪》云："令天子之国以外五百里甸服。"
按天子之国，谓王城也。郑云："甸服者，尧制，赋其田使入谷。禹弼其外百
里者赋入总，谓入所刈禾也。"二百里铚，铚，谓刈禾断去稿也。三百里秸，
秸，又去颖也。四百里入粟，五百里入米者，远弥轻也。甸服之制，本自纳
总，禹为之差，使百里从之尔。尧之五服，服五百里。禹平水土之后，每服
更以五百里辅之。是五服服别千里，故一面而为差至于五千里，相距为方
万里也。每言五百里一服者，是尧旧服。每服之外更言三百里、二百里者，
是禹所弼之残数也。甸服比周为王畿，其弼当侯服，在千里之内。按使百
里从之者，百里赋纳总，百里之外至二百里亦服纳总也。他皆仿此。

五百里侯服，百里采，二百里男邦，三百里诸侯。

【正读】郑云："侯服于周为甸服，其弼当男服，在二千里之内。"江声云：

"侯之言候，候逆顺兼司，候王命。"采者，采取美物以当谷税。男，任也，谓任王事。周之男服，谊取诸此。晚出孔《传》云："三百里诸侯，同为王者斥候，故合三为一名。"按皮氏《今文尚书考证》云："三当作二。"是也。依郑说差次，则百里至二百里采，三百里至六百里男邦，七百里至千里皆同为王者斥候矣。

五百里绥服。三百里揆文教，二百里奋武卫。

【正读】晚出孔《传》云："绥，安也。安服王者政教。揆，度也。度王者文教而行之。奋武卫，天子所以安。"郑云："绥服于周为采服，其弼当卫服，在三千里之内。"按依郑差次，则六百里揆文教，四百里奋武卫矣。

五百里要服。三百里夷，二百里蔡。

【正读】要服者，江声云："要结好信而服从之。"夷，晚出孔《传》云："守平常之教。"郑云："蔡之言杀，减杀其赋。要服于周为蛮服，其弼当夷服，在四千里之内。"按依郑差次，则六百里夷，四百里蔡矣。

五百里荒服。三百里蛮，二百里流。

【正读】马云："荒者政教荒忽，因其故俗而治之。"蛮，慢也。礼简怠慢，来不距，去不禁。流者，流行，无城郭常居。郑云："荒服于周为镇服，其弼当藩服，在五千里之内。"按依郑差次，则六百里蛮，四百里流矣。《五经异义》云："今《尚书》欧阳、夏侯说，中国方五千里。古《尚书》说，五服面五千里，相距万里。"郑《书注》云："尧之时，土广五千里。禹弼成五服，土广万里。"王肃难之云："禹之功，在平治山川，不在于拓境广土。土之广三倍于尧，而书传无称焉。则郑玄创造，难可据信。汉之孝武，疲弊中国，甘心三方，天下户口至减大半。然后仅开缘边之郡而已。禹方忧洪水，三过其门而不入，未暇以征伐为事。且其所以为服之名，轻重颠倒，远近失所，难得而通矣。先王规方千里以为甸服，其馀以均分公侯伯子男，使各有寰宇，而使甸服之外诸侯皆入禾稿，非其义也。司马迁以诸小数皆五百里服之别名，大界与尧不殊，得之矣。"《诗·殷武》孔《疏》辨王肃之非郑云："《传》称禹会诸侯于涂山，执玉帛者万国。执玉帛者，为中国耳。若要服之内，唯止四千，率以下等计之，止容六千馀国，况诸侯之大，地方百里，三等分土，纔容数千，安得有万国之言乎？"孙星衍亦云："按《禹贡》山川皆在汉时郡县之内。汉地广万里，则知禹时五服亦然。不得谓郑说异于今文之非也。"今按王肃治古文，禹地广万里，正《尚书》古文家说，以欲与郑立异，遂谓禹时封域止于五千，而不知其戾于事实也。

东渐于海，西被于流沙，朔南暨声教，讫于四海。禹锡玄圭，告厥成功。

【正读】东渐于海者，东越入于海也。西被于流沙者，自葱岭以东诸流沙之地皆禹功德所覆也。朔，北方也。暨者，江声云："日颇见也。言日所照临之处，皆声教之所及，犹《中庸》言'日月所照'也。东西日所还绕，故以地言之。南北当两极之下，日或不及，故以日见为言也。"按此"暨"字用《说文》本义。章太炎亦云："南北极半岁见日，半岁不见日，昔名之暨。"是也。禹锡玄圭者，《史记》易为"于是帝锡禹玄圭，以告成功于天下"，则此为倒文矣。帝锡禹者，言舜锡禹也。本篇首末两节，并史官记事之文。

甘　誓

启与有扈，战于甘之野，作《甘誓》。

【正读】《史记·夏本纪》云："有扈氏不服，启伐之，大战于甘。将战，作

《甘誓》。"《淮南·齐俗训》云："昔有扈氏为义而亡。"高注："有扈,夏启之庶兄也。以尧舜举贤,禹独与子,故伐启,启亡之。"扈,今陕西鄠县。甘,马云："有扈南郊地名,甘又水名。"按即今合涝水,北流入渭者也。誓,约言也。《周官·士师》："以五戒先后刑罚,一曰誓,用之于军旅。二曰诰,用之于会同。"

大战于甘,乃召六卿。

【正读】六卿者,郑云："六军之将。《周礼》六军皆命卿,则三代同矣。"

王曰:"嗟,六事之人,予誓告汝。

【正读】郑云："变六卿言六事者,言军吏下至士卒也。"

有扈氏,威侮五行,怠弃三正。天用剿绝其命。今予惟恭行天之罚。

【正读】有扈,郑云："与夏同姓。"按《楚语》观射父云："尧有丹朱,舜有商均,夏有观扈,周有管蔡。"以扈与丹朱、商均、管、蔡并举,则有扈为夏启之庶兄,诚如《淮南》高注所云也。五行者,古以木、金、火、水、土配仁、义、礼、智、信,是五行即五常也。威侮,暴逆之。三正,建子、建丑、建寅也。怠弃者,不奉正朔也。剿,《说文》作"勦","绝也"。云剿绝者,古人自有复语也。天绝其命,犹《左传》言"天夺其魄"。恭行天罚者,本为争国,托词天讨矣。

左不攻于左,汝不恭命。右不攻于右,汝不恭命。御非其马之正,汝不恭命。

【正读】左，车左。右，车右。御，服马者也。《诗·鲁颂·閟宫》笺云："兵车之法，左人持弓，右人持矛，中人御也。"疏云："若将之兵军，则御在左，勇士在右。将居鼓下，在中央，主击鼓，与军人为节度。"攻，治也，善也。恭命者，"恭"为"共"之借字。《释诂》："共，具也。"正，《史记》作"政"，事也。

用命，赏于祖。不用命，戮于社。予则孥戮汝。

【正读】晚出孔《传》云："天子亲征，必载迁庙之祖主行。有功，则赏祖主前，示不专。又载社主，谓之社事。不用命奔北者，则戮之于社主前。社主阴，阴主杀，亲祖严社之义。"孥，子也。非但止女身，辱及汝子，言耻累也。

五子之歌 _{古文逸，晚出古文有}

太康失邦，昆弟五人，须于洛汭，作《五子之歌》。

【正读】《周书·尝麦解》云："其在殷_{当作"启"}之五子，忘伯禹之命，假国无正，用胥兴作乱，遂凶厥国。皇天哀禹，赐以彭寿，思正夏略。"《楚辞·离骚》云："启九辩与九歌兮，夏康娱以自纵。不顾难以图后兮，五子用失乎家巷。"注："言太康不遵禹、启之乐，更作淫声。放纵情欲以自娱乐，不顾患难，不谋后世，卒以失国。兄弟五人家居闾巷，失尊位也。"《史·夏本纪》："夏后帝启崩，子帝太康立。帝太康失国，昆弟五人，须于洛汭，作《五子之歌》。"是其事也。须，止也。郑云："避乱于洛汭。《五子之歌》已逸。"

胤 征 古文逸，晚出古文有

羲和湎淫，废时乱日，胤往征之，作《胤征》。

【正读】羲氏和氏，世掌天地四时之官。《国语·楚语》云："尧育重黎之后不忘旧者，使复典之，以至于夏商。"是也。《夏本纪》云："帝仲康时，羲和湎淫。"晚出孔《传》云："羲和承太康之后，沉湎于酒，过差非度，废天命，乱甲乙。胤国之君，受王命往征之。"郑云："《胤征》已逸。"

商 书

帝告 厘沃 亡

自契至于成汤八迁，汤始居亳，从先王居，作《帝告》、《厘沃》。

【正读】《国语·周语》云："玄王勤商，十四世而兴。"八迁者，孔《疏》云："《商颂》云：'帝立子生商。'是契居商也。《世本》云：'昭明居砥石。'《左传》称'相土居商丘'。及今汤居亳。事见经传者有此四迁，其余四迁，未详闻也。郑玄云：'契本封商，国在太华之阳。'皇甫谧云：'今上洛商。'是也。襄九年《左传》云：'陶唐氏之火正阏伯，居商丘，相土因之。'杜预云：'今梁国睢阳宋都。'是也。其砥石先儒无言，不知所在。"汤始居亳，从先王居也。晚出孔《传》云："契父帝喾都亳。"《史记正义》引《括地志》云："亳邑故城，在洛州偃师县西十四里，本帝喾之墟，商汤之都也，盘庚所徙都之。"帝告者，《疏》云："不知告谁。序言从先王居，或当告帝喾也。"厘沃者，《传》云："居治沃土也。"郑康成云："《帝告》、《厘沃》亡。"

汤 征 亡

汤征诸侯，葛伯不祀，汤始征之，作《汤征》。

【正读】《孟子》："汤居亳，与葛为邻，葛伯放而不祀。汤使人问之曰：'何为不祀？'曰：'无以供牺牲也。'汤使遗之牛羊，葛伯食之，又不以祀。汤又使人问之曰：'何为不祀？'曰：'无以供粢盛也。'汤使亳众往为之耕，老弱馈食。葛伯率其民，要其有酒食黍稻者夺之，不授者杀之。有童子以黍肉饷，杀而夺之。《书》曰：'葛伯仇饷。'此之谓也。"又云："汤始征，自葛始，十一征而无敌于天下。"是说汤始征葛之事也。郑云："《汤征》亡。"

汝鸠 汝方 _亡

伊尹，去亳适夏，既丑有夏，复归于亳。入自北门，乃遇汝鸠汝方。作《汝鸠》、《汝方》。

【正读】伊尹适夏者，赵岐《孟子》注云："伊尹为汤见贡于桀，不用而归汤也。"丑，可恶也。《新序·刺奢篇》："伊尹告桀曰：'君王不听臣之言，亡无日矣。'桀曰：'子何妖言。吾有天下，如天之有日也。日有亡乎？日亡，吾亦亡矣。'于是接履而趋，遂适汤，汤立为相。"是丑夏归亳之事也。郑云："《汝鸠》、《汝方》亡。"《释文》云："《帝告》、《厘沃》、《汤征》、《汝鸠》、《汝方》，此五亡篇。旧解是《夏书》，马、郑之徒以为《商书》。"《书疏》云："郑序以为《虞夏书》二十篇，《商书》四十篇，《周书》四十篇。《帝告》、《厘沃》、《汤征》、《汝鸠》、《汝方》，于郑玄为《商书》。"今按郑序是也。

卷　三

汤　誓

伊尹相汤伐桀，升自陑，遂与桀战于鸣条之野，作《汤誓》。

【正读】汤居亳，今河南偃师县。夏都安邑，今山西县。陑，晚出孔《传》云："在河曲之南。"则今山西永济县地。以地势测之，汤伐桀，自今风陵渡济。升自陑者，自风陵登岸也。鸣条者，《括地志》以为"安邑县北三十里南坡口，即古鸣条陌。鸣条，战地，在安邑西"。

王曰："格尔众庶，悉听朕言。非台小子敢行称乱。有夏多罪，天命殛之。

【正读】格，来也。台，我也。称，举也。殛，诛也。以上先作谦辞。

"今尔有众，汝曰：'我后不恤我众，舍我穑事而割正夏。'予惟闻汝众言，夏氏有罪。予畏上帝，不敢不正。

【正读】今尔有众，呼而告之也。汝曰者，言尔意云然也。我后，代有众指汤也。恤，忧也。穑，《诗传》云："敛之曰穑。"割，读为曷，《君奭》云："在昔上帝，割申劝宁王之德。"割亦读为曷也。正，如《周官·大司马》"以九伐正邦国"之"正"。正夏，"夏"字衍。《史记》引无"夏"字。言尔有众之不喜用兵者，皆曰："我后不恤农事，舍我田功而曷正乎？"答言："予虽闻汝众言，然有夏多罪，天命殛之。予畏上帝，不敢不正也。"以上就民意设为一难，以见其必不得已之故。

"今汝其曰：'夏罪其如台？'夏王率遏众力，率割夏邑。有众率怠弗协，曰：'时日曷丧，予及汝皆亡。'夏德若兹，今朕必往。

【正读】其曰，其将曰也。如台，奈何也。又设为问辞曰"夏罪其奈何"，下又为答辞。遏，止也。割，割剥也。协，和也。言夏王率为重役以穷民力，严刑以残民生。民厌夏德，亦皆怠于奉上，弗协于君，诽之曰："时日何时亡乎？予将及汝皆亡。"言人民怨毒之深也。以上又设众民问夏罪若何，答言人民怨夏实深，故当吊民伐罪。

"尔尚辅予一人，致天之罚。予其大赉汝，尔无不信，朕不食言。尔不从誓言，予则孥戮汝，罔有攸赦。"

【正读】赉，赐也。食，《释诂》云："伪也。"食言，伪言也。以上誓师正文。

夏社 疑至 臣扈 亡

汤既胜夏，欲迁其社，不可，作《夏社》、《疑至》、《臣扈》。

【正读】郑云："汤迁社，而以周弃代之。欲迁句龙，以无可继之者，于是故止。"晚出孔《传》云："汤承尧舜禅代之后，顺天应人，逆取顺守，而有惭德。故革命创制，改正易服，变置社稷。而后世无及句龙者，故不可而止。"疑至、臣扈者，马云："二臣名。圣人不可自专，复用二臣自明也。"

《疏》云:"盖亦言其不可迁之意也。"郑云:"三篇亡。"《疏》云:"孔以《汤誓》在《夏社》前,于百篇为第二十六。郑以为在《臣扈》后,第二十九。今从孔本。"

典 宝 <small>逸,晚《传》云亡</small>

夏师败绩,汤遂从之,遂伐三朡,俘厥宝玉,谊伯、仲伯作《典宝》。

【正读】《传》云:"三朡,国名。桀走保之,今定陶也。桀自安邑东入山,出太行,东南涉河,汤缓追之不迫,遂奔南巢。俘,取也。二臣作《典宝》一篇。"郑云:"《典宝》逸。"

仲虺之诰 <small>古文亡,晚出古文有</small>

汤归自夏,至于大坰,仲虺作诰。

【正读】《左·定元年传》云:"薛之皇祖奚仲居薛,以为夏车正。仲虺居薛,以为汤左相。"郑云:《仲虺之诰》亡。"

汤 诰 <small>古文逸,晚出古文有</small>

汤既黜夏命,复归于亳,作《汤诰》。

【正读】郑云:"《汤诰》已逸。"

明 居 亡

咎单作《明居》。

【正读】马云："咎单为汤司空。"《王制》云："司空执度，度地居民，山川阻泽，时四时，量地远近，兴事任力。"又云："凡居民，量地以制邑，度地以居民，地邑民居，必参相得也。无旷土，无游民，食节事时，民咸安其居，是司空明居之法。"郑云："《明居》亡。"

伊训 肆命 徂后

古文《伊训》、《肆命》逸，《徂后》亡，晚出古文《伊训》有，其二篇亡。

成汤既没，太甲元年，伊尹作《伊训》、《肆命》、《徂后》。

【正读】《史记·殷本纪》："汤崩，太子太丁未立而卒。于是乃立太丁之弟外丙，是为帝外丙。帝外丙即位三年崩，立外丙之弟中壬，是为帝中壬。帝中壬即位四年崩，伊尹乃立太丁之子太甲。太甲，成汤适长孙也，是为帝太甲。太甲元年，伊尹作《伊训》，作《肆命》，作《徂后》。"郑云："《肆命》者，陈教政所当为也。《徂后》者，言汤之法度也。《伊训》、《肆命》逸，《徂后》亡。"晚《传》云："《伊训》，作训以教道大甲也。"

太甲三篇 古文亡，晚出古文有

太甲既立，不明，伊尹放诸桐。三年复归于亳，思庸，伊尹作《太甲》三篇。

【正读】《史·殷本纪》："太甲既立三年，不明，暴弱不遵汤法，乱德。于是伊尹放之桐宫。三年，伊尹摄行政当国，以朝诸侯。帝太甲居桐宫三年，悔过自责，反善。于是伊尹乃迎帝太甲而授之政。帝太甲修德，诸侯咸归殷，百姓以宁。伊尹嘉之，乃作《太甲训》三篇。"桐宫者，《史记正义》引《晋太康地记》云："尸乡南有亳坂，东有城，太甲所放处也。按尸乡在今河南偃师县西南五里也。"郑云："《太甲》三篇亡。"

咸有一德 古文逸，晚出古文有

伊尹作《咸有一德》。

【正读】《传》云："言君臣皆有纯一之德，以戒太甲。"《疏》云："太甲既归于亳，伊尹致仕而退，恐太甲德不纯一，故作此篇以戒之。"郑云："《咸有一德》已逸。"

沃　丁 亡

沃丁既葬伊尹于亳，咎单遂训伊尹事，作《沃丁》。

【正读】《传》云："沃丁，太甲子。伊尹既致仕老终，以三公礼葬。咎单作此篇以戒也。"郑云："《沃丁》亡。"

咸乂四篇 亡

伊陟相太戊，亳有祥桑谷共生于朝，伊陟赞于巫咸，作《咸乂》四篇。

【正读】《史·本纪》:"帝太戊赞伊陟于庙,言弗臣,伊陟让,作《原命》。"
按赞于庙者,君册命其臣,必于庙中也。原,马云:"臣名也。命原以禹、汤
之道,我所修也。"段玉裁云:"《史记》'伊陟让,作《原命》',脱'作伊
陟'三字"。郑云:"《伊陟》亡,《原命》已逸。"

仲 丁 亡

仲丁迁于嚣,作《仲丁》。

【正读】《史·本纪》:"仲丁,太戊子。"嚣,史作"隞"。孙星衍云:"《诗·车
攻》传云:'敖,地名。'笺云:'敖,郑地,今近荥阳。'《水经·济水注》云:
'济水又东径敖山北。《诗》所谓"搏兽于敖"者也。其山上有城,即殷帝
仲丁之所迁也。'"疏云:"此下三篇皆是迁都之事,俱以君名名篇,并陈迁
都之义,如盘庚之告民也。"郑云:"《仲丁》亡。"

河亶甲 亡

河亶甲居相,作《河亶甲》。

【正读】《史》:"殷帝仲丁崩,弟外壬立。外壬崩,弟河亶甲立。"《史正
义》引《括地志》云:"故殷城在相州内黄县东南十三里,即河亶甲所筑都
之,故名殷城也。"郑云:"《河亶甲》亡。"

祖 乙 亡

祖乙圯于耿，作《祖乙》。

【正读】《史·殷本纪》："河亶甲崩，子帝祖乙立。殷复兴，巫咸任职。"马云："圯，毁也。"郑云："祖乙又去相居耿，而国为水所毁。于是修德以御之，不复徙也。录此篇者，善其国圯毁，改政而不徙。"按耿，《史》作"邢"，声相近。段玉裁云："《说文》：'邢，郑地有邢亭也。'祖乙所迁，当是此地。"今按，邢即春秋时之邢国，在河北邢台县，不在河南。郑云："《祖乙》亡。"

盘庚三篇 今文、古文皆有

盘 庚 上

盘庚五迁，将治亳殷。民咨胥怨，作《盘庚》三篇。

【正读】《史·殷本纪》云："帝盘庚之时，殷已都河北。盘庚渡河南，复居成汤之故居，乃五迁无定处。殷民咨胥相怨，不欲徙。盘庚乃告谕诸侯大臣，乃遂涉河，南治亳殷。行汤之政，而后百姓由宁，殷道复兴，诸侯来朝，以其遵成汤之德也。"按五迁者，汤迁亳，仲丁迁嚣，河亶甲迁相，祖乙迁邢，及盘庚迁殷也。郑云："祖乙居耿后，奢侈踰礼，土地迫近山水，尝圮焉。至阳甲立，盘庚乃谋徙居汤旧都，治于亳之殷地。商家自此徙而改号曰殷。"咨，嗟也。胥，相也。民居耿久，奢淫成俗，故不乐徙也。古文三篇，今文合为一篇。

盘庚迁于殷，民不适有居，率吁众戚出矢言，

【正读】适，往也。率，民自相率也。吁，呼也。戚出，蹙忧而出。如《孟子》言"举疾首蹙頞而相告"也。矢，陈也。《禹谟》序云："皋陶矢厥谟。"

曰："我王来，既爰宅于兹。重我民，无尽刘。不能胥匡以生。卜稽曰：'其如台？'

【正读】我王，指祖乙。爰，易也。爰宅，指祖乙自相迁耿言。刘，杀。无尽刘，犹言孑遗也。胥，相也。匡，正也。卜稽者，考之于卜也。其如台者，犹言其如何也。命龟词。

先王有服，恪谨天命，兹犹不常宁。

【正读】卜，繇也，答辞。《尚书》中问答词，多省"曰"字。如《盘庚》下"尔谓朕曷震动万民以迁，肆上帝将复我高祖之德，乱于我家"，《梓材》"王其效邦君越御事，厥命曷以，引养引恬"，皆是。服，旧事也。兹，指耿言。宁，安也。卜辞有韵。本文"命"、"宁"通叶，《易·乾·象传》"命"与"贞"、"宁"叶可证。卜辞本为决辞，众意为疑词，故下文告谕有"非敢违卜，用宏兹贲"之语。

不常厥邑，于今五邦。今不承于古，罔知天之断命，矧曰其克从先王之烈。若颠木之有由蘖，天其永我命于兹新邑。绍复先王之大业，底绥四方。"

【正读】五邦，马云："商丘、亳、嚣、相、耿也。"天之断命，承上"恪谨天命"言。克从先王之烈，承上"先王有服"言。由蘖，伐木之余，言伐木新生不可移植，促其生机也。兹新邑，谓耿也。底，定也。绥，安也。以上众据卜辞驳迁都之议。此文自郑康成及晚出孔《传》、宋蔡沈《集传》均以为盘庚诰民之语。然"不常厥邑，于今五邦"语意与《盘庚》迁都意全反，与下文亦不相会。当非正解。

盘庚斅于民，由乃在位，以常旧服，正法度，曰："无或敢伏小人之攸箴。"王命众，悉至于庭。

【正读】斅，觉悟也。乃，犹其也。《周礼·小宰》"各修乃职，考乃法，待乃事"，"乃"均训"其"。曰，在位者之言也。伏，遏绝也。攸，所也。小人攸箴，即上文所陈也。时群臣皆依据旧事，正言法度，并举小民陈言，以相挟制，即下文所斥"今汝聒聒，起信险肤"也。盘庚悟小民不适有居，皆群臣胥动以浮言为之梗，故大诰群臣。以上皆史官叙事之词，以下乃诰命正文。

王若曰："格汝众，予告汝，训汝猷，黜乃心，毋傲从康。

【正读】格，来也。猷，图也。黜，降。傲，嫚。康，安也。毋傲从康，犹言毋得傲上而怀安也。

古我先王，亦惟图任旧人共政。王播告之修，不匿厥指，王用丕钦，罔有逸言，民用丕变。

【正读】亦，亦上"汝猷"也。先王亦图舍己从人，汝亦当降心相从可知也。播，敷。之，犹其也。修，治也。匿，隐也。指，意指也。丕，斯也。逸言，过言也。变，化也。言王布告其所修治，群臣亦各开诚布公，不相非议，故王钦其诚而民化其德也。

今汝聒聒，起信险肤，予弗知乃所讼。

【正读】聒聒，讙聒之貌。起，兴也。险，邪。肤，浮也。乃，犹汝也。讼，争辨也。起信险肤，所谓"胥动以浮言"也。

非予自荒兹德，惟汝含德，不惕予一人。

【正读】非予自荒兹德者，非予不告之修。惟汝含德者，汝自匿厥指也。惕，读为易，施也，延也。《白虎通》引作"不施予一人"。

予若观火，予亦拙谋，作乃逸。若网在纲，有条而不紊。若农服田力穑，乃亦有秋。

【正读】逸，过也。知之明而不能自行，致成汝过也。主持者在君上，奉行者在群臣。若网之喻，申言无傲之训。若农之喻，申言从康之戒。以上望群臣之降心相从，相助为理也。

汝克黜乃心，施实德于民，至于婚友，丕乃敢大言，汝有积德。乃不畏戎毒于远迩，惰农自安，不昏作劳，不服田亩，越其罔有黍稷。

【正读】黜，降也。实德者，不迁为顺民之虚名，迁则为惠民之实德也。婚友，婚姻僚友也。丕乃，犹斯乃也，承上之词。戎，读为壬，实为妊。《尔雅》"戎菽谓之荏菽"，是"戎"声"任"声通读之理。戎毒，犹言包藏祸心也。下文"惟汝自生毒"正推极言之。昏，郑读为敃，强也。服，事也。言尔等之不欲迁都者，皆惰农自安，不昏作劳，是戎毒也，非施德也。

汝不和吉言于百姓，惟汝自生毒，乃败祸奸宄，以自灾于厥身。乃既先恶于民，乃奉其恫，汝悔身何及。相时憸民，犹胥顾于箴言，其发有逸口，矧予制乃短长之命。

【正读】和，犹宣也，声之转。《周礼》："正月之吉，始和布治于邦国。"和布，犹宣布也。败祸奸宄，罪将及己。灾，害也。厥，其也。先恶，犹言导恶也。奉，承也。恫，痛也。相，视。时，是。憸民，小民也。胥，相也。箴言，箴谏之言也。逸口，过言也。矧，况词。此文倒语，犹言小民发有逸口，犹胥顾于箴言，而不敢肆，矧予制汝短长之命，而敢有逸口乎。

汝曷弗告朕，而胥动以浮言，恐沉于众。若火之燎于原，不可向迩，其犹可扑灭。

【正读】恐，以威胁之也。沉，告言不正也。《说文》："扰，读若告。言不正曰扰。"盖古文《书》说也。惟君制命，汝弗禀承，而相动以浮言，诱惑众听，若火之燎于原也。燎，放火也。本文"若火"上，《左传》引有"恶之易也"四字，《尚书》中无用"也"为语助者，"也"当读为"施"，延也。言恶之易延如火之燎原也。本文疑脱。

予告汝于难，若射之有志。

则惟汝众自作不靖，非予有咎。

【正读】靖，安也。以上言群臣不能相从，反胥动以浮言，则祸败将至。

迟任有言曰：'人惟求旧，器非求旧，惟新。'

【正读】郑云："迟任，古之贤史。"人惟求旧者，言任旧人。器惟求新者，器旧则敝也。

古我先王，暨乃祖乃父，胥及逸勤，予敢动用非罚。世选尔劳，予不掩尔善。兹于大享于先王，尔祖其从与享之。作福作灾，予亦不敢动用非德。

【正读】胥及逸勤，劳逸相及也。予敢者，不敢也，语急。予敢动用非罚者，言不敢动用非罚加汝也。掩，蔽也。大享，烝尝也。《周官·司勋》曰："凡有功者，铭书于王之大常，祭于大烝，司勋诏之。"殷亦宜然。作福作灾，犹《洪范》言"惟辟作威，惟辟作福"也。予亦不敢动用非德者，言亦不敢以非德福汝也。德与罚对，非罚非德，言非分所当得者。

予告汝于难，若射之有志。

【正读】告汝于难，告难于汝也。郑《礼·既夕》注云："志，犹拟也。"按此言射者所仪也。《诗·宾之初筵》"发彼有的"《传》："的，质。""质"、

"志"声相近。喻言汝为射者之的,或迁或否,功罪皆在汝等。《庄子》所谓"游于羿之彀中"是也。

汝无老侮成人,无弱孤有幼。各长于厥居,勉出乃力,听于一人之作猷。

【正读】老侮及弱孤,并轻忽之言。老侮,《汉石经》作"翕侮",犹狎侮也。"弱孤"联词。《左·昭二十七年传》:"专祸楚国,弱寡王室。"弱寡,犹弱孤,古"孤"、"寡"声同。长,长率也。段云:"猷,已也。作猷,谓或作或辍也。"

无有远迩,用罪伐厥死,用德彰厥善。邦之臧,惟汝众。邦之不臧,惟予一人有佚罚。

【正读】无有远迩,言远近一体也。用罪伐厥死者,用死伐厥罪也,倒语。臧,善也。佚,失也。

凡尔众,其惟致告,自今至于后日,各恭尔事,齐乃位,度乃口,罚及尔身,弗可悔。"

【正读】致告者,致余之诰,使咸知之也。言如下。恭,具也。齐,整也。度,读为斁,塞也。度乃口者,戒勿浮言也。以上申明赏罚。

盘庚中

盘庚作,惟涉河以民迁。乃话民之弗率,诞告用亶,其有众咸造,勿亵在王庭,盘庚乃登进厥民。

【正读】作，兴也。惟，谋。话，会也。诞，大。亶，诚。造，至。褒，慢。"勿褒在王庭"语倒，犹言"在王庭勿褒"也。登进厥民，进于前也。以上史臣序事之辞。

曰："明听朕言，无荒失朕命。呜呼，古我前后，罔不惟民之承，保后胥戚，鲜以不浮于天时。

【正读】明，勉。荒，废也。之，是。承，奉也，顺也。惟民之承，惟民是顺也。"保后"之"后"，读为"右"，声之转也。《诗》"保右命尔"，《书》"敷右四民"，敷右，即保右也。胥，相。戚，忧也。鲜，读为斯。以，用也。浮，罚也，声之转。见《礼·投壶》注。言前后顺民，保右相忧，斯用不为天时所罚也。句例与《禹谟》"兹用不犯于有司"、《康王之诰》"信用昭明于天下"同。

殷降大虐，先王不怀厥攸作，视民利用迁。汝曷弗念我古后之闻。

【正读】郑云："殷者，将迁于殷，先正其号名。"大虐者，商代累世河患。怀，安也。厥，其。攸，所。作，为也。视，示字，作垂示解。古后之闻，所闻于古后者。

承汝俾汝，惟喜康共，非汝有咎比于罚。予若吁怀兹新邑，亦惟汝故，以丕承厥志。今予将试以汝迁，安定厥邦。

【正读】承，顺。俾，从也。《立政》"罔不率俾"，即"罔不率从"也。康，安。共，同。咎，皋也。比，濒也。若，乃也。《周语》引《书》"必有忍也，若能有济"。晚出《书》"若"作"乃"。吁，呼也。兹新邑，指亳言。言予今顺从汝意，女所喜者康乐和亲，非比于皋也。予乃吁怀新邑，亦惟汝喜康共故，因迁地正以谋康乐和亲也。"丕承厥志",与上文"惟民之承"相应。以上言迁都是顺民意。

汝不忧朕心之攸困,乃咸大不宣乃心,钦念以忧,动予一人。尔惟自鞠自苦,若乘舟,汝弗济,臭厥载。尔忧不属,惟胥以沉。不其或稽,自怒曷瘳?汝不谋长,以思乃灾,汝诞劝忧。今其有今罔后,汝何生在上。

【正读】宣,显白也。忧,诚也。鞠,穷也。济,渡。臭,朽也。《月令》"其臭朽",谓腐败。厥载,其物货也。属,注也。胥,读为湑,言沦胥也。沉,没也。惟胥以沉,犹《诗》言"沦胥以亡"也。稽,留止也。言尔诚不属,尔惟沦胥以没,莫肯留止,尔虽自怒,其有济乎? 瘳,愈也。谋长,犹言一劳永逸之计。灾,水灾也。诞,但也。劝忧,言职思其忧也。有今罔后,言死亡无日。上,谓地上。

今予命汝一,无起秽以自臭,恐人倚乃身,迁乃心。予迓续乃命于天,予岂汝威,用奉畜汝众。

【正读】一,专壹。臭,读为齅,以鼻就臭也。无起秽以自臭,喻浮言不可听也。倚,读为掎,偏引也。迁,回也。言汝宜专心壹志,无怀疑虑。否则,乘阙抵巇者至矣。迓,迎也。续,继也。予岂汝威,言非威胁汝。以上言人民安土重迁,不能虑远,适自促其生机。今迁新邑,乃为民造命也。

予念我先神后之劳尔先,予丕羞尔,用怀尔然。

【正读】劳,动也。丕,大也。羞,进也,献也。羞尔,犹今言贡献意见于尔也,下篇"羞告尔于朕志"可证。怀,念也。然,犹焉,句末助词。言予进告尔者,因念尔先德也。

失于政，陈于兹，高后丕乃崇降罪疾，曰曷虐朕民。

【正读】陈，久也。崇，重也，充也。兹，指河干。丕乃，犹斯乃。

汝万民乃不生生，暨予一人猷同心，先后丕降与汝罪疾，曰：'曷不暨朕幼孙有比？'故有爽德，自上其罚汝，汝罔能迪。

【正读】自营其生为生生。猷，谋也。暨，犹与也。幼孙，盘庚自称。比，《易·象传》云："下顺从也。"有比，言为比也。爽，差也，忒也。迪，逃也，声相近。《微子》"诏王子出迪"，即"诏王子出逃"。《酒诰》"又惟殷之迪诸臣惟工"，即"惟殷之逋逃旧臣"也。

古我先后既劳乃祖乃父，汝共作我畜民。汝有戕则在乃心，我先后绥乃祖乃父，乃祖乃父乃断弃汝，不救乃死。

【正读】畜，谓顺于德教也。则，当为"贼"，字之讹也。戕贼，戕害贼杀之心也。绥，安也。引伸之，安人以言亦曰绥。下文"绥爰有众"，即"告于有众"也。《大诰》"绥予曰"，即"告予曰"也。本文"绥乃祖乃父"，即"告乃祖乃父"也。乃死，汝死也。

兹予有乱政同位，具乃贝玉。乃祖乃父丕乃告我高后曰：'作丕刑于朕孙。'迪高后，丕乃崇降弗祥。

【正读】具，读为綦，约也。"具乃"之"乃"，犹其也。"具乃贝玉"，犹下言"总于货宝"也。丕刑，大刑也。迪，导也。迪高后者，言尔祖尔父以惩贪之法启迪高后，高后丕乃崇降弗祥也。"丕乃崇降弗祥"上，应重"高后"二字，蒙上文而省也。以上举鬼神以警之。凡四言鬼神，一言高后降罪于己，二言高后降罪于民,三言汝怀戕贼,汝祖父必弃汝,四言汝怀贪墨,汝祖父必导高后降大罚于汝而不汝赦也。殷人信鬼,故言此特详。

　　呜呼,今予告汝不易,永敬大恤,无胥绝远。汝分猷念以相从,各设中于乃心。

【正读】易,读为傿,轻侮也。不易,不侮之道也。恤,相存问也。胥,相也。"分",《汉石经》作"比",声相近。猷,读为攸,所也,攸念所亲也。道中相从,互相敬爱,无相绝远,又各比于所亲,不亢不卑,设中于心,又谁敢侮之者。其谆诚如此。

　　乃有不吉不迪,颠越不恭,暂遇奸宄,我乃劓殄灭之,无遗育,无俾易种于兹新邑。

【正读】乃有,与上文为转词。吉,善。迪,道也。颠,狂。越,踰也。王引之曰:"暂,读曰渐,渐,诈也。《荀子·正论篇》云:'上幽险则下渐诈矣。'遇,读曰偶。《淮南·原道训》云:'偶智故,曲巧伪诈。'是以偶为奸衺之称也。"奸宄,《说文》:"宄,奸也。"郑玄云:"外为奸,内为宄。"劓,断也。殄,绝也。育,读为胄。易,延易也。以上告以涂中相保相恤之道,并及乱行越次,折暴禁悍之刑。其号令严明如此。

　　往哉生生,今予将试以汝迁,永建乃家。"

【正读】乃家,汝家也。结与前应。

盘庚下

盘庚既迁，奠厥攸居，乃正厥位，绥爰有众。

【正读】孔云："定其所居，正郊庙朝社之位。"绥，安也，告也。爰，于也。以上史官序事之辞。

曰："无戏怠，懋建大命。今予其敷心腹肾肠。历告尔百姓于朕志。罔罪尔众，尔无共怒，协比谗言予一人。

【正读】懋，勉也。建，立也。敷，布也。心腹肾肠，今文作"优贤扬"三字，"历"字上属为读，非也。"今予其敷"句不成义，"今予其敷优贤扬历"句亦不成义也。又"优贤扬历"与下文义无涉，知博士读非是。《书·尧典》正义云："郑注《尚书》篇与夏侯等同，而经字多异。夏侯等书'心腹肾肠'曰'优贤扬'。"是马、郑漆书古文本亦作"心腹肾肠"也。《左·宣十二年传》郑伯曰："敢布腹心。"用此经文。"心腹肾肠"四字连用，如《益稷》"股肱耳目"之比。历，数也。披肝沥胆，尽情相告，故曰"历告"。此文语倒，犹云"历告朕志于尔百姓"也。协，合也。《诗·正月》："洽比其邻。"《传》："洽，合也。"协比，犹洽比也。以上宣明己志。

古我先王，将多于前功，适于山。用降我凶德嘉绩于朕邦。今我民用荡析离居，罔有定极，用降我凶德。

【正读】先王，指汤言。多，读为侈。将多于前功，犹言功将侈于前也。适于山者，汤自商丘迁于亳。郑《立政》注云："亳，东成皋，南轘辕，西降谷。"是亳为山险地也。"我凶德"三字，下文之错简，此处本作"用降嘉绩于朕邦"，下文"罔有定极"下有"用降我凶德"句，因"用"、"降"字相涉，此处误衍三字，下文误夺"用降我凶德"句，刘向所谓"率简二十二字者，脱亦二十二字"也。《史记》引《汤誓》"予维闻汝众言,夏氏有罪,予畏上帝,不敢不正,今夏多罪"二十二字,在今本"有夏多罪"之下,"天命殛之"之上,亦涉"夏多罪"字而误移一简,与此正可互证。荡,水所荡洗也。析,分也。耿为所圮,故荡析离居,罔有定极也。极,至也,止也。先王居亳,而降我嘉绩;今王居耿,而降我凶德,非趋吉避凶不可。夺去"用降我凶德"句,则文不成义。《朱子语录》遂谓:"《盘庚篇》不可晓,如'古我先王,将多于前功'至'嘉绩于我邦',全无意义。"不知盘庚迁都利害,正尽于此数语也。

尔谓朕曷震动万民以迁。肆上帝将复我高祖之德,乱越我家。朕及笃敬,恭承民命,用永地于新邑。

【正读】肆,今也。乱,治也。越,于也。"尔谓"句,问辞。"肆上帝"句,答辞。复我高祖之德,即复归于亳也。言上帝者,本违众议,托词于上帝。下文"非废厥谋,吊由灵各",即此意也。及,犹汲汲也。民命,帝命也。言民命者,"天聪明,自我民聪明;天明威,自我民明威"也。

肆予冲人,非废厥谋,吊由灵各。非敢违卜,用宏兹贲。

【正读】肆,故也。冲,幼也。非废厥谋,非废群臣安土重迁之谋也。吊,善也。《谥法》:"极知鬼事曰灵。"各,读为格。古彝器铭"王格"字通作"各"。格者,格人,极知天命吉凶者。《西伯戡黎》云:"格人元龟,罔敢知吉。"《召诰》云:"天迪格保,面稽天若。"《多士》云:"有夏不适逸,则为帝降格。"《吕刑》云:"乃命重黎,绝地天通,罔有降格。"皆即格人。亦称"灵格"。皆通知鬼神情状、天命废兴者。此言"非废厥谋,吊由灵各"者,意谓予之迁殷,非违众议,其善实由帝命也。卜,祖乙迁耿时之卜,见上篇首。贲,殷周间大宝龟名。《大诰》:"敷贲,敷前人受命,兹不忘大功,予不敢闭于天降威,用宁王遗我大宝龟,绍天明。"所称"敷贲",即陈龟也。下文"即命曰"，则命龟之词也。《尔雅·释鱼》："龟，三足贲。"此盖贲本为宝龟，迤以名"三足龟"也。本文上篇群臣据卜繇以驳迁都之议，实则卜繇"兹犹不常宁"语，意言迁地乃为良耳。故盘庚云"非敢违卜，用宏兹贲"。宏，大也。言正以彰宝龟之灵也。以上言迁都出于帝意。善由格人，非敢愎谏违卜也。

呜呼，邦伯师长百执事之人，尚皆隐哉。予其懋简相尔，念敬我众。

【正读】邦伯，州伯也。师长，公卿也。百执事之人，即治事者。隐，度也。懋，勉也。简相，阅视也。呼告内外各官，各自审度。我其常阅视尔等，能念敬我民与否也。

朕不肩好货，敢恭生生，鞠人谋人之保居，叙钦。

【正读】肩，任也。恭，举用也。鞠，养也。郑云："言能谋养人安居者，我则次叙而敬之。"

今我既羞告尔于朕志若否，罔有吊钦。无总于货宝，生生自庸。式敷民德，永肩一心。"

【正读】羞，进也。若，顺也。朕志若否者，予夺之心。所若者，即"敢恭生生"也。所否者，即"朕不肩好货"也。罔有吊钦，警之也。总，束聚也。庸，民功也。无总于货宝，戒其所不当为也。生生自庸，勉其所当为也。敷，施也。以上戒群臣勿贪货贿，念敬民生，力矫旧时奢淫之习也。

说命三篇 _{古文亡，晚出古文有}

高宗梦得说，使百工营求诸野，得诸傅岩，作《说命》三篇。

【正读】《墨子·尚贤下篇》云："昔者傅说居北海之洲，圜土之上，衣褐带索，庸筑于傅岩之城。武丁得而举之，立为三公。"晚出孔《传》云："《说命》，始求得而命之也。"

高宗肜日　高宗之训 _{《高宗之训》亡}

高宗祭成汤，有飞雉升鼎耳而雊，祖己训诸王，作《高宗肜日》、《高宗之训》。

【正读】高宗，武丁，小乙之子，阳甲之弟子。祭之明日又祭曰肜。雊，雄雉鸣也。有，不宜有也。按《史·殷本纪》："帝祖丁崩，立弟沃甲之子南庚。崩，立祖丁之子阳甲。崩，弟盘庚立。崩，弟小辛立。崩，弟小乙立。崩，子武丁立。"是武丁为小乙之子，阳甲之弟子。《通典》贺循议曰："殷之盘庚，不存阳甲之庙，而上继先君，以弟不继兄故也。"此盖古文《书》说。时武丁祀祖，盖亦持"弟不继兄"之语，不存阳甲、盘庚、小辛之庙，特丰其祢祀，而上继祖丁。适有雉雊之异，祖己遂以"典祀无丰于昵"训之。又《汉书·五行志》引刘歆，以此为羽虫之孽。《易》有《鼎卦》，鼎，宗庙之器，主器以奉宗庙者长子也。野鸟自外来，入为宗庙器主，是长子缺祀之征，亦旁支入继大统之象，故祖己有"降年永促"之语。暨高宗修德，主器者仍为长子，故孔子以为"德之有报之疾"也。语见《大传》。郑云："《高宗之训》亡。"

高宗肜日，越有雊雉。祖己曰："惟先格王，正厥事。"乃训于王。

【正读】越,于也,爰也。祖己,武丁贤臣。曰者,谓其同僚也。格,正也。如《孟子》"格君心之非"之"格"。事,如《左传》"国之大事在祀与戎"之"事",意言祸变之来,由于王心不正,以致祀典有乖。欲弥灾变,惟当先正王心,次正祀典,故即此二者致训于王也。以上史官记事之词。

曰:"惟天监下民,典厥义。降年有永有不永,非天夭民,民中绝命。

【正读】监,监视也。典,主也。义,循理而行宜也。少壮而死曰夭。时武丁祀事特丰祢庙,盖有祈福请命之心。雊雉升鼎,又有大器易主之象。祖己因事启迪,明享年修短,一主厥义。其享祚短促者,民自中绝其命,非天夭折斯民也。祈天永命,惟当正义以承天。

民有不若德,不听罪。天既孚命,正厥德,乃曰其如台。

【正读】若,顺也。听,服也。孚,读为罚。《礼·投壶》:"毋忧毋傲,若是者浮。"注:"浮,罚也。"是"孚"、"罚"声近义通之证。正,如《周礼》"以正邦国"之"正"。如台,奈何也。言民有不顺德服罚者,天既降罚以正厥德,乃曰其如何,不已晚乎。言不可不先修厥德以自求多福也。以上祖己格王之言。

呜呼,王司敬民,罔非天胤,典祀无丰于昵。"

【正读】司,读为嗣。胤,继也。典,常也。昵,读为祢。马曰:"昵,考也,谓祢庙也。"王肃曰:"高宗丰于昵,故有雊雉升远祖成汤庙鼎之异。"《穀

梁·文二年传》注云："高宗殷之贤主，犹祭丰于祢，以致雊雉之变。"并谓
昵为祢也。意言王嗣能敬民矣，罔非天之胤胄。祢庙固当致丰，而世父庙
亦不宜有缺。以上祖己正事之言。孙星衍云："《通典》引贺循议，以盘庚
不序阳甲之庙，是阳甲无庙祀。《诗·殷武》笺云：'高宗之前王，有废政教
不修寝庙者。高宗复成汤之道，故新路寝焉。'疏云：'其不修者，盖小辛、
小乙耳。'按《史记·殷本纪》祖丁子阳甲，阳甲弟盘庚，盘庚弟小辛，小辛
弟小乙，小乙子武丁。又云：'帝小辛立，殷复衰。'是殷自祖丁之后，阳甲至
小乙，皆兄弟相及。盘庚既不为阳甲立庙，小辛继世，又值殷衰，未能修复
庙，祀。高宗继父小乙，居丧尽礼，其于父庙，祀亦必丰，而世父之庙不序，
犹仍盘庚之失。故于祭成汤庙之明日，有雊雉之祥。既感祖己之言，乃修
建寝庙。《丧服四制》云：'礼废而复起。'《尚书大传》云：'武丁思先王之
政，继绝世。'是殷时至高宗始有兴废之事，如《殷武》诗所谓'寝成孔安'
者也。"今按此《疏》推当时情事甚合。

西伯戡黎

　　殷始咎周，周人乘黎。祖伊恐，奔告于受，作《西伯戡
黎》。

【正读】咎，恶也。乘，胜也。《韩非子·难二》云："昔者文王侵盂，克莒，举
丰。三举事，而纣恶之。"即此"咎周"之事也。祖伊，纣之贤臣。受，晚出孔
《传》云："纣也。音相乱。"《疏》引《殷本纪》云："帝乙崩，子辛立。"郑玄
云："号曰受德，时人传声转作纣也。史掌书，知其本，故曰受。"西伯，文王
也。黎，纣畿内之国。《汉·地理志》"上党郡壶关"注："应劭曰：'黎，侯国
也。'"按今山西长治县西南，距纣都朝歌在千里之内。

　　西伯既戡黎，祖伊恐，奔告于王。

【正读】奔，走也。走告者，不俟驾也。以上史臣序事之辞。

曰："天子，天既讫我殷命。格人元龟，罔敢知吉。

【正读】讫，止也。格人，能知天地吉凶者，详见《盘庚篇》。元龟，大龟也。此"格人"与"元龟"对，《盘庚》"灵各"与"贲"对。格人元龟，《潜夫论·卜列篇》引作"假尔元龟"，"格"作"假"者，声之借也；"人"作"尔"者，字之误也。《论衡·卜筮篇》云："纣至恶之君也，当时灾异繁多，七十卜而皆凶。故祖伊曰：'格人元龟，罔敢知吉。'贤者不举，大龟不兆。"彼言"贤者"，即"格人"也。

非先王不相我后人，惟王淫戏用自绝。故天弃我，不有康食。不虞天性，不迪率典。

【正读】相，助也。淫，游也。戏，戏谑也。康，安也。虞，度也。迪，由也。率，法。典，常也。本文语倒，犹言"不虞天性，不迪率典，故天弃我，不有康食"也。

今我民罔不欲丧，曰：'天曷不降威？'大命不挚，今王其如台。"

【正读】天曷不降威者，意犹《汤誓》言"时日曷丧，予及女皆亡"也。上文言天弃殷，此言民弃殷也。《释诂》："荐、挚，臻也。"《释言》："荐、原，再也。""荐"、"荐"同声，"荐"训"臻"，又训"再"，知"挚"可训"臻"，亦可训"再"也。大命不再，犹言"天命不常"也。如台，奈何也。以上祖伊告王之语。

王曰："呜呼，我生不有命在天。"

【正读】《史记》引"天"下有"乎"字。以上王答祖伊语。

祖伊反，曰："呜呼，乃罪多参在上，乃能责命于天。殷之即丧，指乃功，不无戮于尔邦。"

【正读】反，还也。"乃罪"之"乃"，犹汝也。参，森也，列也。即，就也。指，示也。示，与视通。功，事也。言殷之即于丧亡，视汝事可知矣，不为戮于尔邦乎？无，疑问倒语。《礼·士丧礼》筮宅辞曰："无有后艰。"卜葬曰辞曰："无有近悔。"倒之，即"有后艰无"，"有近悔无"。本文倒之，即"不戮于尔邦无"。古音无读如吗。

微 子

殷既错天命，微子作诰，父师、少师。

【正读】错，废也。微，国名。子，畿内采地之爵。微子名启，纣之庶兄。《吕氏春秋·仲冬纪》云："纣之同母兄弟三人，其长曰微子启，其次曰仲衍，其次曰受德。受德，乃纣也。纣母之生微子启与仲衍也，尚为妾，已而为妻而生纣。"是也。皇侃《论语疏》引郑康成云："父师者，三公也。时箕子为之。少师者，太师之佐，孤卿也，时比干为之。"按《史记·宋世家》："箕子者，纣亲戚也。"《索隐》云："马融、王肃以箕子为纣之诸父也。"史又云"王子比干"者，亦纣之亲戚也。《孟子》以纣为兄之子且以为君，而有微子启、王子比干。顾炎武《日知录》云："以纣为弟，且以为君，而有微子启。以纣为兄之子，且以为君，而有王子比干。"据此则比干亦纣之诸父行，故并在公孤之位，而为父师、少师也。唯就本文细绎，时比干实为父师，箕子实为少师。《汉书·五行志》谓箕子在父师位，乃比干既死以后事也。本文父师所语皆比干语。所云刻子即箕子。详下文。俞曲园《疑义举例·字因两句相连而误脱》云："'微子作诰,父师少师',文义未足。本作'微子作诰,诰父师少师',两'诰'字误脱其一而义不可通矣。"今按俞说是也。古书重文多于字旁注"=",故易脱误。

微子若曰："父师、少师,殷其弗或乱正四方。我祖底遂陈于上,我用沉酗于酒,用乱败厥德于下。

【正读】若曰,犹云微子意云然也,无义例。父师,比干。少师,箕子。皆微子之诸父也。微子痛殷之将亡,就比干、箕子商出处,故呼而问之也。或,有也,声相近。《史·宋世家》作"有"。乱,治也。其,虚拟之词,犹云殷其弗有乱正四方者乎。下文历举我纣卿士、小民,皆实证此语也。我祖,成汤也。底,致。遂,成也。陈,列也。我,我纣也。不斥言纣者,善则称君,过则归己也。酗,《说文》作"酌","醉酱也"。乱,淫乱也。《史·宋世家》易作"纣沉湎于酒,妇人是用,败汤德于下"。

殷罔不小大,好草窃奸宄,卿士师师非度,凡有辜罪,乃罔恒获。小民方兴,相为敌雠。

【正读】殷罔不小大,犹言大小罔不也,倒语。小大,卿士下及小民也。《广雅·释诂》云:"寇,钞也。"按"草"、"钞"声近。窃,盗也。自内出为奸,自外为宄。师师,众长也。度,法也。恒,常。获,得也。凡有辜罪,乃罔恒获者,犹《诗·瞻卬》云"此宜无罪,女反收之。彼宜有罪,女覆说之"也。方兴,并兴也。强陵弱,众暴寡,罪人不得,则民将并起为雠怨,相攻夺矣。

今殷其沦丧,若涉大水,其无津涯。殷遂丧,越至于今。"

【正读】沦,《史·宋世家》作"典",语意不伦,形之误也。沦,沦胥也。津,济渡处。涯，水浒也。遂，就也。"殷遂丧，越至于今"语倒，犹云"越至于今殷遂丧"也。涉水无津，喻治国无人也。国无人，亡可立待。

曰："父师、少师，我其发出狂吾家，耄逊于荒。

【正读】曰，重呼比干、箕子而告之也。发，行也。狂，《史·宋世家》易作"往"，古同声字。狂，当读为往。卿大夫曰家。吾家，微子自言其国也。"我其发出狂吾家"句绝，言己当出就国，冀宗社虽亡，宗祀可保。史迁作"我其发出往吾家，保于丧"。"保于丧"正释"往家"之意。《管子·宙合篇》云："微子不与于纣之难，而封于宋，以为殷主。先祖不灭，后世不绝，故曰大贤之德长。"亦此意也。耄，昏乱也。逊，遁也。荒，荒野也。云"发出往吾家"，复云"耄逊于荒"者，时未奉诏就国而私出，则貌为老耄阳狂而遁者。

今尔无指告予，颠隮，若之何其？"

【正读】指，出处之意也。隮，犹坠也。《史·宋世家》云："微子欲死之，及出，未能有决，乃问于大师、少师。欲太师以己意告予也。"郑云："其，语助也。齐鲁之间声如姬。《记》曰：'何居。'"按"其"古音如"该"。以上微子两呼父师、少师，前言国无人，则宗国必亡；后言己就国，庶宗祀可保也。以商于比干、箕子。

父师若曰："王子，天毒降灾荒殷邦，方兴沉酗于酒。乃罔畏畏，咈其耇长，旧有位人。

【正读】父师，比干也。郑云："少师不答，志在必死。"非也。父师比干，志在必死，下文"商其沦丧，我罔为臣仆"，正显言其志也。少师箕子不答，亦由比干语中说出，下文"诏王子出迪，我旧云刻子"，是也。微子就二人商榷出处，乌有少师不答之理？误由郑君谓父师为箕子，故云"少师不答，志在必死"，不知本文正比干语也。微子，帝乙之子，故云"王子"。毒，厚也。荒，亡也。畏畏，下"畏"字当读为"威"。罔畏畏者，罔畏天威也。咈，违也。耇，老也。此答微子沉湎于酒之言。

今殷民乃攘窃神祇之牺牷牲，用以容，将食无灾。

【正读】因来而取曰攘，往盗曰窃。天曰神，地曰祇。牺，纯毛。牷，牲体完具。用，如《皋陶谟》"五刑五用"之"用"。"用以容"语倒，犹云"以容论"，文例如后世"以某律论"。《梓材》"合由以容"，"由"亦"用"，即合以赦论也。将，《楚茨》"或肆或将"笺："将，奉持而进之也。""将食"连用成语。《孟子》"匍匐往将食之"，与此义同。此答罪无恒获之言。

降监殷民，用乂雠敛，召敌雠不怠。罪合于一，多瘠罔诏。

【正读】监，临也。乂，杀也。雠，马融本作"稠"，云"数也"。敛，赋敛也。用乂雠敛者，用刑以厚敛也。怠，懈也，缓也。召敌雠不怠者，言以此召国人雠敌之心，终不弛缓。《诗·荡》"敛怨以为德"，正谓此也。罪合于一者，上下同恶相济也。多瘠罔诏，流亡疾苦，无所告诉也。此答小民方兴相为敌雠语。

商今其有灾，我兴受其败。商其沦丧，我罔为臣仆。

【正读】我，父师，比干自我也。"受"字无义，疑当为"更"之误。《周礼·巾车》"岁时更续"注："故书'更续'为'受续'。"《仪礼·燕礼》注："古文'更'为'受'。"《左·昭二十九年传》"以更豕韦之后"，《史·夏本纪》作"受豕韦之后"，均"更"、"受"形近易讹之证。言商今其仅有灾变耶，我当起而更其祸。商其终于沦丧耶，我无臣仆敌国之理。"兴更其败"，欲拨乱而反正也。"不臣仆异国"，欲杀身以成仁也。父师比干之所以自处者如此。《论语》："比干谏而死。"可谓不食其言矣。

诏王子出迪，我旧云刻子，王子弗出，我乃颠隮。

【正读】诏，告也。迪，逃也。"我旧"之"我"，父师比干自我也。云，言也。刻子，箕子也。焦循《尚书补疏》云："刻子即箕子。《易》'箕子之明夷'，刘向、荀爽读箕为荄。《淮南子·时则训》'爨其'高注：'其，读荄备之荄。'"孙诒让《尚书骈枝》云："刻子，焦循说读为箕子。据《汉书·儒林传》，《易》箕子之明夷，赵宾读为荄子，证此刻子甚塙。"今按"荄"、"刻"同声，"箕"、"荄"同音。焦、孙说是也。"诏王子出迪，我旧云刻子"倒文，犹言"我旧云刻子，刻子诏王子出迪"也。下语不言"刻子"者，蒙上文而省。如《盘庚》中篇"迪高后，丕乃崇降弗祥"，下语亦有"高后"字，蒙上文而省也。云，比干自云，诏箕子所诏，比干所述也。意言王子出处之义，我旧曾言于箕子，箕子亦诏王子出亡避仇也。"王子弗出，我乃颠隮"者，亦箕子所诏，比干所述也，"我乃"之"我"，我殷邦也。言王子弗出，我殷邦乃颠隮矣。盖元子在外，宗社虽亡，宗祀尚可保。《史·宋世家》说云："今诚得治国。国治，身死不恨，为死，终不得治，不如去。"正释此文。比干言少师箕子为王子代谋者如此。

自靖，人自献于先王，我不顾行遁。"

【正读】此仍为比干述箕子之语。靖，谋也。我，箕子自我也。顾，念也。又言人自谋献身于先王之身，不必尽同。若我则无复可去之义，故云"我不顾行遁"也。比干言箕子所以自谋者如此。《易传》："内难而能正其志，箕子以之。"《论语》："微子去之，箕子为之奴，比干谏而死。孔子曰：'殷有三仁焉。'"正为读此篇而发。蔡沈《集传》不知本文答语全出比干，即箕子语亦由比干述出。宁有杀身成仁之人，当去就危疑之际而噤不作声者。以此决本文父师为比干，少师为箕子也。三仁出处大义，已全具此篇中。不善读者固末由会悟也。

周 书

泰誓三篇 <small>亡，晚出古文有</small>

惟十有一年，武王伐殷，一月戊午，师渡孟津，作《泰誓》三篇。

【正读】孙星衍云："《汉书·律历志》云：'《书序》曰："惟十有一年，武王伐纣，《大誓》。"八百诸侯会。还归二年，乃遂伐纣，克殷，以箕子归。十三年也。'《志》又曰：'一月戊午，师渡孟津。'按《志》以伐殷观兵为十一年事，'一月戊午，师渡于孟津'为十三年事，似《书序》'一月'上当有'十三年'三字也。"今按伏生今文二十八篇，本无《泰誓》。武帝时得之，以合于伏生所得，则为二十九篇，或又析之则为三十一篇。《书·泰誓》疏云："《尚书》遭秦而亡，汉初不知篇数。武帝时有太常蓼侯孔臧者，安国之从兄也。与安国书云，时人惟闻《尚书》二十八篇，取象二十八宿，谓为信然，不知其有百篇也。"然则汉初惟有二十八篇，无《泰誓》矣。后得伪《泰誓》三篇，诸儒多疑之。马融《书序》曰："《泰誓》后得，按其文，似若浅露。又云八百诸侯，不召自来，不期同时，不谋同辞，及火复于上，至于王屋，流为雕，五至以谷俱来。举火神怪，得无在子所不语中乎？又《春秋》、《国语》、《孟子》、《荀卿》、《礼记》引《泰誓》，今文《泰誓》皆无此语。吾见书传多矣，所引《泰誓》，而不在《泰誓》者甚多，弗复悉记。略举五事以明之，亦可知矣。"王肃亦云："《泰誓》近得，非其本经。"此今文家所传之伪《泰誓》，马、郑虽知其浅露，而亦为之作注者也。至晚出古文，始尽摭经传所引之《泰誓》为三篇。枚赜上之，孔颖达疏之。此晚出古文所传之伪《泰誓》，均非孔壁真本。亦与马、郑《泰誓》古文本殊。若与马、郑本同者，不得以浅露目之也。

牧 誓

武王戎车三百两，虎贲三百人，与受战于牧野，作《牧誓》。

【正读】戎车，兵车。车一乘称两者，车有两轮也。虎贲者，猛怒如虎之奔赴也。三百人，当为"三千人"。《孟子》曰："武王之伐殷也，革车三百两，虎贲三千人。"虎贲，士也。《司马法》："革车一乘，士十人。"牧野，纣地。

时甲子昧爽，王朝至于商郊牧野，乃誓。王左杖黄钺，右秉白旄以麾。

【正读】时文王受命之十三年，武王即位四年，二月庚申朔，甲子二月五日。《史·周本纪》云："二月甲子昧爽，武王朝至于商郊牧野乃誓。"注："徐广曰：'殷之正月，周之二月也。'"昧爽，旦明也。王，武王也。朝至者，《诗·大明》云："肆伐大商，会朝清明。"郊，距王城五十里为近郊，百里为远郊。牧野，在纣都朝歌南七十里。誓，矢也。杖，持也。钺，大斧也。秉，执也。旄，旄牛尾也。《说文》作"氂"。麾，旌旗所以指麾也。以上史臣叙事之文。

曰："逖矣，西土之人。"王曰："嗟，我友邦冢君，御事：司徒、司马、司空、亚旅、师氏、千夫长、百夫长，及庸、蜀、羌、髳、微、卢、彭、濮人。

【正读】逖，远也。逖矣西土之人，劳其师也。友邦者，天子有友诸侯之义也。冢，大也。御事，治事之臣也，总目三公。周初官礼未定，行三公制。《白虎通》引《别名记》云："司徒典民，司空主地，司马顺天。"亚旅，上大夫也。师氏，中大夫，《周礼·地官·师氏》："中大夫一人。凡军旅，王举则从。"又《夏官》序官云："二千五百人为师，师帅皆中大夫。五百人为旅，旅帅皆下大夫。”“庸蜀”以下，八国名，均当时西南夷也。武王所率，将来伐纣。本呼其酋长，而称人者，夷狄以号举，君臣同辞。

称尔戈，比尔干，立尔矛，予其誓。”

【正读】称，举也。比，相次比也。戈，击兵也。干，盾也。矛，刺兵也。以上为誓。

王曰：“古人有言曰：‘牝鸡无晨。牝鸡之晨，惟家之索。’

【正读】鸡，知时畜也。当晨而鸣，牝鸡则否。喻妇人无男事也。之，犹其也，虚拟之词。下“之”亦训“其”，决定之词。索，尽也。此语盖女系易为男系时之格言。

今商王受惟妇言是用，昏弃厥肆祀弗答，昏弃厥遗，王父母不迪。乃惟四方之多罪逋逃是崇是长，是信是使，是以为大夫卿士。俾暴虐于百姓，以奸宄于商邑。

【正读】《史·殷本纪》：“纣嬖于妇人，爱妲己，妲己之言是从。”《列女传》曰：“纣好酒淫乐，不离妲妃。妲妃所誉者贵之，所憎者诛之。百姓怨望，诸侯有叛者。妲妃曰：‘罚轻诛薄，威不立耳。’乃重刑辟，为炮烙之刑。妲妃乃笑。”是“惟妇言是用”之证。王引之曰：“昏，读若泯，灭也。《春秋左氏传》云：‘若泯弃之。’泯弃，犹蔑弃也。《周语》：‘不共神祇，蔑弃五则。’‘泯’‘蔑’声之转。”肆，祭名。《周礼·大宗伯》“以肆裸献享先王”注：“肆，解牲体以祭，因以为名。”遗，读如《召诰》“遗寿耇”之“遗”。《尔雅》：“父之考为王父。”王父母弟，即从父昆弟也。盖指比干、箕子等贤臣言。迪，用也。逋，亡也。《左·昭七年传》云：“纣为天下逋逃主。”崇，尊也。俾,使也。在内为奸,在外为宄。以上数纣之罪。

今予发,惟恭行天之罚。今日之事,不愆于六步七步,乃止齐焉。夫子勖哉。

【正读】发,武王名。恭,敬也。事,大事也。愆,过也。两足相承为步。止齐者,郑云:"好整好暇,用兵之术。"又《司马法》云:"军以舒为主。虽交兵致刃,徒不趋,车不驰,不踰列,是以不乱。"是其义也。勖,勉也。

不愆于四伐五伐六伐七伐,乃止齐焉。勖哉夫子。

【正读】伐,犹击刺也。一击一刺曰一伐,始前就敌。六步七步当止齐,正行列。及兵相接,少者四伐,多者七伐,又当正行列也。

尚桓桓如虎如貔,如熊如罴。于商郊。

【正读】桓桓,威也。貔,虎属。于,往也。此文语倒,犹云"于商郊,尚桓桓如虎如貔如熊如罴"也。

弗迓克奔,以役西土。勖哉夫子。尔所弗勖,其于尔躬有戮。"

【正读】迓,迎敌也。克,能也。奔,来奔也。役,助也。《周语》以役上令意同。西土,言周。以上誓师正文。三言"勖哉夫子",一戒其轻进,一戒其贪杀,一戒其杀降。末又反言以警之也。

武 成 <small>逸，建武之际亡，晚出古文有</small>

武王伐殷，往伐归兽，识其政事，作《武成》。

【正读】晚出孔《传》云："往诛纣克定，偃武修文，归马牛于华山桃林之牧地。记识殷家政教善事以为法。武功成，文事修。"今按《汉书·律历志》引《武成篇》曰："维一月壬辰旁死霸，若翌日癸巳，武王乃朝步自周，于征伐纣，粤若来三月既死霸，粤五日甲子，咸刘商王纣。惟四月既旁生霸，粤六日庚戌，武王燎于周庙，翌日辛亥，祀于天位，粤五日乙卯，乃以庶国祀馘于周庙。"是记往诛纣克定之事。《礼·乐记》云："济河而西，马散之华山之阳，而弗复乘。牛散之野，而弗复服。车甲衅而藏之府库，而弗复用。倒载干戈，包之以虎皮，将师之士，使为诸侯，名之曰建橐。"是盖《武成篇》之逸文也。郑君云："《武成》逸《书》，建武之际亡。"孙星衍云："孔壁所得古文，本有《武成》，以其不列学官，藏在秘府，故谓之逸《书》。至光武建武之际又亡其残文，仅存八十二字，见《汉书·律历志》。"

洪 范

武王胜殷杀受，立武庚，以箕子归，作《洪范》。

【正读】洪，大也。范，法也。《史记·宋世家》云："箕子者，纣亲戚也。纣为淫佚，箕子谏不听，乃被发佯狂而为奴。武王既克殷，访问箕子。"《殷本纪》云："箕子佯狂为奴，纣又囚之。周武王伐纣，释箕子之囚。"是其事也。《左传》、《说文》引此经，皆云《商书》。经文亦称年为祀，或武王命箕子陈言，示不臣之义；或箕子自为，示不忘本之意，则不可知矣。

惟十有三祀，王访于箕子。

【正读】文王受命之十三祀，武王即位之四年也。访，问也。箕，国名。子，爵。郑云："微子、箕子，实是畿内采地之爵，非畿外治民之君，故云子也。"《史记索隐》云："马融以箕子为纣之诸父，服虔、杜预以为纣之庶兄也。"

王乃言曰："呜呼，箕子，惟天阴骘下民，相协厥居，我不知其彝伦攸叙。"

【正读】乃，难词也。武王胜殷杀纣，而访道于箕子，故重难其词也。下文"箕子乃言"义同。阴骘，古成语。《吕氏春秋·君守篇》云："《洪范》曰：'惟天阴骘下民。'阴之者，所以发之也。"高诱注："阴阳升骘也。"按《释名》云："阴，荫也。"《说文》云："骘，牡马也。"阴骘，即阴阳乘匹之义。应劭注《汉·五行志》亦云："阴，覆也。陟，升也。"覆、升亦乘匹之象，故吕释云"阴之者，所以发之也"，言天繁殖下民也。相，助也。协，和也。居，读如"设居方"之"居"。彝，常也。伦，理也。攸，所也。叙，顺也。言惟天生民，无王乃乱。强陵弱，众暴寡，民愈庶，而乱日殷。欲助天和协斯民，使各得安其所居。意古帝王必有常理大法，以次叙斯民者，问君道也。

箕子乃言曰："我闻在昔，鲧陻洪水，汩陈其五行。帝乃震怒，不畀洪范九畴，彝伦攸斁。

【正读】鲧，禹父。陻，塞。洪，大。汩，乱。陈，列。帝，上帝也。畀，予也。畴，类也。斁，读为殬，败也。言昔鲧治洪水，不务疏导，而务障塞。失水之性，以至乱列五行。帝大动怒，不予大法九畴，彝伦所由败也。

鲧则殛死，禹乃嗣兴。天乃锡禹洪范九畴，彝伦攸叙。

【正读】殛，犹放也。殛死，先殛而后死也。郑云："鲧非诛死，鲧放居东裔，至死不得反于朝。"嗣，继。兴，起也。锡，读为赐。天乃锡禹洪范九畴者，《汉书·五行志》云："刘歆以为禹治洪水，赐《洛书》，法而陈之，《洪范》是也。圣人行其道而宝其真，降及于殷，箕子在父师位而典之。周既克殷，以箕子归，武王亲虚己而问焉。"即其事也。歆知"禹治洪水，赐《洛书》"者，《易》曰："河出《图》，洛出《书》，圣人则之也。"章太炎说《河图》、《洛书》云："重耳至于五鹿而得块，以为天赐，其实野人也。庖牺之王不知其所自始，其先虑或有能攫画采饰者矣。枳棘之未伐，九有之未列，虽趋中夏，无以知中夏之形也。河图者，地宜也。获于行迷，而见其有行列，成文章，虽腐木则珍之。吾安知夫矍骇河图以为天赐者，非重耳之块耶？蛴螬化而为复育，复育化而为蝉，物之更迭生也。惟人亦然。昔者美洲有赤人焉，明中世而辟，以其前为蛟螭紫贝之族也。然今之窜地于美洲者，得华屋焉。吾安知乎前乎庖牺者，不有圣哲之士耶？彼且仪其地之象而沦于河。庖牺得之而以为陈宝，斯犹萧何之得秦图籍以知地形阨塞也，夫何瑰恑矣哉。禹之《洛书》，其犹是图矣。票忽遇而拾之，宠灵其书，以为天赐，诚与伪亦兼有焉。"按章氏此论甚通。

初一曰五行，次二曰敬用五事，次三曰农用八政，次四曰协用五纪，次五曰建用皇极，次六曰乂用三德，次七曰明用稽疑，次八曰验用庶征，次九曰向用五福，威用六极。

【正读】《汉书·五行志》云："凡此六十五字，皆《洛书》本文，所谓天乃锡禹大法九章，常事所次者也。"马融亦云："从'五行'以下至'六极'，《洛书》文也。"按此文或刻于龟板。《尚书中候》乃谓龟负书，中背有赤文朱字。郑注《尚书大传》，乃云"禹治水得神龟，负文于洛，以尽得天人阴阳之用"，其失则诬矣。行，用也。五行金木水火土，为人所用也。农，郑云："读为醲。"《广雅》云："醲，厚也。"协，合也。皇，君。极，中也。乂，治也。稽，读为卜，卜以问疑也。征，验也，谓众行得失之验。向，读为飨，劝飨也。威，罚罪也。此《洛书》九章，为古帝王君人之大法也。以上箕子言洪范九畴之所由来，并及《洪范》原文，下乃分释。

一，五行。一曰水，二曰火，三曰木，四曰金，五曰土。水曰润下，火曰炎上，木曰曲直，金曰从革，土爰稼穑。润下作咸，炎上作苦，曲直作酸，从革作辛，稼穑作甘。

【正读】水火木金土，言其序也。润下炎上，言其性也。作咸作苦，言其用也。曲直者，言木可揉曲，亦可从绳也。从革者，言金可以顺，亦可变革也。爰，《史记》作"曰"，"爰"亦"曰"，声相近而借也。种之曰稼，敛之曰穑。作，为也。水火木金土，分配咸苦酸辛甘，其义未明。

二，五事。一曰貌，二曰言，三曰视，四曰听，五曰思。貌曰恭，言曰从，视曰明，听曰聪，思曰睿。恭作肃，从作乂，明作哲，聪作谋，睿作圣。

【正读】貌言视听思者，郑云："此数本诸阴阳昭明，人相见之次也。"恭从明聪睿者，五事之德也。肃乂哲谋圣者，五德之用也。恭，敬也。从，顺也，顺于理也。睿，今文书作"容"，当从之。人身惟思无所不容，故思之德为容也。肃，心敬也。乂，治也。哲，知。谋，读为敏。见《礼·中庸》。郑注："圣于事无不通也。"

三，八政。一曰食，二曰货，三曰祀，四曰司空，五曰司徒，六曰司寇，七曰宾，八曰师。

【正读】政，正也，政己以正人也。郑康成云："此数本诸其职先后之宜也。"食，谓掌民食之官，若后稷者也。货，掌金帛之官，若《周礼·司货贿》

者也。祀,掌祭祀之官,若宗伯者也。司空,掌居民之官。司徒,掌教民之官。司寇,掌诘盗贼之官。宾,掌诸侯朝觐之官,《周官·大行人》是也。师,掌军旅之官,若司马也。

四,五纪。一曰岁,二曰月,三曰日,四曰星辰,五曰历数。

【正读】纪,识也。岁自今年冬至至明年冬至为一岁。《尧典》"期三百六旬有六日,以闰月定四时",成岁也。月者,从朔至晦,大月三十日,小月二十九日。是也。日者,《大传》云:"夏以十三月为正,以平旦为朔。"殷以十二月为正,以鸡鸣为朔。周以十一月为正,以夜半为朔。三代分日夜,各从其正。星辰者,星谓二十八宿,辰,读为霤。历,如《五帝纪》"历日月而迎送"之"历"。数,从一至十也。戴东原云:"分至启闭以纪岁,朔望朏晦以纪月,永短昏昕以纪日,列星见伏昏旦中日月躔逡以纪星,赢缩经纬终始相差以纪历数。"是也。

五,皇极。皇建其有极,敛时五福,用敷锡厥庶民。惟时厥庶民于汝极,锡汝保极。

【正读】皇,君也。建,立也。《汉书·五行志》:"传曰:皇之不极,是谓不建。人君貌言视听思心五事皆失,不得其中,则不能立万事。皇建其有极,为君者当先以身作则也。"敛,聚。时,是。五福,即第九畴寿富等也。敷,布也。锡,予也。锡福于民者,犹《周官·太宰》"以八柄诏王驭群臣,爵以驭其贵,禄以驭其富,予以驭其幸,置以驭其行,生以驭其福"也。时厥庶民之时,犹承也。《楚策》"仰承甘露而饮之",《新序·杂事篇》作"时",《仪礼·特牲馈食》"诗怀之"注:"诗,犹承也。"《内则》"诗负之"注:"诗之言承也。""诗"、"时"、"承"并一声之转。"惟时厥庶民于汝极"语倒,犹云"惟厥庶民承于汝极",亦犹云"惟厥庶民承极于汝"也。保,安也。锡汝保极者, 服从教化, 无敢坏法乱纪也。言为君者, 本身作则, 建立大中至正之道, 又以五福诱导庶民, 庶民必顺意从志, 安于教化。上言君锡民, 下言民锡君, 君民相与之际, 犹施报也。

凡厥庶民, 无有淫朋, 人无有比德, 惟皇作极。

【正读】淫朋, 邪党也。阿党为比。此言臣民无有阿党为恶者, 惟君为之极耳。申言皇不可不建极也。

凡厥庶民, 有猷有为有守, 汝则念之。不协于极, 不罹于咎, 皇则受之。而康而色, 曰予攸好德, 汝则锡之福。时人斯其惟皇之极。

【正读】猷, 谋也。守, 有操守也。念之者, 念其行有所趣舍也。协, 合也。离, 丽也。咎, 罪也。受, 读如《孟子》"归斯受之"之"受"。皇, 君也。而, 汝也。康而色, 犹云安汝止也。言庶民有此二等人, 前者当识录之, 后者中才, 亦当容受, 诱之掖之, 使协于中。汝各锡以当得之爵禄, 是斯人其惟皇是极矣。本文多为韵语, "守"、"咎"、"受"叶, "色"、"德"、"福"、"极"叶, 惟"念"字不入韵。

无虐茕独, 而畏高明。人之有能有为, 使羞其行, 而邦其昌。

【正读】上言锡福于庶民, 此言锡福于群臣。人, 在位之人也。无虐, 不虐也。《礼·月令》: "孟秋行春令, 则五谷无实。"《吕氏春秋·孟秋纪》作"不实"可证。茕, 读为惸, 孤也。高明, 显宠者。羞, 进也。此言臣有不侮鳏寡, 不畏强御, 及有能有为者, 并当宠进之以显其行。本文"明"、"行"、"昌"叶。

　　凡厥正人，既富方谷，汝弗能使有好于而家，时人斯其辜。于其无好德，汝虽锡之福，其作汝用咎。

【正读】《尔雅·释言》："正，长也。"正人，为长之人也。方，并也。《微子》"小民方兴，相为敌雠"，《史记·宋世家》"方"作"并"可证。富，读为福，备也。谷，禄也。既富方谷者，犹云既富且贵也。好，犹善也。好于而家，善于汝国家也。辜，罪也。"德"字衍文，《史·宋世家》无"德"字。无好，即上文"弗能使有好于而家"也。好，如字读。郑康成云："无好于汝家之人，虽锡之以爵禄，其动作为汝用恶，谓为天子结怨于民也。"是马、郑本亦无"德"字。此言群臣之长无功于国家者，当屏去之，免至为汝敛怨也。《周官·太宰》"八柄诏王，夺以驭其贫，废以驭其罪，诛以驭其过"。本文"谷"、"家"、"辜"韵，"谷"旁转韵，"好"、"咎"韵。

　　无偏无陂，遵王之义。无有作好，遵王之道。无有作恶，遵王之路。无偏无党，王道荡荡。无党无偏，王道平平。无反无侧，王道正直。会其有极，归其有极。

【正读】义，法也。好，私好也。鬻公平于曲惠也。恶，擅作威。党，朋党。荡荡，平易也。平，当为"釆"，字之讹也。釆釆，辨治也。《史记·张释之冯唐传》赞引作"便便"，段借字也。反，反道也。侧，倾侧也。郑云："会其有极，谓君也，当会聚有中之人以为臣也。归其有极，谓臣也，当就有中之君而事之。"按本文，皇极之正经也。"陂"、"义"韵，"好"、"道"韵，"恶"、"路"韵，"党"、"荡"韵，"偏"、"釆"韵，"侧"、"直"、"极"、"极"韵。

　　曰，皇极之敷言，是彝是训，于帝其训。凡厥庶民极之敷言，是训是行，以近天子之光。曰，天子作民父母，以为天下王。

【正读】曰，更端词。敷，陈也。陈言，犹赋家之"乱曰"。彝，常也。训，教也。帝，天也。"其训"之"训"读为顺，言天子上同于天也。"庶民极"，与"皇极"对文，"是训"之"训"，亦当读为顺。是训是行以近天子之光，言臣民上同于天子也。《尚书大传》曰："母能生之，能食之。父能教之，能诲之。圣王曲备之者也。能生之，能食之，能教之，能诲之也。故曰作民父母以为天下王。"本文"训"、"训"韵，"行"、"光"、"王"韵，"言"、"言"隔句韵。

六，三德。一曰正直，二曰刚克，三曰柔克。平康正直，强弗友刚克，燮友柔克。沉潜刚克，高明柔克。

【正读】德者，内得于己外得于人之谓。三德者，人之气禀不同，有是三者也。正直者，中平之人。克，胜也。刚克者，毗于刚也。柔克者，偏于柔也。平康，强弗友，燮友，三德之惟行也。沉潜刚克，高明柔克，所以裁制天下之人，使无过不及之差也。平康者，中正和平，不刚不柔也。友，亲也。强弗友，强毅弗可亲，刚克之人有是性。燮，和也。和而可亲，柔克之人有是性也。下言裁抑之法。正直者，刚柔得中，无事挢揉，故正直无文。沉潜者，柔克之征，宜以刚治之。高明者，刚克之征，宜以柔治之。

惟辟作福，惟辟作威，惟辟玉食，臣无有作福作威玉食。臣之有作福作威玉食，其害于而家，凶于而国。人用侧颇僻，民用僭忒。

【正读】作福，专庆赏也。作威，专刑罚也。玉食，备珍美也。侧，倾仄也。颇僻，不正也。僭，差。忒，疑。人、民对举，人谓百官，民谓庶民。本文"福"、"食"、"食"、"食"、"国"、"忒"韵。语意尊君卑臣，与三德说不类，疑本皇极敷言文。

七，稽疑。择建立卜筮人，乃命卜筮。

【正读】稽，《说文》作"卟"，"卜问也"。卜以龟，筮以蓍。"择建立卜筮人"，晚出孔《传》谓"选择知卜筮人而建立之"。然建亦训立，古"建立"连言者。郑注乃言"选择可立者立为卜人筮人"，增文释经，文病诘屈。"建"，当为"觋"之古同音叚借字。古文"筮"字从竹从巫。《离骚》云："巫咸将夕降兮，怀椒糈而要之。"然则巫盖先通卜筮者也。《国语·楚语》云："古者民之精爽不携贰者，神明降之，在男曰觋，在女曰巫。"殷时巫风盛行，卜筮尤谨，故立卜筮人，必择于觋中之贤者而立之。觋字从巫，见声，本应读如"建"。秦时语变，以双声读为"系"，许君遂以"从巫从见"说之，非其实也。《多士》："亦惟天丕建，保乂有殷。"校以上文"惟帝降格，向于时夏"，又校以《君奭》"天寿平格，保乂有殷"，格为格人，通知吉凶情状，则"建"亦"觋"之借字。所谓"神明降之，在男曰觋"，是使制神之处位次主者也。

曰雨，曰霁，曰蒙，曰驿，曰克，曰贞，曰悔，凡七。卜五，占用二，衍忒。立时人作卜筮，三人占，则从二人之言。

【正读】雨、霁、蒙、驿、克，龟兆之形。郑康成云："雨者，兆之体气如雨然也。霁者，如雨止之云气在上也。圛者，色泽而光明也。蒙者，气不释郁冥冥也。克者，如祯气之色相犯也。内卦曰贞。贞，正也。外卦曰悔。悔之言晦，晦犹终也。"按卜筮之名凡七，卜用五，而占用二。衍忒，衍，犹演也。忒，变也。兆卦多变，故云衍忒。卜筮之用数不同，其衍忒则一也。立时人作卜筮者，知此方术者使作卜筮也。三人占者，郑康成云："卜筮各三人，太卜掌三兆三易，从其多者。"蓍龟之道，幽微难明，慎之深也。此言卜筮法也。

汝则有大疑，谋及乃心，谋及卿士，谋及庶人，谋及卜筮。汝则从，龟从，筮从，卿士从，庶民从，是之谓大同。身其康强，子孙其逢吉。

【正读】逢，大也。本文"从"、"同"、"逢"韵。

汝则从，龟从，筮从，卿士逆，庶民逆，吉。卿士从，龟从，筮从，汝则逆，庶民逆，吉。庶民从，龟从，筮从，汝则逆，卿士逆，吉。汝则从，龟从，筮逆，卿士逆，庶民逆，作内吉，作外凶。

【正读】孔《传》云："可以祭祀冠昏，不可以出师征伐。"

龟筮共违于人，用静吉，用作凶。

【正读】孔《传》云："安以守常则吉，动则凶。"按龟筮共从者皆吉，筮从龟逆者无文，龟为重也。龟从筮逆，或龟筮共违则吉凶参半，古人重卜筮如此。此言决疑也。

八，庶征。曰雨，曰旸，曰燠，曰寒，曰风，曰时五者来备，各以其叙，庶草蕃庑。

【正读】旸，日出也。燠，热在中也。"雨"与"旸"对，"燠"与"寒"对，明白易晓。先儒或以雨、旸、燠、寒、风分配木、金、水、火、土，或又分配水、火、木、金、土，说无一定，均不可信。时，是也。时五者来备，《后汉书·李云传》作"五氏来备"，《荀爽传》作"五趫咸备，各以其叙"，均本经之异文也。"时"属下为读，若"曰时"句绝，则"曰时"即是各以其叙矣，下文何又言各以其叙乎？蕃，滋也。庑，丰也。

一极备凶，一极无凶。

【正读】极备，即下文所谓"恒"。一者极备，或一者极无，皆凶。

曰休征。曰肃，时雨若。曰乂，时旸若。曰晢，时燠若。曰谋，时寒若。曰圣，时风若。曰咎征，曰狂，恒雨若。曰僭，恒旸若。曰豫，恒燠若。曰急，恒寒若。曰蒙，恒风若。

【正读】休征，善行之征。咎征，恶行之征。时，以时至也。恒，愆阳伏阴，不能调剂也。若，譬况之词，位于句末。如《易·离卦》"出涕沱若"，"戚嗟若"，言出涕若沱，戚若嗟也。《诗·氓》"桑之未落，其叶沃若"，言其叶若沃也。本文"曰肃，时雨若"，犹《孟子》言"若雨时降"也。下均放此。自汉时经师误释"若"为"顺"，云"君行敬，则时雨顺之；君行政治，则时旸顺之"，一若天人相感，不厘豪爽者。王荆公云："僭常旸若，狂常雨若，人君行然，天则顺之以然。使狂且僭，则天如何其顺之也。"可谓一语破的矣。本文"休征"言美行如五气之时，"咎征"言恶行如五气之时也。

曰，王省惟岁，卿士惟月，师尹惟日。岁月日时无易，百谷用成，乂用明，俊民用章，家用平康。日月岁时既易，百谷用不成，乂用昏不明，俊民用微，家用不宁。庶民惟星。星有好风，星有好雨。日月之行，则有冬有夏。月之从星，则以风雨。

【正读】王省惟岁者，马融云："言王者所省职，如岁兼四时也。"卿士惟月者，言卿士统于王，如月统于岁也。师尹惟日者，言师尹统于卿士，如日统于月也。郑康成云："大陈君臣之象，成皇极之事。其道得，则其美应如此。其道失，则败德如彼。"按，易，失常也；微，隐也。"庶民惟星"以下，言庶民所好无常,卿士师尹所行各意。逆民固事有不行,循民亦或以阶乱,王者当示之以大中至正之道也。星有好风星有好雨者,马云:"箕星好风,毕星好雨也。"日月之行则有冬有夏者,日有中道,月有九行。中道者,黄道也。九行者,黑道二,出黄道北。赤道二,出黄道南。白道二,出黄道西。青道二,出黄道东。并黄道为九行也。日极南至于牵牛则为冬至,极北至于东井则为夏至,南北中东至角西至娄则为春秋分。月,立春春分从青道,立秋秋分从白道,立冬冬至从黑道,立夏夏至从赤道。所谓"日月之行,则有冬有夏"也。月行东北入于箕则多风,月行西南入于毕则多雨,所谓"月之从星,则多风雨"也。星有好风,星有好雨,喻庶民好尚各异。日月之行有冬有夏,喻群臣职守有常。月之从星则以风雨,喻皇之不极,政教失中,虽从民欲,不能无乱。本文意尚未完,当是《皇极传》文,在"会其有极,归其有极"之下,下接曰"皇极之敷言,是彝是训,于帝其训"。本文王省惟岁,卿士惟月,师尹惟日,皆是彝是训,于帝其训也。又"皇极"一畴皆韵语。本文"岁"、"月"韵,"成"、"明"、"章"、"康"韵,"成"旁转韵,"成"、"明"、"宁"韵,"明"旁转韵,"雨"、"夏"、"雨"韵,亦本文当为《皇极传》文之证。

九,五福:一曰寿,二曰富,三曰康宁,四曰攸好德,五曰考终命。六极:一曰凶短折,二曰疾,三曰忧,四曰贫,五曰恶,六曰弱。"

【正读】五福六极,天之所以命人,人君则之以为赏罚者也。故曰"向由五福,威用六极"。郑云:"此数本诸其尤者,缘人意轻重以为次耳。"康宁,人平安也。按:攸,长也。好德,好善也。考终命者,郑云:"考,成也。终性命,谓皆生佼好以至老也。"凶短折者,郑云:"未龀曰凶,未冠曰短,未昏曰折,愚懦不壮毅曰弱。"按,"凶短折"与"寿"对,"疾"与"康宁"对,"贫"与"富"对,"忧"与"攸好德"对,"恶弱"与"考终命"对。

分 器 _亡

武王既胜殷，邦诸侯，班宗彝，作《分器》。

【正读】《史·周本纪》："封诸侯，班赐宗彝，作《分殷之器物》。"郑云："宗彝，宗庙尊也。作《分器》，著王之命及所受物。《分器》亡。"

旅 獒 _{逸，晚出古文有}

西旅献獒，太保作《旅獒》。

【正读】马融作"豪"，云："酋豪也。"郑云："獒，读若豪。西戎无君，名强大有政者为酋豪。国人遣其酋豪来献见于周。《旅獒》逸。"按：旅，客也。太保，召公也。

旅巢命 _亡

巢伯来朝，芮伯作《旅巢命》。

【正读】郑云："巢伯，殷之诸侯，伯爵也。南方之国，闻武王克商，慕义而来朝。

金 縢

武王有疾，周公作《金縢》。

【正读】晚出孔《传》云："为请命之书，藏之于匮，缄之以金，遂以所藏为篇名。"《正义》云："武王有疾，周公作策书告神，请代武王死。事毕，纳书于金縢之匮，遂作《金縢》。凡序言作者，谓作此篇也。按经周公策命之书，自纳金縢之匮。及为流言所谤，成王悟而开之。史序其事，乃作此篇，非周公作也。序以经具，故略言之。"今按《正义》说是也。《尚书》有典谟训诰誓命之文，皆纪言也。惟《金縢》及《顾命》则为记事。《顾命》记一时之事，《金縢》所记，经历多年。朱子云："《武成》、《金縢》诸篇，其所记载，或经数月，或历数年，是则《金縢》本史官记事之文，意在发明周公之忠荩，特借金縢一事以显之，与后世史家纪事本末体略相当。"

既克商二年，王有疾，弗豫。

【正读】武王即位之六年也。豫，《说文》作"忬"，"喜也"。

二公曰："我其为王穆卜。"周公曰："未可以戚我先王。"

【正读】二公，太公、召公也。穆，敬也。戚，近也。读如《礼·丧服》大传"戚君位"之"戚"，言亲附也。

公乃自以为功，为三坛同墠。为坛于南方，北面，周公立焉。植璧秉珪，乃告太王、王季、文王。

【正读】功，《史记》易为"质"。自以为质者，以身为质也。封土曰坛，除地曰墠。三坛同墠，为太王、王季、文王位。璧，始告神时，荐于神坐。植，犹置也。秉，执也。珪，盖桓圭、信圭之等。南方北面，正君臣之位。秉珪，亦朝见之仪也。告三王者，以戚之也。

史乃册祝曰：“惟尔元孙某，遘厉虐疾。若尔三王，是有丕子之责于天，以旦代某之身。予仁若考能，多材多艺，能事鬼神。乃元孙不若旦多材多艺，不能事鬼神。乃命于帝庭，敷佑四方，用能定尔子孙于下地，四方之民，罔不祗畏。呜呼，无坠天之降宝命，我先王亦永有依归。今我即命于元龟，尔之许我，我其以璧与珪归，俟尔命。尔不许我，我乃屏璧与珪。”

【正读】史，盖史逸也。册，谓简书也。祝，赞词也。元，长也。礼，父前子名，君前臣名，而称“元孙某”者，郑君云：“讳之者，由成王读之也。”遘，遇也。厉，恶也。丕子，史公读为“负子”，言武王见责于天而有疾也。郑君读为“不慈”，言元孙遇疾，若汝不救，是将有不爱子孙之过，为天所责也。今按“丕子”当读为“布兹”。“布”与“丕”，“子”与“兹”，并声之转。《史·周本纪》：“武王立于社南，毛叔奉明水，卫康叔封布兹，召公奭赞采，师尚父牵牲。”《集解》云：“兹，藉席之名。”据此，则布兹为弟子助祭以事鬼神者之一役。本文意言三王在帝左右，如需执贱役，奉事鬼神，旦尤能举其职，故请以旦代某之身也。仁若，柔顺也。考，古文盖本作“丂”。《史记·鲁世家》读为“巧”，晚出孔《传》读为“考”，今依史读为“巧能”。下云“多材多艺”，即“巧能”也。巧能，故可以任布兹之责而事鬼神也。“乃元孙”之“乃”，犹汝也。汝元孙不能事鬼神，故受命于帝庭，敷佑四方，耆定子孙也。祗，敬也。即命于元龟，就受三王之命于元龟也。本经言“命于”者，皆为受命。如“乃命于帝庭”，即“武王受命于帝”也；“即命于元龟”，即“就受命于元龟”也；“小子新命于三王”，即“亲受命于三王”也。或谓即命为命龟词，失之。尔，尔三王也。许我者，许以身代某也。此一百二十八字皆祝祠。《郑志》弟子赵商问曰：“若武王未终，疾固当瘳。信命之终，虽请不得。自古以来，何患不为？”郑答曰：“君父疾病方困，忠臣孝子不忍默尔视其歔欷，归其命于天，中心恻然，欲为之请命。周公达于此礼，著在《尚书》。若君父之病，不为请命，岂忠孝之志也？”按此答深达礼意。本文祝词，句皆用韵。"天"、"身"、"神"、"神"韵，"地"、"畏"、"归"韵，"地"旁转，"珪"、"珪"韵。

乃卜三龟，一习吉。启钥见书，乃并是吉。

【正读】三龟者，各就三王而卜也。一习吉，一皆重吉也。钥，藏卜兆书管。启，开也。书，占书也。并，《论衡·卜筮篇》作"逢"，声相转也。乃并是吉，乃逢是吉也。

公曰："体，王其罔害。予小子新命于三王，惟永终是图。兹攸俟，能念予一人。"

【正读】曰，谓诸史也。体，兆象也。罔，亦作"无"。言据兆象，王病其无害也。"新命"，《史记》作"新受命"。惟永终是图者，亦"不坠天之降宝命"也。攸，所也。俟，待也。念，叙录也。读如"汝则念之"之"念"。意言我新受命于三王，三王惟谋国家久安之道，王必无害，今兹所俟者，惟三王能叙录予一人与否耳。予一人，公自谓。

公归，乃纳册于金縢之匮中。王翼日乃瘳。

【正读】匮，匣也。翼，明日也。瘳，愈也。《周礼·占人》："凡卜筮，既事则系币而比其命，岁终则计其占之中否。"以上记周公为王请命之事。

武王既丧，管叔及其群弟乃流言于国曰："公将不利于孺子。"

【正读】武王崩年，即位后之十一年也。《逸周书·作雒解》："武王克殷，既归，乃岁十二月，崩于镐。""乃"当作"七"，字之误也。《管子·七臣七主篇》云:"武王伐殷,克之,七年而崩。"《世经》:"武王克殷后七岁而崩。"
皆其证也。丧者,亡也。管叔,周公兄、武王弟,封于管。群弟,蔡叔、霍叔。
《史记·鲁世家》云:"武王既崩,成王少,周公恐天下闻武王崩而畔周,公
乃践阼代成王摄行政当国。管叔及其群弟流言于国曰:'周公将不利于成
王。'"

**周公乃告二公曰:"我之弗辟,我无以告我先王。"周
公居东二年,则罪人斯得。**

【正读】辟,君也。《史记·鲁世家》:"周公乃告太公望、召公奭曰:'我之
所以弗辟而摄行政者,恐天下畔周,无以告我先王。'"按史公释文未当,
释意则是。辟,即摄政也。《洛诰》"朕复子明辟",即还政成王也。管叔言
周公摄政,将不利于孺子。周公言我不摄政,将无以告我先王也。居东二
年,罪人斯得者,《史·鲁世家》云:"周公卒相成王,管、蔡、武庚等果率
淮夷而反。周公乃奉成王命,兴师东伐,遂诛管叔,杀武庚,放蔡叔。"《世
家》又云:"宁淮夷东土,二年而毕定。"《大传》云:"一年救乱,二年克
殷,三年践奄也。"

**于后,公乃为诗以贻王,名之曰《鸱鸮》。王亦未敢诮
公。**

【正读】于后,谓管、蔡既诛以后也。《诗序》云:"《鸱鸮》,周公救乱也。成
王未知周公之志,公乃为诗以贻王,名之曰《鸱鸮》焉。"按《诗》云:"既
取我子,无毁我室。"传曰:"宁亡二子,不可以毁我周室。"《诗幽谱疏》
云:"二子,谓管、蔡。"又云:"毛以'罪人斯得'为得管、蔡,'周公居东'为
东征也。"诮,让也。郑云:"成王非周公意未解,欲让之,推其恩亲,故未
敢。"按诮,《史记》作"训",言训也,亦通。以上记成王疑贰周公之事。

秋大熟，未获，天大雷电以风，禾尽偃，大木斯拔。邦人大恐。

【正读】秋，郑康成云："谓周公出二年之后明年秋也。"今按即"周公居东二年，罪人斯得"以后之秋。《东山》诗所谓"自我不见，于今三年"时也。获，刘谷也。偃，仆也。斯，尽也。《论衡·感类篇》云："古文家以武王崩，周公居摄，管、蔡流言，王意狐疑周公，周公奔楚，故天雷雨以悟成王。"按此说于情事甚合，惟奔楚则无其证也。

王与大夫尽弁，以启金縢之书，乃得周公所自以为功代武王之说。

【正读】郑玄云："弁，爵弁。天子诸侯十二而冠。成王此时年十五，于礼已冠，必爵弁者，承天变降服，亦如国家失道焉。开金縢之书者，省察变异所由故事也。"按得者，得周公所藏请命册书及命龟书。

二公及王乃问诸史与百执事，对曰："信。噫，公命我勿敢言。"

【正读】二公，太公、召公。问者，问审然否。噫，语馀声也。《鲁世家》言"周公藏其册于匮中，诚守者勿敢言"。

王执书以泣曰："其勿穆卜。昔公勤劳王家，惟予冲人弗及知。今天动威，以彰周公之德。惟朕小子其新迎，我国家礼亦宜之。"

【正读】泣者，成王悔悟也。其勿穆卜者，先启金縢，欲取宝龟以稽天变。今事既大白，故云"其勿穆卜"也。新，当为"亲"，《释文》引马本正作"亲"。

亲迎者，郑笺《诗·东山》序云："成王既得金縢之书，亲迎周公也。"我国家礼亦宜之者，褒德报功，尊尊亲亲，礼所宜也。

王出郊，天乃雨，反风，禾则尽起。二公命邦人，凡大木所偃，尽起而筑之，岁则大熟。

【正读】王出郊者，亲迎周公也。天乃雨者，前天动威，惟雷电以风也。《毛诗·东山》序云："《东山》，周公东征也。周公东征，三年不归。"诗云："我徂东山，慆慆不归。我来自东，零雨其蒙。"正此时也。反风，还反也。筑，拾也。禾为大木所偃者，起其本，拾其下禾，无所亡失。以上记成王得金縢书，悔悟迎公之事。吴汝纶曰："此周史故为奇诡以发挥周公之忠荩。所谓精变天地，以寄当时不知之慨，不必真以天变为因周公而见也。"按此论甚通。

卷 四

大 诰

武王崩，三监及淮夷叛，周公相成王，将黜殷，作《大诰》。

【正读】三监者，管叔、蔡叔、霍叔也。《逸周书·作雒解》云："武王克殷，乃立王子禄父，俾守商祀。建管叔于东，建蔡叔、霍叔于殷，俾监殷臣。"是也。三监及淮夷叛者，《史记·周本纪》云："武王崩，太子诵代立，是为成王。成王少，周初定天下，周公恐诸侯畔周，公乃摄行政当国。管叔、蔡叔群弟疑周公，与武庚作乱畔周。周公奉成王命伐，诛武庚、管叔，放蔡叔。"又云："初，管、蔡畔周，周公讨之，三年而毕定，故初作《大诰》。"据此则周公奉命东征之初，即作《大诰》，故云"将黜殷，作大诰"，时周公处危疑之地，始议东征，邦君、御事均持两端，故周公大诰道之。

王若曰："猷，大诰尔多邦，越尔御事。

【正读】郑康成曰："王，周公也。周公居摄，命大事，则权代王也。"按《礼·明堂位》云："昔周公朝诸侯于明堂之位，天子负斧依，南乡而立。"又云："周公践天子之位，以治天下。"是周公摄政称王也。云"王若曰"者，言摄王意云然也。无义例。猷，图也，诰命发端词。《多士》、《多方》皆称"王若曰猷"，是也。越，于也，及也。御，治也。御事，若府史、胥徒之属。

弗吊，天降割于我家，不少延。洪惟我幼冲人，嗣无疆大历服。弗造哲，迪民康，矧曰其有能格知天命。

【正读】吊，犹善也。《诗》："昊天不吊。"割，害。延，易也，弛也。《尔雅》："弛，易也。"注："相延易。"《诗·旱麓》："施于条枚。"《吕览·知分》、《韩诗外传》并作"延于条枚"，是"延"、"弛"通假之理。不少延者，犹言不少弛缓也。时武王既丧，管叔及其群弟又流言于国，与武庚作乱，故云"天降割于我家不少延"也。洪，代也。见《尔雅·释诂》。洪惟，即代惟。周公摄政，诰命发端常语。《多方》云："洪惟图天之命。"洪惟，亦代惟也。幼冲人，目成王言也。嗣，继也。疆，竟也。历，历数也。《论语·尧曰》："咨尔舜，天之历数在尔躬。"服，九服也。《周礼》："辨九服之邦国。"造之言遭也。《吕刑》："两造具备。"《史记》"造"作"遭"。哲，智也。迪，导也。康，安也。矧，况词。格，极也。格知天命，即《西伯戡黎》所谓"格人"也。言此时尚无安民之哲，矧曰其有能格知天命者乎? 此为一篇伏脉语。此时事未大定，故全篇专以吉卜为言。将言吉卜，先言未知天命，以起下文决疑于龟也。

已，予惟小子，若涉渊水，予惟往求朕攸济。

【正读】已，叹辞。若《史记》范增言"唉"。"唉"、"已"古同声。予惟小子，摄王自谓也。若涉渊水，喻危疑也。时既无能格知天命者，当别求有灵者而谋之。《洪范》："汝若有大疑，谋及卜筮。"

敷贲。

【正读】敷，陈也。贲，殷周闲大宝龟名。《盘庚》："非敢违卜，用宏兹贲。"贲亦龟。《尔雅》："龟三足，贲。"盖本为大宝龟名，迤以名"三足龟"也。古灵龟皆有名，《尔雅》记神、灵、摄、宝、文、筮、山、泽、水、火十名。《周官·龟人》"辨五龟之属与其名物"，皆是。此当卜法陈龟节。《周礼·大卜》：

"凡旅,陈龟。"注:"陈龟于馈处。"

敷:前人受命,兹不忘大功。予不敢闭于天降威。用宁王遗我大宝龟,绍天明。

【正读】敷,陈词也。《皋陶谟》"敷奏以言",《洪范》"皇极之敷言",皆陈词也。此当卜法贞龟节。《说文》:"贞,卜问也。"《大卜》"凡国大贞"司农注:"贞,问也。"《天府》"以贞来岁之美恶"注:"问事之正曰贞。"是则贞龟宜有词。郑《大卜》注云:"贞龟于卜位",不言贞龟宜致词,非也。"前人受命"以下,并贞龟之词。若《曲礼》云"假尔泰龟有常"也。前人受命者,言文武受命于龟。下文"天休于宁王,兴我小邦国,宁王惟卜用,克绥受兹命",《诗》"考卜惟王,宅是镐京,惟龟正之",《周语》引《泰誓》"故曰朕梦协朕卜,袭于休祥,戎商必克",并前人受命于龟之证。大功,龟所告猷也。闭,壅也。言今昊天疾威,予不敢壅不上闻也。用,犹假也。宁王,文王也。宁,当作"文",字之误也。孙诒让《尚书骈枝》云:"古钟鼎款识,文皆作'文'即忞,与宁绝相似。故此经文王、文武皆作宁。后文宁考、宁人亦并文考、文人之误。"吴大澄《字说》亦云宁王当为文王之误。其说并是也。用宁王遗我宝龟者,《史记·龟策传》云:"殷欲卜者,乃取蓍龟,已则弃去之。"周室之卜官,常宝藏蓍龟也。绍,读为卧,《说文》:"卧,卜问也。"天明者,上天明命也。

即命曰:有大艰于西土,西土人亦不静。越兹蠢。殷小腆诞敢纪其叙。天降威,知我国有疵,民不康。曰予复,反鄙我周邦。今蠢,今翼日,民献有十夫予翼,以于敉宁武图功。我有大事,休。

【正读】即,就也。即命,就所贞龟而命之也。此当卜法命龟节。凡卜,先陈龟,次贞龟,次命龟。《周礼·大卜》:"国大迁大师,则贞龟。凡旅,陈龟。凡丧事，命龟。"注："凡大事，大卜陈龟贞龟命龟。"此不言大卜者，略之也。命龟宜有文雅之辞。《毛诗·定之方中》传说建邦能命龟为君子九能德音之一。《左·文十八年传》："惠伯令龟。"杜注云："以卜事告龟。"本文"即命"，亦以卜事告龟也。有大艰于西土，《疏》云："言作乱于东，与京师为难也。"腆，读为殄，尽也。小腆，言余孽也，指武庚言。诞，大也。纪，理。叙，读为绪，统也。纪其叙者，理其垂尽之绪也。疵，病也。知我国有疵者，《尚书大传》记君蒲姑谓禄父曰："武王既死，成王幼，周公见疑，此百世之时也，请举事。"然后禄父及三监畔也。曰予复者，殷小腆昌言复国也。鄙，侮也。周目殷为小腆，殷目周为鄙野也。今蠢，禄父畔也。上蠢，三监畔也。"今翼日"之"今"，读为及。声同义近。《诗·摽有梅》："迨其今兮。"今亦及也。及，急辞，犹汲汲也。翼日，蠢动之明日也。献，贤也。"予翼"倒文。翼，辅也。《皋陶谟》"予欲左右有民汝翼"，与此意义正同。民献十夫者，晚出孔《传》云："四国人贤者，有十夫来翼佐我周。"理或然也。于，往也。敉，抚也，竟也。宁武，当作"文武"。敉宁武图功，竟文王、武王所图之功也。大事，戎事也。《左传》："国之大事，在祀与戎。""休"一字句绝。犹言休否，问辞也。《洛诰》："伻来，来视予卜，休。""休"亦一字句绝。问其卜兆休与否也。

朕卜并吉，肆予告我友邦君，越尹氏庶士御事曰，予得吉卜，予惟以尔庶邦于伐殷逋播臣。

【正读】卜并吉，视卜兆，启占书，三兆所占皆吉也。肆，故也。惟，谋也。于，往也。逋，亡。播，散也。逋播臣，谓禄父。言予得吉卜，故谋以尔庶邦往伐殷逋播臣也。郑康成云："时既卜乃后诰，故先云然。"

尔庶邦君越庶士御事，罔不反曰：艰大，民不静。亦惟在王宫邦君室越予小子考翼，不可征，王害不违卜。

【正读】反，反己意也。郑云："汝国君及下群臣不与我同志者，无不反我之意也。"艰大，言祸难既大。民不静，言西土蠢动也。越，及也。予小子，周公自谓也。考翼，犹言考慎也。《诗》："秉心宣犹，考慎其相。"翼，读如敕。《说文》："敕，诚也。"《广雅》："慎，敕也。"考翼、考慎义同。《谥法》："大虑行节曰考，思虑深远曰翼。""考翼"联词。害，读为曷。《广雅》："害，曷，何也。"公以吉卜告庶邦，庶邦劝王违卜，此《大诰》之所以作也。以上叙述本事颠末。

肆予冲人永思艰，曰：呜呼，允蠢鳏寡，哀哉。予造天役，遗大投艰于朕身越予冲人，不卬自恤。义尔邦君，越尔多士尹氏御事，绥予曰，无毖于恤，不可不成乃宁考图功。

【正读】肆，故也。永思艰者，考翼也。允，诚。蠢，动也。言今起师旅，扰动鳏寡，实可哀哉。以答邦君"民不静"之言也。造，遭。役，使也。朕身，周公自谓也。卬，身。恤，忧。言予遭国家大役，以重大艰难之任，遗投于我身及我冲人。惟忧不克任，不身自忧恤也。义，读为仪，度也。绥，安也，告也。毖，劳也。宁考，当为"文考"，言文王也。图，谋也。言度尔邦君当安我曰："无劳于忧，不可不协力以成汝文考所图之功也。"此代邦君设辞，以深责其不然也。

已，予惟小子，不敢替上帝命。天休于宁王，兴我小邦周，宁王惟卜用，克绥受兹命。今天其相民，矧亦惟卜用。呜呼，天明畏，弼我丕丕基。

【正读】已，叹辞。替，废也。言邦君劝予违卜，是欲予废弃天命也。予虽小子，实有所不敢。休，嘉也。宁王，当作"文王"。小邦周者，文王以百里王也。绥，安也。宁王惟卜用者，如文王将猎，得非虎非熊之卜，而太公起于渭滨，造周之谋，自此而成。其一也。相，助也。天其相民者，晚出孔《传》云：

"民献十夫,是天助民也。"畏,读为威。丕,大也。以上言畏天明威,不敢不顺天以勤民。

王曰:尔惟旧人,尔丕克远省,尔知宁王若勤哉。

【正读】旧人,逮事先王及见先王行事者。丕克,大克也。省,念也。宁王,当作"文王"。若,如何也。《左传》"弃甲则那","那"训"奈何",与此同意。勤,劳也。若勤,言如何勤劳也。

天閟毖我成功所,予不敢不极卒宁王图事。肆予大化诱我友邦君。

【正读】閟,读为秘,神也。毖,敕也,见《广雅》。所,所在也。极,读为亟。卒,终也。宁王,当作"文王"。肆,故也。诱,导也。大化诱,大诰导也。言天秘敕我于成功所在,予不敢不亟卒文王所图之事,故大诰尔。

天棐忱辞,其考我民,予曷其不于前宁人图功攸终。

【正读】棐,辅。忱,诚也。忱辞,即上文化诱之辞也。考,成也。前宁人,当作"前文人"。攸,所也。"图功攸终"语倒,犹云"终所图功"也。

天亦惟用勤毖我民,若有疾,予曷敢不于前宁人攸受休毕。

【正读】亦,亦上天考我民也。毖,敕也。毕,犹终也。"攸受休毕"语倒,犹云"毕受所休"也。《疏》云:"三者文辞略同,义不甚异。大意惟言当终文王之业,须征逆乱之贼。周公重兵慎战,丁宁以劝民耳。"按以上言天意历试诸艰,不敢不亟起图功。

王曰：若昔朕其逝，朕言艰日思。

【正读】若，读为曩。若昔，犹言曩昔也，声之转。逝，往也。若昔朕其逝者，言武庚所据之朝歌，朕往昔曾从武王军行也。《史记·鲁世家》："武王九年东伐至盟津，周公辅行。十一年伐纣至牧野，周公佐武王破殷。"其证也。《尔雅·释诂》："言，闲也。"盖谓言之闲也。"言艰日思"语倒，犹云"言日思其艰"也。此正破庶邦"艰大"之语。时庶邦不欲东征者，皆云三监与武庚合，声势浩大，地形险阻，东征难操胜算，惟在公自考翼，或即行还政，遣使言和，庶得三监罢兵也。公言殷纣之地，乡从大军东征，是所亲历，所云"艰大"，筹之熟矣。

若考作室，既底法，厥子乃弗肯堂，矧肯构。厥父菑，厥子乃弗肯播，矧肯获。厥"考翼"，其肯曰，予有后，弗弃基。肆予曷敢不越卬敉宁王大命。

【正读】此正破庶邦"考翼"之语。底，定也。堂，基。构，盖也。菑，才耕田也。播，布种也。获，收禾也。基，始也，谋也。意言东征诚艰矣，然子孙不终祖父之业，徒言考翼。彼考翼之馀，其肯曰，予有后弗弃基乎，言不肯。然则虽艰大，犹当勇往前进也。肆，故也。卬，我也，身也。敉宁王大命，竟文王大命也。

若兄考，乃有友伐厥子，民养其劝弗救。

【正读】兄考，犹言父兄也。友，羡文。古文"有"盖作"爻"，读者误为重文，作"乃有友"，文不成义。莽拟《大诰》作"乃有效汤武伐厥子"，亦无"友"字。效汤武，释"伐"字也。或谓今文"友"作"爻"者，非是。养，长也。言若兄考有伐其子弟者，长民者为民父母，不能往救，已为溺职，乃劝其兄考弗救乎？喻己之于成王，犹父兄之于子弟也。民养，以喻庶邦君。民养劝兄考勿救其子弟,犹庶邦君劝己勿救成王也。以上破庶邦君艰大不可征之说。

王曰:"呜呼,肆哉,尔庶邦君越尔御事。

【正读】肆,《汉书·翟义传》颜注:"陈也。"按劝令陈力也。上明邦君御事当相救助,故此以"肆哉"勉之。

爽邦由哲,亦惟十人迪知上帝命。越天棐忱,尔时罔敢易法,矧今天降戾于周邦。

【正读】爽,犹尚也,声之转。比较词,用于句首,与矧对用。如《康诰》"爽惟民迪吉康,我时其惟殷先哲王德,用康乂民作求,矧今民罔迪不适,不迪则罔政在厥邦",又云:"爽惟天其罚殛我,我其不怨,推厥罪无在大,亦无在多,矧曰其尚显闻于天",皆是。哲,智也。十人者,《论语》武王曰:"予有乱臣十人。"《书疏》引郑玄等皆以十人为文母、周公、太公、召公、毕公、荣公、太颠、闳夭、散宜生、南宫括也。蔡《传》云:"先儒皆以十人为十夫,然非乱臣昭武王以受天命者不足以当之。"是也。亦者,亦上文民献有十夫也。迪,导也。越,于也。棐,辅。忱,诚也。易,侮也。法,九伐之法也。戾,祸也。本文词意均倒。犹云"越天棐忱,惟十人迪知上帝命,邦尚由哲,尔时罔敢易法,矧今天降戾于周邦",意言周家开国于天辅诚之时,惟乱臣十人,迪知上帝命,邦尚犹哲人作主。尔时无敢慢易九伐之法者。八百诸侯,不召自来,不期同时,不谋同辞,此其是也。矧今天降戾于周邦,前王既丧,三监淮夷并畔,亦有民献十夫予翼,而可不由哲而敢易其法乎?

惟大艰人,诞邻胥伐于厥室,尔亦不知天命不易。

【正读】大艰人,谓三监也。邻,近。胥,相也。伐于厥室,同室操戈也。易,变易也。言三监懿亲相伐，自毁其室，不知天命不易，诚不足责。若尔庶邦君亦不知天命不易，而迟疑观望乎。上文省"不知天命不易"语，下文"亦"字足以明之。

予永念曰：天惟丧殷，若穑夫，予曷敢不终朕亩。

【正读】言天之丧殷，如农夫之务去草焉，芟夷蕴崇之，绝其本根，勿使能植。我曷敢不顺天意以终竟我田亩之事乎。言将黜殷也。

天亦惟休于前宁人，予曷其极卜。敢弗于从，率宁人有指疆土，矧今卜并吉。

【正读】宁人，均当为"文人"。"敢弗于从"之"于"，当为"卜"字之讹也。莽拟此句作"曷敢不卜从"可证。极，究也。"敢弗卜从"倒语，犹言"敢弗从卜"也。"敢"字重读。率，循也。指，至也。有指疆土，犹言"海外有截"也。"敢弗卜从"二语倒句，犹言率文人有指疆土，敢弗卜从也。文意言继承天休，曷庸考卜。率循先业，卜虽不吉，尚敢违卜。矧今既卜，而又三龟并吉乎？

肆朕诞以尔东征。天命不僭，卜陈惟若兹。"

【正读】肆，故也。诞，大也。僭，差也。卜陈，《传》云："卜兆陈列也。"以上决言天命有归，卜不可违，以破庶邦王害不违卜之说。

微子之命 亡，晚出古文有

成王既黜殷命，杀武庚，命微子启代殷后，作《微子之命》。

【正读】《周本纪》云:"初,管叔畔周,周公讨之,三年而毕定,故初作《大诰》,次作《微子之命》,次《归禾》,次《嘉禾》,次《康诰》、《酒诰》、《梓材》。"《宋微子世家》云:"周公既承成王命,诛武庚,杀管叔,放蔡叔,乃命微子启代殷后,奉先祀,作《微子之命》以申之,国于宋。"郑云:"微,采地名。微子启,纣同母庶兄也。武王投之于宋,因命之,封为宋公,代殷后,承汤祀。"

归 禾 亡

　　唐叔得禾,异亩同颖,献诸天子,王命唐叔归周公于东,作《归禾》。

【正读】颖,禾穗也。东,周公东征兵所也。《史记·周本纪》云:"晋唐叔得嘉谷,献之成王,成王以归周公于兵所。"是其事也。

嘉 禾 亡

　　周公既得命禾,旅天子之命,作《嘉禾》。

【正读】既得命禾者,郑云:"受王归己禾之命与其禾也。"旅,《释诂》云:"陈也。"《史记·周本纪》"旅"作"鲁",同声字。

康 诰

成王既伐管叔、蔡叔，以殷余民封康叔，作《康诰》、《酒诰》、《梓材》。

【正读】成王既伐者，周公奉成王命伐也。以殷民封康叔者，《左·定四年传》子鱼曰："昔武王克商，成王定之。选建明德，以藩屏周。分康叔以殷民七族，命以《康诰》，而封于殷墟。"《史记·卫世家》云："卫康叔名封，周武王同母少弟也。周公旦以成王命兴师伐殷，杀武庚禄父。以武庚殷余民封康叔为卫君，居河淇间故商墟。周公旦惧康叔齿少，乃申告康叔。"《汉书·地理志》云："河内本殷之旧都。周既灭殷，分其畿内为三国。《诗·风》邶、鄘、卫国是也。邶，以封纣子武庚；鄘，管叔尹之；卫，蔡叔尹之，以监殷民。故《书序》曰：'武王崩，三监畔，周公诛之，尽以其地封弟康叔，迁邶、鄘之民于洛邑。'"是也。康，圻内国名。《汉书·地理志》颍川郡有周承休侯国，元始二年更名邘，即康也。三篇同序，皆诰康叔。《康诰》，告以明德慎罚也。《酒诰》，因康叔国于殷墟，殷民化纣俗，沉湎于酒，诰以刚制于酒也。《梓材》，因康叔往殷，令其宣布德意，招致庶殷，共营东周也。

惟三月哉生魄，周公初基作新大邑于东国洛，四方民大和会。侯甸男邦，采卫百工，播民和见，士于周。周公咸勤，乃洪大诰治。

【正读】三月，周公摄政四年之三月也。《书大传》云："四年建侯卫而封康叔。"其证也。哉，始也。《三统历》云："生魄，望也。"三月哉生魄，盖月之十五日也。基，谋也。《大传》云："周公营洛，以观天下之心。于是四方率其群党各攻位于其庭。周公曰：'示之以力役且犹至，况导之以礼乐乎？'然后敢作礼乐。"郑云："岐镐之域，处五岳之外，周公为其政不均，故东行于洛邑，合诸侯，谋作天子之居。四方民闻之，同心来会，乐即功作，效其力焉。"是摄政四年初谋营洛、诸侯和会之事也。侯，甸，男，采，卫，九服之五也。以外则为蛮夷镇藩四服。侯、甸、男三服，去王畿二千里内之地。采、卫，去王畿三千里之地。播，即藩国，所谓蛮夷镇藩四服，去王畿五千里内之地也。播得为藩者，"播"、"藩"声同。《洪范五行传》："播国率相行祀。"播国即藩国也。侯甸男邦，即侯甸男邦之邦君。《疏》云："言邦见其国君。"是也。采卫百工，即采卫之百官也。播民，即藩国之人也。戎狄以号举，君臣同辞，不辨其为邦伯与百工也。和，咸也，同也。和见者，咸见于公也。上言四方民大和会，下分举各服之君民，足上句意，非复词也。士，事也。咸，皆也。勤，劳来之也。洪，代也。洪大诰治，郑君以为周公代成王诰也。本文本《梓材篇》史臣序事之词，以《康诰》、《酒诰》、《梓材》三篇同序，皆周公诰康叔文，故先记于此。

王若曰："孟侯，朕其弟，小子封。

【正读】王若曰者，摄王代诰，犹言王意云然也。无义例。孟侯者，《汉书·地理志》云："周公封弟康叔，号曰孟侯，以夹辅周室。"师古曰："孟，长也，言为诸侯之长也。"按管、蔡既诛，康叔先封为州牧，故称孟侯。其，犹之也。《史·管蔡世家》武王同母弟兄十人，周公旦居四，康叔封居九，故曰"朕其弟，小子封"也。

"惟乃丕显考文王，克明德慎罚，不敢侮鳏寡、庸庸、祇祇、威威、显民。用肇造我区夏，越我一二邦，以修我西土。惟时怙冒闻于上帝。帝休，天乃大命文王。

【正读】乃，汝也。丕，大。显，明也。克，能也。明德慎罚，尚德缓刑也。庸，用。祇，敬。威，畏。庸可庸，敬可敬，威可威，以示于民也。肇，始也。区，区域也。夏，中国也。越，及也。修，治也。西土，言岐镐。言文王始造区夏，渐及一二邦，以至三分天下有其二，修和我西土也。怗，读为胡，大也。冒，读为勖，勉也。《君奭》"乃惟文王迪见冒"，马本"冒"作"勖"。彼云"乃惟文王迪见冒，闻于上帝"，此云"惟是怗冒闻于上帝"，一也。休，美也。大命文王者，《大传》云："天之命文王，非哼哼然有声音也。文王在位而天下大服，施政而物皆听。命则行，禁则止，动摇而不逆天之道。故曰'天乃大命文王'。"又云："文王受命一年，断虞、芮之讼。"《史记》："诗人道西伯，盖受命之年称王，而断虞芮之讼。"

"殪戎殷，诞受厥命，越厥邦厥民。惟时叙，乃寡兄勖。

【正读】殪，殄也。戎，大也。诞，亦大也。时，承也。叙，顺也。寡兄，大兄也。伯邑考卒，武王为大兄。大兄称寡兄者，犹《诗·思齐》"适妻"称"寡妻"、《顾命》"大命"称"寡命"也。勖，勉也。本文语倒，"乃寡兄勖"当在句首。《礼·中庸》云："武王缵太王、王季、文王之绪，壹戎衣而有天下。"谓此也。

"肆汝小子封，在兹东土。"

【正读】肆，故今也。以上言康叔所以得封东土之由。

王曰："呜呼，封，汝念哉。今民将在祗遹乃文考，绍闻衣德言。往敷求于殷先哲王，用保乂民。汝丕远惟商耇成人，宅心知训。别求闻由古先哲王，用康保民。宏于天，若德裕乃身，不废在王命。"

【正读】在，察也。祗，敬。遹，述也。衣，当为殷。《中庸》"壹戎衣"注："衣读为殷，声之误也。齐人言殷声如衣。"言今民将察汝之敬述乃文考，绍文考所闻殷之德言与否也。《逸周书·世俘解》云："古朕闻文考修商人

典。"是文考尝闻商先人之德言而奉行之者,故当首念之也。敷,遍也。乂,
治也。丕,大。惟,思也。耇,老也。宅,度也。训,读为顺,民俗所宜也。《周
礼·诵训》"以知地俗",是也。《史记·卫世家》云:"必求殷之贤人君子长
者,问其先殷所以兴所以亡,而务爱民。"正释此义。古先哲王,郑云:"虞
夏也。"康,安也。若,如也。"宏于天,若德裕乃身"语倒,犹云"德裕乃身,
若宏于天"也。言汝绍文考所闻殷德言,敬遵循之,并遍求殷先哲王之道
以治殷民,更远思殷献民之志,度其心而知所顺,又别求虞夏之大法以安
殷民。然后德裕汝身,若天之宏大,无所不覆,乃可以不废王命也。"不废
在王命"语倒,犹云"在王命不废"也。此诰以顺殷旧政,保乂殷民也。

王曰:"呜呼,小子封,恫乃身,敬哉。天畏棐忱,民
情大可见。小人难保,往尽乃心。无康好逸豫,乃其乂民。
我闻曰,怨不在大,亦不在小。惠不惠,懋不懋。

【正读】恫,怨也。,病也。言怨毒于人实甚,汝其敬之。畏,读为威。棐,辅
也。忱,信也。言天威辅忱,即民情可见。《皋陶谟》"天聪明自我民聪明,
天明威自我民明威"也。小民难保者,《洪范》云"庶民惟星,星有好风,星
有好雨"也。康,安也。乂,治也。本文语倒,犹云"乃其乂民,无康好逸
豫"也。我闻曰者,古谚语也。"小"、"懋"为韵。怨不在大亦不在小者,或
大而不以为怨,祸难或起小怨也。惠,爱也。懋,勉也。言当惠其所不惠,
勉其所不勉者,惠鲜鳏寡,是"惠不惠"也。克勤小物,是"懋不懋"也。引
之者,证小民之难保,治民之不可逸豫也。王鸣盛曰:"时殷乱定,尚多
反侧,故戒以民怨无恒,宜服以宽大也。"

已,汝惟小子,乃服惟宏。王应保殷民,亦惟助王宅天
命,作新民。"

【正读】"汝惟"之"惟",读为虽。服,事也。宏,宽大也。《左·昭八年传》:

《周书》曰："惠不惠，茂不茂，康叔所以服宏大也。"正释"乃服惟宏"语。应，受也。应保，犹受保也。亦，亦王也。宅，度也。作，鼓舞之也。言王方受保殷民，汝亦惟助王图度天命，与民更始也。时卫民被纣化日久，故戒以作新之。以上言明德。明德者，尚德也。

王曰："呜呼，封，敬明乃罚。人有小罪，非眚，乃惟终，自作不典，式尔，有厥罪小，乃不可不杀。乃有大罪，非终，乃惟眚灾，适尔，既道极厥辜，时乃不可杀。"

【正读】《疏》云："以上既言明德之理，故此又言慎罚之义也。"敬明乃罚，告以慎刑也。《左·定四年传》："武王之母弟八人，周公为大宰，康叔为司寇，聃季为司空。"《史·卫世家》云："成王长用事，举康叔为周司寇。"今此告以司寇之事在分封之初者，盖周公知康叔仁厚，可为司寇，故先教以慎刑也。眚，过。终，终身行之也。典，法也。式，用也，见《释言》。式尔，言故用如此也。"有厥罪小"语倒，犹云"有厥小罪"也，与下"乃有大罪"对文。适尔，言适然如此。眚灾，与上"不典"对文。"既道极厥辜，时乃不可杀"者，《疏》云："当尽断狱之道，以穷极其罪。是人所犯，乃不可杀，以误故也。原心定罪，断狱之本。"按《尧典》云："怙终贼刑，眚灾肆赦。"

王曰："呜呼，封，有叙时，乃大明服，惟民其敕懋和。若有疾，惟民其毕弃咎。若保赤子，惟民其康乂。非汝封刑人杀人，无或刑人杀人，非汝封又曰，劓刵人，无或劓刵人。"

【正读】叙，顺也。时，是也。蒙上文言有"顺是刑赦之理而用刑"者，"时"字属上读。乃大明服，民明于心而诚服也。大畏民志，民其自相敕正而为懋和也。视民有罪，若己有疾。如得其情，哀矜勿喜，民其毕弃咎恶也。视保其民，若保赤子。推心而中其欲，制度以妨其奸，则民其康乂，自无犯法者矣。三者刑措之道也。《孟子》引此文说之云："赤子匍匐将入井，非赤子之罪也。"故为民上者不陷民于罪，民未有自离于罪者。民离于罪，皆父母纵其赤子匍匐入井也。故曰"非汝封刑人杀人，无或刑人杀人。非汝封劓刵人，无或劓刵人"也。或之言有也。劓，截鼻。刵，截耳。汤曰："万方有罪，罪在朕躬。"孔子曰："苟子不欲，虽赏之不窃。"其理明白如此。注家乃云"刑杀皆由天讨，非汝封所得专，无或擅刑杀人"，抑何其远于事情而谬于文理也。又曰，书简之记识，本作"非非汝汝封封"，如《石鼓文》"君子员员，邋邋员游"之比。史臣读之，作"非汝封又曰"，实当两读"非汝封"。因周公诰康叔时，重言"非汝封"三字以提警之，郑重之意，形诸言表。又周公各诰多重言。如《洛诰》"孺子其朋，孺子其朋"，《无逸》"生则逸，生则逸"，皆一语已足，必重言者，亦郑重之意也。本文"非汝封刑人杀人，无或刑人杀人"，必重言"非汝封劓刵人，无或劓刵人"者，文势文情，亦兼箸焉。

王曰："外事，汝陈时臬，司师，兹殷罚有伦。又曰要囚，服念五六日，至于旬时，丕蔽要囚。"

【正读】外事，江声云："听狱之事也。听狱在外朝，故曰外事。"《周礼·朝士》："掌建邦外朝之法。"郑《地官·槁人》注云："外朝，司寇断狱弊讼之朝也。"陈，列也。时，是。臬，射准的也。是"臬"指上文"非汝封刑人杀人"两语，言一切司师要囚事罚之事，汝当树此的于心目中也。司，治。师，众也。卫居殷墟，周承殷后。时未制礼，故治仍用殷罚。伦，理也。殷法有伦者，《荀子·正名篇》云："刑名从商。"杨注："殷刑允当。"又曰者，《疏》引顾氏云："重言之也。"按，重言者，非重言"要囚"以下文也，重言"汝陈时臬"也。盖上文"汝陈时臬"字旁各注二字，史官读之，记"又曰"于"要囚"之上，文乃成理。周公三重是言者，亦示反复郑重之意也。必知"又曰"为重言"汝陈是臬"，非重言"殷罚有伦"者，下文"事罚"亦先举此语也。君子之于书也，逆其志以通其读，非苟焉而已。又周公各诰"又曰"皆重言，随文解释，兹不枚举。要者，要辞。《周礼·乡士》云："异其死刑之罪而要之。"注："要之，为其罪法之要辞。"服，伏。念，思也。旬，十日。时，一时三月也。蔽，断也。"服念五六日，至于旬时"者，《周礼·小司寇》云："以五刑听万民之狱讼，附于刑，用情讯之，至于旬，乃蔽之。"《乡士》云："辨其狱讼，异其死刑之罪而要之。旬而职听于朝。"《遂士》："二旬而职听于朝。"《县士》："三旬而职听于朝。皆司寇听之。"《方士》："三月而上狱讼于国，司寇听其成于朝。"是也。死者不可复生，刑者不可复续，一成而不可变，故君子尽心焉。

王曰："汝陈时臬，事罚。蔽殷彝，用其义刑义杀。勿庸以次汝封，乃汝尽逊，曰时叙，惟曰未有逊事。

【正读】三言"汝陈时臬"，不书"又曰"者，古文三重无记识法，故质书也。外事三，一言"汝陈时臬"，司师也。再言"汝陈时臬"，要囚也。三言"汝陈时臬"，事罚也。言三者均当树"非汝封刑人杀人，无或刑人杀人"之臬以为的也。《疏》云："汝陈时臬，上据有初思念得失，此据临时行事也。"事罚，用刑也。《王制》云："王三宥，然后制刑。"制刑则此"事罚"也。蔽殷彝者，以殷常法当罪也。义，宜也。刑罪相报，谓之义刑义杀。次，《荀子》引作"即"，声之转；即，就也。勿庸以次汝封者，言刑杀一以义为准，汝无得意为轻重。《疏》云："用心不如依法。"是也。逊，读为慎，亦声之转。晚出《家语·始诛篇》引"逊事"作"慎事"，与经意合。言外事皆陈时臬，是乃汝尽慎之道，可谓时叙顺乎。刑故宥过之理也，乃汝亦"惟曰未有逊事"乎。何者？非汝封刑人杀人，无或刑人杀人也。《荀子·致仕》、《宥坐》两篇并引此经说之云："言先教也。"杨倞注云："当先教后刑，躬自厚而薄责于人也。"孙星衍云："下车泣罪，得情勿喜。古人责躬，不以罪当其罚而恶于民也。"均深得此经之意。

"已，汝惟小子，未其有若汝封之心。朕心朕德，惟乃知。

【正读】言汝虽小子、未有如汝心之仁厚者。《左·定六年传》："太姒之子，惟周公、康叔为相睦。"时公诛管叔、蔡叔，而封康叔。人伦之际，多隐痛焉。故论至先教后刑之际，其言款曲乃尔。以上言用刑之心，当厚于自责而薄于责人。

"凡民自得罪，寇攘奸宄，杀越人于货，暋不畏死，罔弗憝。"

【正读】寇，贼。攘，夺。奸于内，宄于外。越，颠越也。于，犹取也。于货者，犹云往取其货也。暋，冒也。憝，怨也。罔弗憝者，国人皆曰可杀也。《孟子》引此书说之云："是不待教而诛者也。"故曰"凡民自得罪"。得罪，犹服罪输情也。《荀子·君子篇》云："刑罚綦省，而成行如流，治世晓然皆知夫为奸，则虽隐匿逃亡之由不足以免也。故莫不服罪而请。《书》曰：'凡人自得罪。'此之谓也。"按此文引起下文。

王曰："封，元恶大憝，矧惟不孝不友。子弗祗服厥父事，大伤厥考心。于父不能字厥子，乃疾厥子。于弟弗念天显，乃弗克恭厥兄。兄亦不念鞠子哀，大不友于弟。惟吊兹，不于我政人得罪，天惟我民彝大泯乱。曰：乃其速由文王作罚，刑兹无赦。

【正读】矧，况词。善事父母为孝，善事兄弟为友。祗，敬。"于父"之"于"，犹与也，声之转。字，抚字也。天显，天明也。《左传》："为父子兄弟婚媾以象天明。"鞠，稚也。吊，至也。兹，兹上"不祗、不字、不恭、不友"也。政人，为政之人也。得罪，服罪也。彝，常也。泯，灭也。曰，诰之也。承上文言元恶犹为人大憝，况于不善父母、不友兄弟者乎？言人之罪恶，莫大于不孝、不友也。民而至兹不祗、不字、不恭、不友，不于我执政之人服罪，则天理民彝灭乱矣。故命以速用文王所作之罚加刑焉。《牧誓》云："今商王受，惟妇言是用，昏弃厥遗王父母弟不迪。"古文《泰誓》亦云："今殷王受，乃用其妇人之言，自绝于天。毁坏其三正，离逷其王父母。"盖纣俗奢淫，当时必有父子不相保、兄弟不相顾者。故文王严"不祗、不字、不恭、不友"之刑也。《左传》引《康诰》隐括此辞云："父不慈，子不孝，兄不友，弟不恭，不相及也。"不相及者，不以父子兄弟之故而罪相连及，亦不以父子兄弟之故而情有偏私，一例以报视之也。

"不率大戛，矧惟外庶子训人惟厥正人越小臣诸节，乃别播敷。造民大誉，弗念弗庸，瘝厥君，时乃引恶，惟朕憝。已，汝乃其速由兹义率杀。

【正读】率，循。戛，常也，法也。庶子者，《燕义》云："古者周天子之官，有庶子官。"郑注《周礼》序官云："诸子，主公卿大夫士之子者，或曰庶子。"是也。训人，若《天官·太宰》"师以贤得民，儒以道得民"注："师，诸侯师氏。儒，诸侯保氏。"是也。天子、诸侯皆有庶子、训人，此指侯国言，故称外。"惟厥"之"惟"，犹与也。正，长也。正人，即为政之人。若侯国之参卿、五大夫也。越，及也。小臣诸节，谓内官之受符节者。播，布。敷，施也。别播敷者，别有宣布敷施也。造，为也，诈也。《周礼·大司徒》"以乡八刑纠万民，七曰造言之刑"注："讹言惑众。"此言造民大誉者，诈言干誉也。弗念弗庸，皆指大戛言。《诗》："不愆不忘，率由旧章。"弗念，忘旧也。弗庸，愆旧也。瘝，病也。厥君，与上文"乃身"句例同。引，延也。惟朕憝者，言尤为朕所憝恶也。已，叹词。兹义率杀者，即上文所谓"兹殷罚有伦"也。文意言不循大法，虽在凡民，犹刑之无赦，况于在外掌国子之官，当师保之任，与夫治事之正长，及受节之小臣，而可亲犯乎？而乃别布杀条，敷施政治，诈民干誉，弗由旧章，以病其君。是乃长恶，朕尤怨恶。汝其速用有伦之殷法,刑兹无赦乎?

"亦惟君惟长,不能厥家人,越厥小臣外正。惟威惟虐、大放王命。乃非德用乂,汝亦罔不克敬典。

【正读】亦,亦上矧惟也。上言侯国之臣,此言侯国之君也。不能,不相能也。《春秋传》曰:"阏伯实沉,不相能也。日寻干戈,以相征讨。"不能厥家人者,犹《大诰》言"诞邻胥伐于厥室"也。越,于也,及也。外正,言外官之长。言与小臣及外官之长皆不相能也。《左传》宋昭公曰:"不能其大夫,至于君祖母以及国人。"与此文语意相似。惟威惟虐者,言擅作威福,恣行暴虐也。放,弃也。大放王命,言放弃王命,甘为畔逆也。乂,治也。乃非德用乂,言当征讨之。典,六典也。《周官·太宰》之职:"四曰政典,以平邦国,以正百官。五曰刑典,以诘邦国,以刑百官。"又《大司马》:"以九伐之法正邦国,冯弱犯寡则眚之,暴内陵外则坛之,负固不服则侵之,犯令陵政则杜之。"则此所云"惟威惟虐,大放王命",乃非德用乂也。此盖隐指管、蔡而言。汝亦罔不克敬典,言汝亦能敬守常典,不附和畔臣也。亦者,亦上"由文王作罚,刑兹无赦","由兹义率杀"也。《史记·三王世家》云:"康叔后扞禄父之难。"《后汉书》苏竟晓刘龚书云:"周公之善康叔,以不从管、蔡之乱也。"并此文"敬典"之证。以上言用罚之宜,严于尊长,优于凡民。凡分四节,先言凡民,由外及内,由民及官,由卑及尊,言先教也。

"乃由裕民,惟文王之敬忌,乃裕民。曰:我惟有及,则予一人以怿。"

【正读】乃,汝也。由,读为猷,图也。裕者,《方言》云:"裕、猷,道也。东齐曰裕,或曰猷。"皆启迪诱导之意。敬忌,祗祗威威也。敬者,明德务崇之之谓也。忌者,慎罚务去之之谓也。敬忌裕民者,《说苑·君道篇》:"孔子曰:'大哉文王之道,敬慎恭己而虞、芮自平。'故《书》曰:'惟文王之敬忌。'

此之谓也。"是言文王德化之效。及，犹汲汲也。怿，悦也。承上文言秉刑执罚，各当其罪，汝优为之。然欲民去恶崇善，汝其图诱导斯民乎? 裕民有道，法文王之赏善罚恶，即足以纳斯民于轨物。汝惟曰我惟有汲汲于文王之敬忌，则予一人汝嘉也。此节承上即以起下。前文"已，汝惟小子，未其有若汝封之心"一节，亦承上起下之文。

王曰："封，爽惟民迪吉康，我时其惟殷先哲王德，用康乂民作求，矧今民罔迪不适，不迪则罔政在厥邦。"

【正读】爽，犹尚也，声之转。与"矧"对用，位于句首。"爽惟"之"惟"，为也。迪，道也。吉，善。康，安也。"其惟"之"惟"，思也。求，读如《诗》"世德作求"之"求"，匹也。适，适于善也。政，如《洪范》"八政：一曰食，二曰货"也。《书大传》云："武王伐纣纣死，武王皇皇若天下之未定。周公曰：'各安其宅，各田其田，"毋故毋私，惟仁之亲"。'武王旷乎若天下之已定。""毋故毋私，惟仁之亲"，迪吉之道。罔迪，则不适于善也。各安其宅，各田其田，迪康之道。不迪，则罔政在厥邦矣。此言敬以裕民，举殷先王事为证。上两语倒文，言我时思念殷先王之德，用已康已治之民为之逑匹，尚为民正德以迪吉，利用厚生以迪康。矧今汝所治之民，化纣俗久，而可无以迪之乎? 罔迪，则民无与进于善。不迪，则无以厚其生也。

王曰："封，予惟不可不监。告汝德之说于罚之行。今惟民不静，未戾厥心，迪屡未同。爽惟在其罚殛我，我其不怨。惟厥罪无在大，亦无在多，矧曰其尚显闻于天。"

【正读】监，戒也。告汝德之说于罚之行，言明德即在慎罚中也。静，安也。戾，定也。屡，亟也，数也。同，和同也。爽，犹尚也，与"矧"对用。"其尚"之"尚"，"上"通。此言忌以慎罚，举三监往事为证。言予不可不监之往事，告汝以寓德于罚之道。今民心未定，屡迪未同，此皆予之不德所致。予罪虽小，惟天尚其罚殛我，而有流言之疑，三监之叛。我忍受之而无可怨，矧曰其罪更大，上通于天，而天不罚殛我乎？而我可致怨于天乎？然则迪屡未同，亦惟勤修己德而已。

王曰："呜呼，封，敬哉。无作怨，勿用非谋非彝，蔽时忱。丕则敏德，用康乃心，顾乃德。远乃猷裕，乃以民宁，不汝瑕殄。"

【正读】无作怨者，无召怨于民也。蔽，塞也。忱，诚也。丕，语词，乃也。敏德者，《周官·师氏》职"以三德教国子，二曰敏德，以为行本"注："敏德，仁顺时者也。"康，安也。顾，念也。猷裕，道也。德，化也。以，犹与也。乃以民宁，民乃与安也。瑕，疵也。殄，绝也。言汝封殷墟，于民心未静，当思所以化导之，不必召怨于民。不必用诡谋异计，塞汝之诚。乃则敏德，因时制宜，以为行本。用是安汝心，省汝德，布汝教化，乃能与民相安，不汝瑕殄也。以上言敬忌以迪民，急于教养，缓于刑罚，明德即在慎罚中也。

王曰："呜呼，肆汝小子封，惟命不于常，汝念哉，无我殄享。明乃服命，高乃听，用康乂民。"

【正读】肆，今也。《大学》引《康诰》"惟命不于常"说之云："道善则得之，不善则失之矣。"殄，绝也。享，祭祀也。江声曰："凡封诸侯，必命之祭其封内之山川社稷，所谓命祀。国亡则绝。故言汝其念天命之无常，毋殄绝我之命祀。《左·僖三十一年传》云：'不可以闲成王、周公之命祀。'是其义也。"服命者，《周官·典命》云："侯伯七命，其国家宫室车旗衣服礼仪皆以七为节。"明，章也。高乃听者，无偏听也。康，安也。乂，治也。

王若曰："往哉，封，勿替敬，典听朕告，汝乃以殷民世享。"

【正读】或称"王曰"，或称"王若曰"，无义例。往，往就国也。替，废也。典，常也，属下为句。《酒诰》："其尔典听朕教。"又云："汝典听朕毖。"句例相同。以殷民世享者，康叔封于殷墟，故以殷民为言也。以上言终郑重丁宁之意。

酒 诰

王若曰："明大命于妹邦。

【正读】《史·卫世家》云："周公旦惧康叔齿少，告以纣之所以亡者，以淫于酒。酒之失，妇人是用。故纣之乱自此始。故谓之《酒诰》以命之。"王若曰者，摄王意云然也。三家及马、郑、王本"王"上并有"成"字。马融以为后录书者加之，是也。《顾命》"王崩"，马、郑本"王"上亦有"成"字，并后录书者加之也。妹邦者，郑云："纣之都所处也。于《诗》国属鄘。其民尤化纣嗜酒。"大命，"妹土嗣尔股肱"以下至"永不忘在王家"是。

"乃穆考文王，肇国在西土。厥诰毖庶邦庶士越少正御事朝夕曰，祀兹酒。惟天降命，肇我民，惟元祀。天降威，我民用大乱丧德，亦罔非酒惟行。越小大邦用丧，亦罔非酒惟辜。

【正读】穆考者，郑云："自始祖之后，父曰昭，子曰穆。"按周自后稷始基，十五世而至文王，弟次当穆，故称穆考。《诗·载见》"率见昭考"，传云："昭考，武王也。"文王为穆考，故武王为昭考。《洛诰》："考朕昭子刑。"昭子，周公自称。文王为穆考，故周公为昭子也。《左·僖五年传》云："大伯虞仲，大王之昭也。虢仲虢叔，王季之穆也。""虢仲虢叔，王季之穆"，则文王亦王季之穆也。又富辰云："管、蔡以下十六国，文之昭也。"则周公亦文王之昭也。肇，始也。西土，谓丰邑。《诗·文王有声》云："作邑于丰，文王烝哉。"是也。毖，读与必同。《广雅》："必，敕也。"此云"诰毖"，犹"诰敕"也。下文"典听朕毖"，犹"典听朕教"，毖，亦教也。庶邦，邦君也。士，卿士也。正，长也。少正，譬小宰之于太宰也。御事，治事之吏也。"厥诰毖庶邦庶士越少正御事朝夕"文倒，犹云厥朝夕诰毖也，文意如《左传》"楚自克庸以来，其君无日不讨国人而申儆之也"句例。与"祗台德先"同。兹，则也，声之转。祀兹酒，犹云祀则酒，即下文"诰教小子，饮惟祀"也。惟天降命，犹《康诰》言"天乃大命文王"也。肇我民者，犹《康诰》言"用肇造我区夏"也。元祀者，《史记》云："诗人道西伯，盖受命之年称王也。"俞曲园云："肇我民惟元祀，言与民更始，惟此元祀也。元祀者，文王之元年。盖文元年，即有此命，故云然耳。"此文语亦倒，犹云"惟天降命，肇我民，惟元祀，厥朝夕诰毖庶邦庶士"云云也。威，罚也。行，用也。越，于也，及也。辜，罪也。言天降威，丧其身与亡其国，莫非酒阶之厉也。此文王诰毖庶邦之辞。

"文王诰教小子有正有事，无彝酒。越庶国，饮惟祀，德将无醉。惟曰我民迪小子，惟土物爱，厥心臧。聪听祖考之遗训，越小大德，小子惟一。

【正读】诰教，犹诰毖也。小子，盖同姓小宗也。有正有事，谓供职于王朝者，下云"越庶国"，谓食采于都家，或供职于他国者。正为之长，事为之服。彝，常也。《韩非子》引此文说之云："彝酒，常酒也。常酒者，天子失天下，匹夫失其身。""诰教小子有正有事，无彝酒"，"诰教庶国饮惟祀"者，互文也。将，扶也。祀虽饮酒，亦不及乱。《大传》云："天子有事，诸侯皆侍，尊卑之义。宗室有事，族人皆侍终日。大宗已侍于宾奠，然后燕私。燕私者，何也？已而与族人饮也。"又云："饮而醉者，宗室之意也。德将无醉，族人之志也。是故祀礼有让，德施有复，义之至也。"是说此经义也。"惟曰"者，令宗子诰教小民也。迪，道也。"我民迪小子"语倒，犹云"小子迪我民"也。惟土物爱者，孙星衍云："酒以糜谷，当爱惜也。"臧，善也。不忘本者其心善。越，于也，及也。小大德，同宗中之老成人也。云"小大"者，造就有浅深也。言当聪听祖考及同宗大小德之遗训也。"小子惟一"者，言小子亦当一于戒酒也。此文王诰教小子之辞。文王酒戒如此。

"妹土。嗣尔股肱，纯其艺黍稷，奔走事厥考厥长。肇牵车牛，远服贾用，孝养厥父母。厥父母庆，自洗腆，致用酒。

【正读】妹土民化纣嗜酒，后宜更化，故据地而诰其民也。嗣，继自今也。尔，尔妹邦之民也。股肱，股肱之力也。言恃股肱之力以为食者。纯，专也。肇，敏也。服，事也。"贾用"连文，依《白虎通义》断句。《白虎通·商贾篇》引《书》云："肇牵车牛，远服贾用。"贾，固也。固有其物，以待民来，以求利也。按《诗·谷风》"贾用不售"，是"贾用"连文之证。庆，贺也。洗，絜也。腆，设善腆多多也。父母庆，自洁膳，致用酒可也。此言庶民得饮酒之时也。

"庶士有正越庶伯君子，其尔典听朕教。尔大克羞耇惟君，尔乃饮食醉饱。丕惟曰尔克永观省。

【正读】正，伯，皆长也。君子，亦士也。典，常也。大克，对庶民不克言。羞，献也。耇，老也。惟，与也。《禹贡》"羽毛惟木"，即羽毛与木也。《梓材》"达王惟邦君"，即达王与邦君也。此云"羞耇惟君"，即"羞耇与君"也。《周官·酒正》"凡飨耇老，共其酒，无酌数"注："古者天子诸侯皆有养老之礼。"羞耇者，与乎养老献酬之列也。羞君者，《仪礼·燕礼》"君燕其臣。凡羞于君者，皆士也。"言尔在位之人，大克与乎飨燕之礼而羞耇与君，至旅酬无算爵时，以醉为度，尔适可饮食醉饱矣。然不惟曰尔克于此长观省典礼乎？《内则》云："凡养老，五帝宪，三王有乞言。"注："宪，法也。

养之为法其德行。"

　　"作稽中德，尔尚克羞馈祀。尔乃自介用逸，兹乃允惟王正事之臣。

【正读】作，犹及也，读如《无逸》"作其即位"之"作"。稽，考也。《周官·乡大夫》："考其德行道艺而兴贤者能者，乡老及乡大夫群吏献贤能之书于王，退而以乡射之礼询众庶。"此谓使民兴贤，出使长之。使民兴能，入使治之。此周初以射观德之礼。言"中德"者，《礼·射义》云："射者进退周旋必中礼，内志正，外体直，然后可以言中。此可以观德行矣。"是"中德"之义也。稽中德，亦择士助祭之礼。《射义》又云："古者天子之制，诸侯岁献贡士于天子，天子试之于射宫，其容体比于礼，其节比于乐，而中多者，得与于祭。其容体不比于礼，其节不比于乐，而中少者，不得与于祭。"即其事也。馈食自荐孰始。《周官·大宗伯》"以馈食享先王"是也。郑君《书注》云："馈食，助祭于君。"今观下文"兹乃允惟王正事之臣"，则此云"羞馈祀"，当为助祭于王也。"尚克"，与上文"大克"对文。言泽宫选士，尔尚行参与助祭之列，其欣幸可知也。介，特也。逸，读为秩。《诗·宾之初筵》"是曰既醉，不知其秩"《传》："秩，常也。"正，为长之臣。事，服事之臣。言尔庶士当诸侯贡士以射观德之时，尚克与于贡士之列，助祭于王。至旅酬无算爵时，尔仍介然自好，献酬交错，不越其秩，兹乃允惟王家正事之臣也。惟周制诸侯助祭于王，诸侯之大夫士未有助祭于王者。此言贡士助祭，容官礼未定，仍殷制也。《射义》称古制。

　　"兹亦惟天若元德，永不忘在王家。"

【正读】亦，亦上"惟王正事之臣"也。若，顺也。元，善也。忘，读为亡，失也。承上文言，不仅一时为王家正事之臣，天顺元德，当保其禄位，永在王家矣。此言群臣得饮酒之时也。江声云："戒慎酒，而示以饮酒之则，则人易从，而亦不至于酗酒矣。"以上明大命于妹邦。

王曰："封，我西土棐徂。邦君御事小子，尚克用文王教，不腆于酒。故我至于今，克受殷之命。"

【正读】西土，谓岐丰。棐，读为匪。徂，读为岨，险僻也。《诗·天作》"彼徂矣岐，有夷之行，子孙保之。"《韩诗外传》云："岐道险阻。"《后汉书·西南夷传》朱辅疏曰："臣闻《诗》云：'彼徂者岐，有夷之行。'《传》曰：'岐道虽僻，而人不远。'"是《韩诗》释"徂"为"险僻"也。公言"我西土匪徂"者，盖当时殷民以岐道险远，僻在西垂，故得乘高屋建瓴之势而克殷。公曰：在德不在险，我西土并非绝远。因邦君宗室，不厚于酒，故受殷命。诗意言岐道虽僻而行不僻，故得受命。措词不同，用意则合。此言周以止酒而受天命也。

王曰："封，我闻惟曰，在昔殷先哲王迪，畏天显小民，经德秉哲。自成汤咸至于帝乙，成王畏。相惟御事，厥棐有恭，不敢自暇自逸，矧曰其敢崇饮。

【正读】迪，道也，属上读。句例与"我时其惟先哲王德"同。畏天显者，天命匪谌也。畏小民者，小民难保也。经德，如《孟子》"经德不回"注："经，行也。"秉，执。哲，智也。咸，读为覃，古同声字；覃，延也。帝乙，纣父。成王畏，"畏"即上"畏天显小民"之"畏"，犹言敬忌也。"相"属下读。云"畏相"，文不成义也。《周语》"成王不敢康，敬百姓也"韦注："谓修己自勤，以成其王功。"此云"成王畏"，义亦同。相，犹尚也，声之转。《易》"君子以劳民劝相"，或本作"劝尚"，是"相"、"尚"通读之证。"相"字与"矧"对用，位于句首，与"爽"字同。御事，治事也，非官名。棐，辅也。恭，敬厥职也。崇，充也。此文语倒，犹言"先哲王，其辅弼者，克共厥职，殷王治事，尚不敢自暇自逸，矧曰其敢崇饮乎"。此言殷先哲王以戒酒而能长享国祚也。

"越在外服，侯甸男卫邦伯。越在内服，百僚庶尹惟亚惟服宗工越百姓里居，罔敢湎于酒。不惟不敢，亦不暇。惟助成王德显，越尹人祇辟。

【正读】服，事也。外服，诸侯也。内服，百官宗室也。伯，长也。僚，官也。尹，正也。"惟亚惟服"之"惟"，犹与也。亚，次也。次于正者。服，谓任事者。宗工，宗人也。百姓里居，谓百官致仕家居者。湎，沉于酒也。助，佐也。越，于也，及也。祇，敬。辟，法也。成王德显，关上"畏天显"。尹人祇辟，关上"畏小民"。此言殷先哲王时，不惟王戒于酒，群臣亦然也。

"我闻亦惟曰：在今后嗣王酗身，厥身罔显，于民祇保越怨，不易。诞惟厥纵淫泆于非彝，用燕丧威仪，民罔不盡伤心。惟荒腆于酒，不惟自息乃逸。厥心疾很，不克畏死。辜在商邑，越殷国灭，无罹。弗惟德馨香祀，登闻于天。诞惟民怨，庶群自酒，腥闻在上。故天降丧于殷，罔爱于殷，惟逸。天非虐，惟民自速辜。"

【正读】亦，亦上"闻殷先哲王迪"也。后嗣王，谓纣。酗，酒乐也。祇，语词。保，安也。厥命罔显，不能显德也。祇保越怨，不能尹人祇辟也。不易，不惓也。纵淫泆于非彝者，《史·殷本纪》言"纣大最乐戏于沙丘，以酒为池，县肉为林，使男女倮相逐其间，为长夜之饮"，是其事。燕，安也。《诗》曰："既愆尔止。"丧威仪也。盡，伤痛也。腆，厚也。息，止也。乃，仍也。逸，过也。疾，害。很，戾也。不克畏死者，纣曰："我生不有命在天。"恃有天命，故不克畏死。辜，罪也。越，于也，及也。罹，读为离，附也。无罹者，言商纣众叛亲离，迄于灭国，无附丽之者。德馨香祀者，《左传》"黍稷非馨，明德惟馨"也。登，升也。《国语》云："国之将兴，其德足以昭其馨香。国之将亡，其政腥臊，馨香不登。"韦注："腥臊，恶臭也。"惟逸，言惟逸故也。速，召也。言天非虐，民自召辜也。此言商纣湎于酒以至亡国。以上言殷之亡由于酒。

王曰："封，予不惟若兹多诰。古人有言曰：人，无于水监，当于民监。今惟殷坠厥命。我其可不大监，抚于时。

【正读】予不惟若兹多诰，言予不惟诰汝，亦欲汝转救殷献及尔臣寮也。兹，兹"水监"、"民监"之喻也。监，戒也。史载汤征曰："人视水见形，视民知治不。"抚，犹据也。时，是，指殷坠命之故也。言殷既以酒亡其国，我据于是，其可不以为大监乎？语倒。

"予惟曰：汝劼毖殷献臣，侯甸男卫。矧太史友，内史友，越献臣百宗工。矧惟尔事，服休服采。矧惟若畴，圻父薄违，农父若保，宏父定辟。矧汝，刚制于酒。

【正读】"予惟曰"者，承上言"不惟诰汝"，兼欲汝遍告群臣，厉行酒禁也。劼，固。毖，救也。献臣，贤臣。侯甸男卫者，指殷邦国之献臣也。下献臣百宗工，指殷国内之献臣也。"太史友，内史友"者，友友当作左右，古文作𠂇𦘒，形易混，故均读为"友"。太史记事，常在君左；内史记言，常在君右。言左右者，举其职也，如下文"圻父薄违"之类。但古文参错，言事左右，未定谁属，今亦无以别之。矧，况词也。言外邦侯国，尚须戒酒，则亲近大臣，亦当厉戒可知矣。下三"矧"字同意。大抵由外及内，由小及大，由卑及尊，言王化自近始也。尔事，尔治事之官也。服休服采，郑云："服休，燕息之近臣。服采，朝祭之近臣。"今按：休，息也。采，事也。郑说近是。若畴者，汝之三卿司马、司徒、司空也。畴，读如寿。《诗·閟宫》"三寿作朋"，笺："三寿，三卿也。"矧惟若畴，与上"矧惟尔事"对文。郑君"若畴连圻父"读云"顺寿万民之圻父"，非其义也。圻父，郑云："谓司马，主封畿之事。"《诗毛传》亦云："圻父，司马也。"薄，迫。违，邪也。《周官·大司马》："掌建邦之九法，以佐王平邦国。以九伐之法正邦国。"故云"圻父薄违"

也。农父，晚出孔《传》云："司徒也。"按孔《传》是也。大司徒辨十有二壤之物，而知其种，以教稼穑树艺。故称农父。若，顺也。大司徒以保息六养万民，以本俗六安万民，故云"农父若保"也。宏父，晚出孔《传》云："司空也。"按司空量地以制邑，度地以居民，故称宏父。抑侯国司空，实兼司寇。司寇正刑明辟，以听狱讼，故云"宏父定辟"也。刚，强也。制，断也。刚制于酒，悬为厉禁也。周公诰康叔，言汝其严敕殷献臣并及尔事尔畴，兼自严敕。刚制于酒，即劼毖之令文也。终言"矧汝"，言自贵者始。

"厥或诰曰：群饮，汝勿佚。尽执拘以归于周，予其杀。

【正读】或之言有也。周初严群饮之禁。《周礼·秋官·萍氏》"掌几酒"，《夏官·司暴》"掌宪市之禁令，禁其属游饮食于市者。若不可禁，则搏而戮之"，是也。佚，失也，纵也。拘，当为抲。《说文》："抲，撝也。"引《周书》"尽执抲"，当从之。予其杀，严毖之也。

"又惟殷之迪，诸臣惟工，乃湎于酒，勿庸杀之，姑惟教之。

【正读】迪，蹈也。惟殷之迪，犹言蹈殷家恶俗也。"惟工"之"惟"，犹与也。工，官也。湎，沉于酒也。言又有殷之诸臣与工，为纣所化而嗜酒者。姑惟教之，与之更始。

"有斯明享，乃不用我教辞，惟我一人弗恤，弗蠲乃事，时同于杀。"

【正读】教诸臣与工之辞也。孙诒让《尚书骈枝》云："享，当读为向，'向''享'声近字通。"凡此经云"向"者，并有赏劝之意。《洪范》云："向用五福，威用六极。"孔《传》释"向"为"劝向"，盖"向"为嘉惠赏劝，

"威"为咎罚畏惩,二义正相对。威福著明,则曰明向明威。《皋陶谟》"天明威自我民明威"、《大诰》"天明威",与此"明享",文亦相对。《多士》"则惟帝降格,向于时夏",谓嘉劝于是夏国也。此"享"与彼"向"义正同。此蒙上殷诸臣众工湎于酒者勿杀而姑惟教之,较之上罚群饮之不教而杀者,独为宽恕,故云"有斯明享",明此乃姑劝勉之,不欲遽加以罪。言有此明显德惠,乃犹有不用我教辞者,则惟有同于杀矣。恤,忧也。蠲,洁也。言弃我教令,予无所恤。而政治弗蠲,遗害于民俗者实大。时同于杀,仍严敕之。

王曰:"封,汝典听朕毖,勿辩乃司民湎于酒。"

【正读】毖,敕也,诰也。辩,俾也。王念孙曰:"辩之言俾也。《书序》'王俾荣伯作贿肃慎之命',马融本'俾'作'辩'。'辩''俾'声近而义通。俾,亦使也。"司,治也。以上告以禁酒之道及其法。

梓 材

惟三月哉生魄,周公初基作新大邑于东国洛,四方民大和会。侯甸男邦,采卫百工,播民和见,士于周。周公咸勤,乃洪大诰治。

【正读】此文《梓材篇》首史臣序事之辞。以《康诰》、《酒诰》、《梓材》三篇同序,皆周公诰康叔文,故置于三篇首。实则此序为周公初谋营洛,宣布德意,谕告诸侯之事,与《梓材》文正相当,故复置于此,以便读者。《史记·卫世家》云:"周公旦以成王命封康叔为卫君,惧康叔齿少,乃申告康叔为《梓材》,示君子可法则,故谓之《梓材》以命之。"按:梓者,子道也。继志述事,子道之大。宅中作洛,本武王之意,成王成之,故史臣取篇中

"梓材"字名篇。

王曰："封，以厥庶民暨厥臣，达大家。以厥臣达王惟邦君。汝若恒。

【正读】王曰，周公代大诰治也。封，呼康叔名，使布兹大诰也。以，由也。暨，与也。达，通也。惟，亦与也。《禹贡》"羽毛惟木"，《酒诰》"羞耇惟君"，"惟"均训"与"。本文"达王惟邦君"，郑君亦训"达王与邦君"。"与"、"惟"一声之转，义得相通。江声云："惟当为暨。"非也。大家，卿大夫有采地者之家也。本文语倒，犹云由王与邦君达厥臣，由大家达厥庶民暨厥臣。上"臣"都家之臣，下"臣"邦国之臣也。此如汉诏"布告天下，使明知朕意。御史大夫下相国，相国下诸侯王，御史中执法下郡守"之比。倒言之者，周初词气，不与后同。《尚书》此类甚多，不憭其词气，则见为诘屈也。郑说"王"为"二王之后"，词意均戾，不可从。恒，常也。汝若恒者，言如故事。

"越曰，我有师师，司徒，司马，司空，尹旅。曰，予罔厉杀人。亦厥君先敬劳。

【正读】越，于也，及也。曰，读为聿，诠词也。按，犹今言述。越曰者，犹言并述也。下曰，王命也。师师，众长也。《微子》云："卿士师师。"与此同。尹，正也，谓大夫。旅，众也，谓士。云"越曰，我有师师，司徒，司马，司空，尹旅"者，犹汉诏称"制诏丞相，太尉，御史大夫"云云也。《谥法》："杀戮无辜曰厉。"意言予将敬劳人民，谕以予无滥杀无辜之意。各邦君长，亦先我而敬劳之。上文省"予将敬劳"句，下文"亦"字"先"字足以明之，探下文而省也。此由王达于邦君以达厥臣也。

"肆徂，厥敬劳。肆往奸宄，杀人，历人，宥。肆亦见厥君事，戕败人，宥。”

【正读】肆徂，遂往也。言赦书不可迟也。厥敬劳，其敬劳之词，赦书条文也。此三字为起下之词。句例如《汉书·陈汤传》云：“昔齐桓公前有尊周之功，后有灭项之罪，君子以功覆过，而为之讳。行事，贰师将军李广利，捐五万之师，靡亿万之费。孝武以为万里征伐，不录其过。”王念孙云：“行事二字，乃总目下文之词。行者，往也。往事，即下文所称之事。”按此文“厥敬劳”亦总目下文也。“肆往”之“肆”，亦遂也。往者，往事也。《论语》：“成事不说，遂事不谏，既往不咎。”此云“肆往”，则遂事、往事也。与“肆徂”连文，字义相近，而文意迥别。奸宄，于内为奸，于外篇宄。历人，洪颐煊云：“《尔雅·释言》：‘辟，历也。’《大戴礼·子张问入官篇》：‘历者，狱之所由生也。’历人亦谓犯法之人。”是也。“肆亦”之“肆”，犹言既往也。亦，亦上“奸宄，杀人，历人”也。见，读为觍。《尔雅·释言》：“闲，觍也。”郭注云：“《左传》谓之谍。”《说文》：“觍，一曰闲见。”见厥君事，盖伺探军情者，郭景纯谓“今之细作”，是也。戕，残也。残坏人不至死者，不当坐以杀人之罪。此由邦君以达厥臣并达厥民也。意言汝其疾往敬劳。其词云：遂事既往，曾为奸宄杀人犯罪者宥。亦或既往曾窥伺国事、坏人肢体者，并在赦宥之科。以示咸与维新之意。

　　王启监，厥乱为民，曰：“无胥戕，无胥虐。至于敬寡，至于属妇，合由以容。”

【正读】启，开也。监，谓公侯伯子男，各监一国也。《周官·冢宰》：“乃施典于邦国，而建其牧，立其监。”乱，今文读为“率”，声之转也。言建国置侯，大率为民也。又此文今文读法大异。王充《论衡·效力篇》引《梓材》云：“强人有，王开贤，厥率化民。”说之云：“此言贤人亦壮强于礼义，故能开贤其率化民。”今按“强”为“戕”声之误，“有”亦“宥”之误，“开”为避汉景帝讳也，“贤”为“监”形之讹，“乱”为“率”声之转，“化”为“为”

声之误文。王充依误为释，诘屈聱牙，不词甚矣。今所不取。曰者，启监之命也。胥，相也。戕，贼也。虐，暴也。敬，读为矜。实，当为鳏。《吕刑》"哀敬折狱"，《书传》作"哀矜"，《汉书·于定国传》作"哀鳏"。"敬"、"矜"、"鳏"声并相近。属，《说文》作"嫋"，"妇人妊身也"。合，同也。由，用也。《皋陶谟》"五刑五用"，用，犹论也。容，宽也。言穷民无告，有罪宽之，无恒获。"合由以容"，与《微子》"用以容"语意同。

王其效邦君越御事，厥命曷以，引养引恬。自古王若兹，监罔攸辟。

【正读】"效"，当为"效"，形之讹也。"效"、"教"古今字。教，教令也。"王其效邦君越御事"，与《洪范》"臣之有作福作威玉食"句例正同。其，犹之也。曷以，问辞。引，长也。恬，安也。引养引恬，答词。言王之大赦诰命，其意云何？曰："长养民，长安民而已。"若，犹如也。兹，兹上文"引养引恬"也。监，公侯伯子男也。攸，所也。辟，读为僻。《贾子·道述篇》："袭常缘道谓之道，反道为僻。"言古帝王皆如斯，引导祥和，与民更始。各邦邦伯，其无反斯道哉。以上皆周公克殷还洛，道王德意。本序所谓"周公咸勤"者也。

惟曰："若稽田，既勤敷菑，惟其陈修，为厥疆畎。若作室家，既勤垣墉，惟其涂塈茨。若作梓材，既勤朴斲，惟其涂丹腹。"

【正读】惟曰，更端之词，亦与上文为转语也。言赦过宥罪，作新斯民，如上所诰。而继志述事，文致太平，尤有进于此者，三喻皆其事也。稽，计也。敷，布。播，种也。菑，发土也。陈，治也。疆，界。畎，水小流也。言为国如计田，既勤力以布种发土，当思修治其疆界畎浍。喻当建侯卫以资屏藩也。卑曰垣，高曰墉。塈，白涂也。茨，以茅盖屋也。言为国如作室，既高其垣墉，以防大寇，亦当塞向墐户，以防宵小。喻当迁殷顽于洛邑，以便控制也。梓材，木材之美者。朴，未成器也。斵，斫也。臒，善丹也。言治梓材以为器，既斵治其素质，复当加以采色。喻国既治理，更须修明典章制度，使焕然可观也。《梓材》全文分两节。"惟曰若稽田"以上，谋与民更始。以下谋宅中作洛，以经营洛邑之事诰康叔，并使转告诸侯，以成王本有营洛之志也。历举三喻，皆言国家大难粗平，规模草创，将更宅中图大，制礼作乐，以致隆平。又宅洛之议，定于武王。《史记》所谓"成王使召公复营洛邑，如武王之意"，是也。继志述事，此其大者。故伏生《书传》有"乔为父道，梓为子道"之推测，太史公以"君子可法则"说《梓材》也。

今王惟曰："先王既勤用明德，怀为夹，庶邦享。作兄弟方来，亦既用明德。后式典集，庶邦丕享。

【正读】今王，摄王目成王言。言王本意若斯也。此承上喻意言。"既勤"，与上三"既勤"字相应。怀，来。夹，辅。享，献也。作，犹及也，读若《无逸》"作其即位"之"作"。彼文"作"与"旧"对，此文"作"与"既"对，词例一也。兄弟方来，兄弟之国并来也。序文所谓"四方民大和会"也。亦，亦先王也。后，列邦之君也。《尧典》："班瑞于群后。"式，用。典，法。丕，大也。"后式典集，庶邦丕享"者，序文所谓"侯甸男邦，采卫百工，播民和见"也。言先王旧都丰镐，怀来夹辅，庶邦共享。今初谋作洛，兄弟俱来，四方民大和会。庶邦更大享焉，则洛邑为天下之中，四方朝贡，道里适均，宅洛之事，所以不可缓也。此言宅洛为庶邦朝贡之地。

"皇天既付中国民越厥疆土于先王。肆王惟德用，和怿先后迷民。用怿先王受命。"

【正读】付，与也。越，于也，及也。肆，今也。王惟德用，犹《召诰》言"王其德之用"也，倒文。"和怿"之"怿"，服也。相道前后曰先后。迷，惑也。王应麟云:"周既翦商,历三纪而民思商不衰。《梓材》谓之'迷民',《召诰》谓之'雠民',皆商之忠臣义士也。"按《汉书·地理志》:"周公封康叔,迁邶、鄘之民于洛邑。"《多士》:"予惟时其迁居西尔。"又云:"尔厥有幹有年于兹洛。"即此所谓"迷民"也。"用怿"之"怿",读如释,解也。用怿者,用解其心也。言殷顽未静,迪屡未同,洛邑居中,毖殷为便。皇天既付疆土于先王,今王以德用险,庶几和辑殷民,先后殷顽,使不至于蠢然思动,亦用纾先王受命之心乎。此言宅洛为化殷之计。

已,若兹监。惟曰:"欲至于万年,惟王子子孙孙永保民。"

【正读】已,叹词。监,戒也。兹,兹上"今王惟曰"云云也。保,安也。保民者,安辑殷民也。言监于斯二者,一谋庶邦朝贡之中,一谋庶殷控殷之便。欲国家历服,无疆惟休,其在消除反侧,永安殷民乎?以上周公初谋作洛,告谕列邦。序文所谓"乃洪大诰治"也。金履祥云:"本文前半篇,即周公咸勤之事。后半篇,即'洪大诰治'之文。'庶邦丕享'一节,则营东都,为四方朝贡之均。'先后迷民'一节,乃毖殷迁洛,密迩王室之化。"其说与当时情事最合,故依之为说。

卷　五

召　诰

成王在丰，欲宅洛邑，使召公先相宅，作《召诰》。

【正读】《逸周书·度邑篇》武王曰："旦，予克致天之明命。定天保，依天室。自洛汭延于伊汭，居易无固，其有夏之居。我南望过于三涂，我北望过于有岳鄙，顾瞻过于有河，宛瞻延于伊洛，无远天室。"又《作雒篇》周公敬念于后曰："予畏周室不延，俾中天下。及将致政，乃作大邑成周于土中，南系于洛水，北因于郏山，以为天下之大凑。"据此，则宅洛之议，武王启之，周公成之。序言"成王在丰，欲宅洛邑"者，召公相宅之命，自成王布之也。《书大传》说周公摄政，一年救乱，二年伐殷，三年践奄，四年建侯卫，五年营成周，六年制礼作乐，七年致政成王。《康诰》"惟三月哉生魄，周公初基作新大邑于东国洛，四方民大和会"，是作洛之功前此矣。今始云"相宅"者，盖前此所经营者，为城郭沟封。今兹所相视者，则宫室朝庙之形。辨方正位，体国经野，固不能程功于数月也。《召诰》本召公作，不言召公者，蒙上文而省也。

惟二月既望，越六日乙未，王朝步自周，则至于丰。

【正读】时周公摄政七年，岁在壬辰。《史记·周本纪》："周公行政七年，成王长，周公反政成王，北面就群臣之位。成王在丰，使召公复营洛邑，如武王之意。周公复卜申视，卒营筑，居九鼎焉。曰：'此天下之中，四方入贡道里均。'作《召诰》、《洛诰》。"《鲁世家》："成王七年二月乙未，王朝步自周至丰。"并谓周公摄政七年，故《世经》以是年为周公摄政七年，复子明辟之岁矣。依《三统历》及周历，并推得是年二月小，乙亥朔，己丑望。庚寅既望，为月之十六日。越六日为廿一日，得乙未。周，镐京也，武王所迁都。丰，文王所都，在今陕西鄠县，东临丰水。东至镐廿五里也。朝者，马融云："举事尚朝，将即土中，易都大事，故告文王武王庙。"

惟太保先周公相宅，越若来三月，惟丙午朏。越三日戊申，太保朝至于洛，卜宅。厥既得卜，则经营。越三日庚戌，太保乃以庶殷攻位于洛汭。越五日甲寅，位成。

【正读】此言召公奉成王命，相宅营洛也。序言"成王使召公先相宅"，《史记》言"成王使召公复营洛邑"，知奉命乃行也。命臣在庙。太保，召公也。《书序》："召公为保，周公为师，相成王为左右。"《洛诰》："周公言予乃胤保大相东土。"胤保，即继太保也。相，视也。越若来三月，王引之云："五字当作一句读。越若，语辞。来，至也。言越若至三月也。"今按"越若"如"粤若稽古"，审慎之词。来，如《礼记·月令》及《周礼·肆师》"来岁"之"来"。后岁言来岁，后月言来月，犹明日言昱日也。古书言下一月皆称来月，如《汉书·律历志》引《武成篇》"惟一月壬辰"，"粤若来二月"。《逸周书·世俘》"维一月丙午"，"越若来二月"。言"来月"，皆两月相连也。朏，月三日明生之名。字从月从出，会意。依历是年三月大，甲辰朔，丙午月之三日。《书正义》引《周书》云三日月朏。"越三日"之"越"，踰也。戊申，月之五日。太保二月乙未受命于丰，三月戊申朝至于洛。共行十四日。吉行日五十里，丰至洛七百里。卜宅者，《周官·太卜》云："国大迁则贞龟。"经，度之也。营，表其位。庚戌，月之七日。庶殷，谓众殷民。攻，犹治也。位，宫庙市朝之位也。《作雒篇》云："乃位五宫，太庙宗宫考宫路寝明堂。"洛汭，洛入河处。甲寅，月之十一日。

若翼日乙卯，周公朝至于洛，则达观于新邑营。越三日

丁巳，用牲于郊，牛二。越翼日戊午，乃社于新邑，牛一，
羊一，豕一。

【正读】若，犹及也。下言"越"言"若"者，词之变也。"翼"为"昱"之声近
借字。《说文》："昱，明日也。"乙卯，月之十二日。郊者，孙星衍云："《易乾
凿度》云：'三王之郊，一用夏正。'据上文三月，正夏正建寅之月。王郊是
正祭，当以上旬行礼于镐京。此因始立郊兆，而特祭天，配以后稷也。"用
牲牛二者，帝牛一，稷牛一也。《郊特牲》云："郊特牲而社稷太牢，贵诚
也。"戊午，月之十五日。社者，立社祭后土，以句龙配。三牲，牛羊豕具为一
牢。此言周公至洛，告祀天神地祇也。

越七日甲子，周公乃朝用书，命庶殷侯、甸、男邦伯。
厥既命殷庶，庶殷丕作。

【正读】甲子，月之廿一日。朝用书者，《左氏·昭三十二年传》云："士弥牟
营成周，计丈数，揣高卑，度厚薄，仞沟洫，物土方，议远迩，量事期，计徒
庸，虑材用，书糇粮，以令役于诸侯。"盖周公以此等书于册，以令侯、甸、
男之邦伯也。按此周公程功赋事，分命庶殷也。

太保乃以庶邦冢君出取币，乃复入锡周公，曰："拜手
稽首，旅王若公。诰告庶殷越自乃御事。

【正读】以，犹与也。冢君，长君也。币者，币帛。将欲陈言，先以币帛将其诚
敬也。锡，读如《尧典》"师锡帝曰"之"锡"，合词献言也。先儒训"锡"为
"赐"，大误。言拜手稽首者，古人命使陈言之常。旅，陈也，寄也。若，读如
那，日母读入泥母也。《尔雅·释诂》："那，於也。"《越语》："吴人之那不
谷，亦又甚焉。"韦注："那，於也。"此"若"亦当释为"於"。旅王若公者，
言旅王於公，意欲周公转达於王也。召公奉命作洛，周公继来，宅洛已有

成议。既而周公献卜于王，王答言二人共贞，盖无往洛之志。周公复由洛反周，责勉成王。《洛诰》所谓"孺子其朋其往"也。周公返周，召公留洛，乃以宅中图大，镇抚殷顽之意，陈言于王。事由周公转达，故言"拜手稽首，旅王若公"矣。既以兹意陈言于王，复大诰庶殷及自其御事以下。旅王若公者，欲成王知所勉也。诰告庶殷者，欲庶殷知所警也。以上并史官记事之辞。

"呜呼。皇天上帝，改厥元子兹大国殷之命。惟王受命，无疆惟休，亦无疆惟恤。呜呼。曷其奈何弗敬。

【正读】改，革也。元，首也。郑云："言首子者，凡人皆云天之子天子为之首耳。"休，美也。恤，忧也。言休固无疆，忧亦无疆也。既言"曷其"，复言"奈何"者，语词复用也。

"天既遐终大邦殷之命，兹殷多先哲王在天，越厥后王后民，兹服厥命。厥终，智藏瘝在。夫知保抱携持厥妇子，以哀吁天，徂厥亡，出执。呜呼。天亦哀于四方民，其眷命用懋，王其疾敬德。

【正读】遐，远也，久也。"兹服"之"兹"，读为孜，勉也。藏，潜也。，读为瘰，离家行役也。保，读为褓，小儿衣也。吁，呼也。徂，读为诅。执，读为垫。《说文》："下也。"《益稷》："下民昏垫。"郑注："陷也。"眷，顾。懋，读为贸。《益稷》"懋迁有无化居"，《书大传》作"贸迁"。《说文》："贸，易财也。"此言易也。言纣自即位以来，天既久终殷命矣。因殷代贤圣之君六七作，故家遗俗，流风善政，独有存者。又有仁贤辅相之。故纣及其民，尚能勉膺天命。至其终时，则智者知几而藏匿，在者则困于行役。夫人皆知携其妇子，呼吁于天，诅商纣之速亡，庶几得出于昏垫。《酒诰》所谓"辜在商邑，越殷国灭无罹"者也。又叹息言：人民吁天诅纣，天亦哀痛斯民，故其眷顾之命，由商而移于我周。由此知天命不常，惟敬德乃足以永命，以证上文"无疆惟休，亦无疆惟恤"之义。

　　"相古先民有夏，天迪'从子保'，面稽天若，今时既坠厥命。今相有殷，天迪格保，面稽天若，今时既坠厥命。今冲子嗣，则无遗寿耇，曰其稽我古人之德，矧曰其有能稽谋自天。

【正读】相，视也。迪，导也。"从子保"为"旅保"两字之讹。旅，《说文》古文作"岜"。《三体石经》古文作"桜"。古彝器铭，如曾伯霁簠、麞簠、陈公子甗作"旋"。或从认从从会意，或从认从从会意，一也。保，《说文》古文作"𤔛"。《三体石经》作"㒃"。古彝器铭亦作"𠈃"。此"從子保"三字，古文《尚书》盖本作"旋、㒃"二字。"旋"字上形缺泐则为"從"，"㒃"上之"王"误读为"子"，成文则为"從子保"三字，而义不可通。旅，祭上帝之尸也。《尔雅》"尸"、"旅"同训。《礼器》："周旅酬六尸。"旅即发爵之尸也。知此旅为祭上帝尸者，《周官》有旅上帝之祭。《洪范五行传》："帝令大禹步于上帝。""步"亦"岜"之讹字。祭上帝有尸者，《尚书大传》"惟十有三祀帝乃称王而入唐郊，犹以丹朱为尸"，是祭天有尸也。许慎《五经异义》引鲁郊祀曰："祝延帝尸，从左氏说。"又《石渠论》"周公祭天，太公为尸"，并祭天有尸之证。夏时祭天之尸，尤神视之。《多方》云："乃大降罚，崇乱有夏，因甲于内乱，不克灵承于旅。"又云："惟我周王，灵承于旅，克堪用德，惟典神天。"知古代之旅固通神天之道者。舜祀上帝，禹为之旅。周公祭天，太公为尸。皆神其事而重其人也。周时祭祀，尸犹灵异。《馈食礼》称尸为"皇尸"，《诗·楚茨》称尸为"神保"。本文言"旅保"，犹《诗》言"神保"，《楚词》言"灵保"也。天迪旅保，与下"天迪格保"相对成文。格者，格人也。《盘庚》云："非废厥谋，吊由灵各。"灵各，即灵格也。《西伯戡黎》云："格人元龟，罔敢知吉。"《多士》："有夏不适逸，则惟帝降格，向于时夏。"《吕刑》："乃命重黎，绝地天通，罔有降格。"格皆深知鬼神吉凶之情状者。格保，亦犹言"神保"、"灵保"也。面，读如"汝无面从"之"面"。稽，考也。若，读为诺。面稽天若者，意谓旅保格保，陟降帝庭，面承帝命。下文所谓"稽谋自天"者也。遗，读如"昏弃厥遗王父母弟"之"遗"。遗寿耉，老成人也。若训遗为弃，则与语意全反。"则"字下应有"尚"字，探下文"矧"字而省。"曰其"之"曰"读为欥，犹聿也。言夏、商二代，有深通天道之旅保格保，面承帝命，宜可长保。后王弃贤虐民，不敬厥德，卒坠厥命，今冲子嗣，尚无老成人在位，聿其稽我古人之德。矧曰其有能稽谋自天，如旅保格保者乎。意欲成王信任周公，宅中作洛，于以和辑殷民也。《君奭篇》"矧曰其有能格"，盖周公答召公斯语也。

"呜呼。有王虽小，元子哉。其丕能諴于小民，今休。王不敢后，用顾畏于民碞，王来绍上帝，自服于土中。旦曰：'其作大邑，其自时配皇天，毖祀于上下。其自时中乂，王厥有成命，治民今休。'

【正读】諴，和也。休，美也。"今休"句绝，言今其无患也。碞，读与岩同。碞，险也。民碞者，小民难保也。意言王年虽幼冲，庶几能諴和小民乎。今其可以无患矣。王用顾畏于民碞，不敢咈周公之议，不敢后营洛之举也。来，勤也。绍，读为卟，卜问也。自，用也。服，治也。土中，谓洛邑，为天下中也。《周官·大司徒》曰："以土圭之法测土深，正日景，以求地中。"日至之景，尺有五寸，谓之地中。言王勤问上帝，考之于龟，拟用事于土中也。此即《洛诰》"王曰，公既定宅，伻来，来视予卜，休，恒吉。我二人共贞。公其以予万亿年敬天之休"也。召公言此者，时成王尚无宅洛之决心，言之所以坚其志也。下文"旦曰"以下，引周公言，亦所以歆动之。旦，周公名也。王肃云："礼，君前臣名，故称周公之言为'旦曰'。"自时，从是也。配皇天者，圜丘明堂之祭也。《孝经》云："昔者周公郊祀后稷以配天，宗祀文王于明堂以配上帝。"是也。毖，慎也。上下，天神地祇也。中乂者，中天下而治也。《白虎通·京师篇》云："《尚书》王者必即土中何？所以均教导，平往来，使善易以闻，恶易以闻，明当惧慎。"是说此经之义也。王厥有成命者，周公得王"拜手稽首"之答书，乃曰营新邑于土中，王已有成命矣。治民今休者，言自是中乂，治民可以告休矣。此文"今休"，周公欣幸之词；上文"今休"，召公欣幸之词；"自是中乂"，周公欣幸之意；"顾畏民碞"，召公欣幸之意。治国治民，二公同符也。意前此成王告庙时，尚为相宅，王意尚犹豫未定。至周公乙卯至洛，以图及卜献，而议始定。故二公不觉欢欣鼓舞至此也。

"王先服殷御事，此介于我有周御事。节性，惟日其迈。王敬作所，不可不敬德。

【正读】服，习也。御事，治事之臣也。介，当为"尒"，字之误也。《注疏校勘记》云："古本'介'作'尒'，今文《尚书》当作'迩'。后误为'介'，则因'尒'字而讹也。《开成石经》已误。"孙星衍云："伪孔《传》释为比近，则亦作'迩'字。"节，节制也。性，生之理也。迈，进也。《周官·大司徒》："以五礼防万民之伪而教之中，以六乐防万民之情而教之和。"惟日其迈，与时俱进也。所，处也，安也。此言所当作者。敬作所者，犹言"皇建其极"也。召公既述周公所言，又自陈己意，言王既宅中作洛，即当来此镇抚庶殷。先服习殷遗御事之臣，使比近于我有周御事之臣，殷、周一体，无可歧视。又庶殷久化纠俗，习染骄淫，当制礼作乐，以节制其血气之性。作新斯民，与日俱进。又当以身作则，敬修厥德，以为殷民之表率也。以上幸宅洛议定，得以和辑殷民。

"我不可不监于有夏，亦不可不监于有殷。我不敢知曰，有夏服天命，惟有历年。我不敢知曰，不其延。惟不敬厥德，乃早坠厥命。我不敢知曰，有殷受天命，惟有历年。我不敢知曰，不其延。惟不敬厥德，乃早坠厥命。今王嗣受厥命，我亦惟兹二国命，嗣若功。

【正读】历者，孙星衍云："《释诂》云：'艾，历也。'《诗传》云：'艾，久也。'是历亦为久也。惟有历年，多历年所也。"不其延，言短祚也。言夏、商历年久暂，我不敢知。我所知者，惟不敬厥德，乃早坠厥命也。文中省"我敢知"者句，蒙上文而省也。嗣，继也。惟，思也。言今王继受其命，我王其亦思二国兴亡之故，监其失而嗣其功乎。若，乃也。乃，犹其也。

"王乃初服。呜呼。若生子，罔不在厥初生，自贻哲命。今天其命哲，命吉凶，命历年。知今我初服，宅新邑，肆惟王其疾敬德。王其德之用，祈天永命。

【正读】服，事也。初服者，始事也。自贻哲命者，童蒙之人，习于善则善，习于恶则恶。言王初服，如童蒙入学之始，即自贻其明哲之命。今天其命明哲，命吉凶，命历年之久暂，均未可知。可知者，我王初服厥命，宅兹新邑，肆惟王其疾敬德耳。王欲祈天永命，其惟德是用乎。"命吉凶，命历年"下省"我不敢知"句，探下文而省也。

"其惟王勿以小民淫用非彝，亦敢殄戮用乂民，若有功。

【正读】以，犹与也。能左右之曰以。淫用非彝，即《酒诰》云"诞惟厥纵淫泆于非彝"，《微子》云"沉酗于酒，妇人是用"者也。亦，亦勿也。亦敢，犹言亦勿敢，蒙上文"勿"字而省也。殄，灭。戮，罪也。乂，治也。"殄戮用乂民"者，犹言"用刑杀治民"也，倒文。若，犹乃也，见《小尔雅》。小民淫用非彝，而言王以者，所谓"桀、纣帅天下以暴而民从之"也。亦敢殄戮用乂民者，告以尚德缓刑也。若有功者，节性惟日其迈，惟民其康乂矣。

"其惟王位在德元，小民乃惟刑用于天下，越王显。

【正读】元，首也。位在德元者，居天子之位，而有圣人之德。《易传》所谓"首出庶物"者也。刑，法也。《诗》："仪刑文王，万邦作孚。""刑用"倒文，犹言"仪刑"也。《尔雅·释言》："越，扬也。"注："谓发扬。"越王显者，犹《诗》言"对扬王休"也。言王位居元首，德称其位，小民自仪刑于下，而发扬王之光显矣。上文"其惟"，欲王以礼治民；此文"其惟"，欲王以身作则也。申明上节节性敬德之旨。

"上下勤恤，其曰，我受天命，丕若有夏历年，式勿替有殷历年。欲王以小民受天永命。"

【正读】恤，忧也。上下勤恤者，言君臣勤思其忧也。其，读为期，庶几也。言我受天命，上下勤恤，庶几兼夏、殷历年也。丕，大也。式，用也。替，废也。上言"王其德之用，祈天永命"，此言"欲王以小民受天永命"者，敬德恤民，事本相贯。民安乐则天悦喜而增历数。民之所欲，天必从之也。以上言敬德恤民，乃能祈天永命。

拜手稽首曰："予小臣敢以王之雠民百君子，越友民，保受王威命明德。王末有成命，王亦显。我非敢勤，惟恭奉币，用供王能祈天永命。"

【正读】复言"拜手稽首"者，更端之辞也。雠民百君子，殷臣庶。《梓材》谓之"迷民"，《多方》序谓之"顽民"。"友民"与"雠民"对，盖言周臣庶也。云"保受王威命明德"者，时成王尚疑东都悬远，反侧难销，故终言此以释之也。末，终也。王终有成命者，宅洛之议于是决。王亦显者，亦武王、周公也。勤者，慰劳也。《诗序》云："《出车》以劳还，《杕杜》以勤归。"又云："《杕杜》，劳还归也。"是勤为劳归之意。币，即上文所取之币。供，奉也。言我之陈币入告非为劳归也。以物将诚，庶王闻斯言，敬德恤民，得以祈天永命也。以上结出全文宗旨。

洛　诰

召公既相宅，周公往营成周，使来告卜，作《洛诰》。

【正读】孔氏《正义》云："周公将欲归政成王，乃陈本营洛邑之事以告成王，王因请教诲之言。周公与王更相报答。史叙其事，作《洛诰》。经文既具，故叙略其事，直举其发言之端耳。"按此篇记营洛致政始末，中及成王往洛致祭，命周公后，并成王复辟宁公事。事涉年馀，亦后世史家记事本末体也。

周公拜手稽首曰："朕复子明辟。王如弗敢及天基命定命，予乃胤保大相东土，其基作民明辟。

【正读】此周公在洛，使告复辟之谋及宅洛之卜于成王，摄政七年三月乙卯以后事也。拜手稽首者，古人命使陈言之常。《尚书》凡命使陈言，无论君臣上下，皆陈此语。此时周公在洛，成王在周，故称"拜手稽首"，若后世言"顿首上书"矣。复，归也。子，子成王。辟，君也。复子明辟者，犹言归政于尔也。此语为全篇大纲领，与后文"惟周公诞保文武受命惟七年"相应。篇首至"永观朕子怀德"，皆载周公、成王关于复辟使命往来及面相酬答之辞，皆记言也。自"戊辰王在新邑"至末，皆载成王至洛，亲莅祭享及命周公后之礼，皆记事也。周公摄政，七年而反，见于周秦汉人之记载，如《逸周书》、《礼·明堂位》、《尸子》、《荀子》、《韩非子》及《尚书大传》、《韩诗外传》、《史记》、《说苑》等不一而足。即依本经论，如云"其基作民明辟"，基者，始也，谋也。如成王夙已亲政，何言始谋作民明辟乎？又云"乃为孺子颁，朕不暇听"，颁者，赋事也。若成王夙已亲政，何言惟孺子颁，朕不暇听乎？又云"予小子其退，即辟于周"，若本为明辟，何至是始言"即辟于周"乎？又云"乱为四方新辟"，若成王夙已即位，则当云"乱为四方旧辟"矣，何言"新辟"乎？以此决"复子明辟"为周公归政成王也。宋儒鉴新莽篡汉之祸，疑周公摄政称王非事实。不知圣人之心，国家为重，光明正大，无所于嫌。故摄政于成王幼冲之年，虽二叔流言而不慑；返政于成王既冠之日，虽成王逊让而未许。时行则行，时止而止，故未可以私意探测也。若必以新莽篡窃为嫌，则燕哙亦袭嬗让，闿、献亦假征诛，亦将疑尧舜禅让、汤武征诛为非事实而讳言之乎？略辨如此，以俟来哲。基，治也。定，正也。基命定命，举行即位大典也。成王幼冲，本无及天基命定命之心，云"王如弗敢"者，言成王之逊让也。胤，继也。保，指太保召公。《君奭》云："朕允保奭。"《书序》云："召公为保。"予乃胤保大相东土者，《召诰》太保先周公相宅也。"周公朝至于洛，则达观于新邑营"，是其事也。其，庶几也。基，始也，谋也。言王本无促朕反政之心，予胤太保往洛相宅，庶几反政于王，始谋作民明辟也。

> "予惟乙卯，朝至于洛师。我卜河朔黎水，我乃卜涧水东，瀍水西，惟洛食。我又卜瀍水东，亦惟洛食。伻来，以图及献卜。"

【正读】"乙卯，朝至于洛师"者，即《召诰》"乙卯，周公朝至于洛"也。食，龟兆也。晚出孔《传》云："卜必先墨画龟，然后灼之，兆顺食墨。"是也。食者兆，不食者不兆。所谓"我龟既厌，不我告犹"也。黎水，《清续文献通考》云："卫河淇水合流至黎阳故城为黎水，亦曰浚水。"按黎阳故城在今河南浚县东北，去纣都朝歌为近，朝歌即今河南淇县。瀍水出今河南洛阳县西北谷城山，至县东入洛。涧水出今河南渑池县东北白石山，至洛阳西南入洛。时周公营洛，盖有二意，一谋朝贡道里之均，一谋庶殷控制之便。故欲分建二城，一营王宫，一迁殷遗。其卜宅之始，即分二卜。先卜受朝会之处，以近纣都之河朔黎水与近洛邑之涧东瀍西对问，则惟洛食。次卜迁殷之地，亦以近纣都之河朔黎水与近洛之瀍东对问，则亦惟洛食。其后营筑于涧东瀍西者为王城，亦曰郏鄏，亦曰西周，郑君所谓"召公所卜处，名曰王城"，今河南县是也。营筑于瀍东者为成周，亦曰下都，郑君所谓"瀍水东既成，名曰成周"，今洛阳县是也。本卜宅洛，必先举"河朔黎水"者，郑君所谓"近于纣都，为其怀土重迁，故先卜近以悦之"，是也。本文"我又卜瀍水东"上，应有"我卜河朔黎水"句，蒙上文而省也。下文"亦"字足以明之。伻，使也。来，往于周也，命使之辞。图，谋也，复辟之谋也。"献卜"之"卜"，谓龟兆也。此时尚未定吉凶，献于王以待王占也。"献卜"倒文，犹言以图及卜献也。

王拜手稽首曰："公不敢不敬天之休，来相宅，其作周匹休。公既定宅，伻来，来视予卜，休。恒吉。我二人共贞。公其以予万亿年敬天之休。拜手稽首诲言。"

【正读】此成王答周公之辞。言既得吉卜，二人共当，东西周分治，不必复政也。时周公在洛，成王在周，命使致词，故称"拜手稽首"。重言之者，谦逊之至。于此见成王于公之分际焉。休，美也。"来相宅"之"来"，往于洛也。顺公所在，故曰"来"。匹，敌也，读如"并子匹嫡，大都耦国"之"匹"。作周匹休，犹言与国咸休也。"伻来，来视予卜，休"，"休"字句绝，犹言来视我卜休否也，问辞。下文"恒吉"，恒，遍也，犹言并吉也，贞词。语意与《大诰》"我有大事休，朕卜并吉"同。若竟释休为美，则"恒吉"、"并吉"为赘词矣。周公惟献龟兆，王发书占之，则得吉卜。《召诰》所谓"王来绍上帝，自服于土中"也。贞，读如鼎，当也。言二人共当此吉。以，犹与也。言公其与我二人共享天休也。是时成王盖无宅洛之心，亦无往洛之志。拜手稽首诲言，犹言敬谢谋言也。以上周公成王第一次使命往来。

周公曰："王，肇称殷礼。祀于新邑。咸秩，无文。予齐百工，伻从王于周。予惟曰：'庶有事。'今王即命曰：'记功，宗以功作元祀。'惟命曰：'汝受命笃弼，丕视功载，乃汝其悉自教工。'

【正读】以下至"无远用戾"，周公责勉成王赴洛，躬莅朝祭也。《正义》

云："周公摄政七年三月经营洛邑。既成洛邑，又归向西都。其年冬将致政成王，告以居洛之义，故名之曰《洛诰》。"此节正其时事也。周公由洛还周，面陈于王，故不言"拜手稽首"。此文以前，尚有使命往来一节。周公拟于新邑举行复辟之礼，殷见诸侯，宗祀文王，故戒肃百工，使迎王于周，偕百工往洛。王不肯往，亦不允百工往助祭，故公自洛还周，面责勉之。但无正文，即在周公面陈语中序出。本节即其事。"王"字句绝，呼王而语之也。肇，始也。称，举也。殷礼者，殷见诸侯之礼也。《周官·大宗伯》："以宾礼亲邦国，时见曰会，殷见曰同。"周初王者即位，盖举行此礼。《顾命》"康王即位，太保率西方诸侯入应门左，毕公率东方诸侯入应门右"，亦其事也。祀于新邑者，即宗祀文王于明堂以配上帝也。咸秩者，有秩序也。无文者，言无旧典可凭也。齐，整齐之，犹礼言戒肃也。伻，使也。伻从王于周者，使百工习礼于周，而又从王至洛也。"予惟曰：庶有事"者，意言王其允予之请，与工偕来，同有事于新邑也。"今王即命曰"者，成王答公书也。记，识也。功，下言"功载"，则即功臣簿。《周官·司勋》云："国功曰功，民功曰庸，事功曰劳，治功曰力，战功曰多。凡有功者，铭书于王之太常，祭于大烝。"是功臣有配食之礼也。宗，宗人礼官也。元祀，大祀也。王意言与祭诸臣，记在"功载"。宗人稽功，以诸有功者作元祀可也，不必征执事于宗国也。又言汝受命诞保，丕视功载，制礼作乐，汝其悉自教工可也，不必稽仪于故府也。朱子《书说》："成王与周公言，未尝汝之。此周公述王之言，故变公称汝也。"周公述前此往来使命之辞如此。

"孺子其朋，孺子其朋，其往。无若火始焰焰，厥攸灼叙弗其绝厥若。彝及抚事如予，惟以在周工往新邑，伻向即有僚，明作有功，惇大成裕，汝永有辞。"

【正读】周公既述前事，乃勉之责之，本文劝其率百工往洛致祭也。孺子，呼成王。朋，古"凤"字，凤飞，群鸟从以万计。此引申言奋兴。《吴语》"奋其朋势"，是也。往，往新邑也。章太炎云："正当言'孺子其朋往'，以告戒丁宁，故分为三逗，正如口吃语矣。"焰，火行微焰焰然也。厥，其也。攸，所也。灼，爇也。叙，读馀。由余，《汉志》亦作"繇叙"，可证。灼叙，犹言烬馀也。绝，当为"继"，因古文"绝"作"鑗"，"继"作"䌛"，形易混而致误也。《荀子·宥坐篇》子贡问于孔子曰："乡者赐观于太庙之北堂，吾亦未辍。还复瞻彼，北盖皆继。彼有说耶？匠过绝耶？"王念孙曰："'继'与'辍''说''绝'韵不相协。'继'当为'鑗'，字之讹也。"是"䌛"、"鑗"易混之证。厥若，指示代词，指烬馀也，二字当时通语。《立政》"我其克灼知厥若"，"厥若"即指上文"三有宅心"、"三有俊心"也。《顾命》"用奉恤厥若"，"厥若"即指上文"王室"也。以今语通之，则为"那个"。"那个"之倒文，则为"厥若"。"若"、"那"古同声，"个"、"厥"古同音也。意谓孺子其奋往新邑哉。无若火始焰焰，其所灼爇，仅存馀烬，而不继之以薪也。以喻己摄政已久，国家渐致隆平，汝当继起踵成，宣扬文武光烈也。《庄子》曰："薪尽火传。"谓此也。重言"孺子其朋"者，属望之殷也。与《康诰》"非汝封又曰"同意。彝，读为夷，语词。及，犹汲汲。抚，有也。能左右之曰"以"。意言汝当急往抚事，以在周工偕往也。二语倒文。犹言惟以在周工往新邑，夷及抚事如予也。伻，使也。向，读为乡。即，读为次，位也。《尔雅》："两阶之间谓之乡，中庭之左右谓之位。"君南乡，群臣依次东面西面立。故云"向即有僚"。僚，官也。明作者，《易·象传》"明两作离，大人以继明照四方"，《顾命》"宣重光"，均此意。传国继统，故云"明作有功"也。惇，厚也。裕，宽也。言举行祭祀，惇叙宗族，以成宽裕之政。汝可长有声于后世矣。

公曰："已。汝惟冲子惟终。汝其敬识百辟享，亦识其有不享。享多仪，仪不及物，惟曰不享。惟不役志于享。凡民惟曰不享，惟事其爽侮。乃惟孺子颁，朕不暇听。

【正读】本文勉其往洛殷见诸侯也。公曰者，更端之词。已，叹词。言汝往洛，不仅致祭，亦当于此受百辟之朝享。惟终，图终也。百辟，诸侯也。周初嗣王即位, 盖有殷见诸侯受百辟之朝享之礼,《周官·小行人》所谓"朝觐宗遇会同, 君之礼"也。诸侯来朝, 先行享礼。《大行人》云:"庙中将币, 三享。"《仪礼·觐礼》云:"三享皆束帛加璧。"是也。享有物者, 言庭实也。《康王之诰》云:"宾称奉圭兼币, 曰一二臣卫, 敢执壤奠。"壤奠即庭实。庭实唯国所有, 故云壤奠, 言其为国土所生也。《礼·礼器》:"大飨, 其王事与。三牲鱼腊, 笾豆之荐, 金, 束帛如璧, 龟, 丹漆, 丝纩, 竹箭, 其馀无常货, 各以其国之所有。"是也。仪不及物者, 物有馀而礼不足也。"惟曰不享"之"惟", 衍文。《孟子》引无"惟"字。役, 下也。惟不役志于享者,《孟子》曰:"为其不成享也。"凡民, 夫人也。事, 王事也。爽, 差也。侮, 伤也。百辟不役志于享, 则亦不役志于王朝所颁布之政令, 故曰"惟事其爽侮"也。时周公欲成王亲受朝享, 以瞻诸侯向背。故使之不观其物而观其仪如此。颁, 读为粪, 赋事也。《大行人》所谓"殷同以施天下之政"也。暇, 读为假, 摄也。听, 听政也。言尔既受诸侯朝享, 足以赋事邦国。以后发禁施政, 孺子尸之, 朕不摄听。明告以将归政也。

朕教汝于棐民, 彝汝乃是不蘉, 乃时惟不永哉。笃叙乃正父, 罔不若予, 不敢废乃命。汝往敬哉。兹予其明农哉。彼裕我民, 无远用戾。"

【正读】棐, 辅也。棐民, 犹言辅世长民也。彝, 读如夷, 缓气言之。蘉, 勉也。言朕教汝辅民之道, 伊汝乃不之勉, 祚将不永, 深责之也。此犹《立政》言"不训于德, 是罔显在厥世"矣。笃, 厚也。叙, 顺也。正父, 谓各邦君长及同姓诸父也。《诗传》云:"天子谓同姓诸侯, 诸侯谓同姓大夫皆曰父。"言朝享之际, 我当率先邦君, 躬行享礼, 汝得于此厚叙诸正父, 诸正父亦自观感兴起, 罔不若予不敢废汝命。此即后文所谓"予旦以多子越御事, 笃其师, 作周孚先"者也。汝往敬哉, 勉之也。明, 勉也。明农, 言致仕也。彼,《说文》云:"往有所加也。"此用本义。戾, 至也。言予亦将退老明农哉。汝往裕我民, 民将无远弗至也。以上周公自洛还周, 责勉成王往洛也。

　　王若曰："公，明保予冲子。公称：丕显德，以予小子扬文武烈，奉答天命，和恒四方民，居师。惇宗将礼，称秩元祀，咸秩，无文。惟公德明光于上下，勤施于四方，旁作穆穆，迓衡不迷，文武勤教。予冲子夙夜毖祀。"王曰："公功棐迪笃，罔不若时。"

【正读】此成王以公将因朝享还政，允往洛致祭受享也。此言面答周公，故亦不言"拜手稽首"。"公"句绝，呼公而告之也。明，勉也。保，《礼·文王世子》云："保也者，慎其身以辅翼之而归诸道者也。"明保予冲子，语意与《顾命》"用敬保元子钊"正同。此文之"明保"，即彼文之"敬保"也。"公称"之"称"，读如《左传》"君称所以佐天子"者之"称"。"公称"冒下之词，以下三十四字作一句读，犹言公说云云也。丕，读如不，急气言之。"予小子"三字，成王所易，犹前文公述成王语"汝受命笃弼"，"汝"字周公所易也。"和恒"双声联词，犹旬宣也。师，洛师也。惇，厚。宗，宗族也。将，事也。称，举。秩，次序也。"公称"至"无文"皆覆述周公语。"扬文武烈，奉答天命，和恒四方民，居师"，即前文所谓"肇称殷礼"也。"惇宗将礼，称秩元祀"，即前文所称"祀于新邑"也。"咸秩，无文"句，则直述原文。"惟公德"以下，成王赞公之词。"明光"二语，犹《尧典》言"光被四表，格于上下"也。旁，读为方，声之误也。作，当为"明"，形之误也。刘歆《三统历》引《伊训》云："太甲元年，伊尹祀于先王，诞资有牧方明。"郑君《觐礼》注云："方明者，四方上下神明之象。"孟康注《汉书》亦云。今按方明，当为四方贤俊之士。资，读为咨。"咨有牧"，即"舜之咨十二牧"。"咨方明"，即《舜典》之"明目达聪"也。本文"方明穆穆"，亦与史臣赞舜语意同。《左传》所谓"宾于四门，四门穆穆，无凶人"也。因古文本作"方圙"，"圙"字右半缺泐则为"方凵"。汉儒读为"旁作"，而其义不可通。晚出孔《传》释云："旁来为穆穆之道。"易高文为芜句，不词甚矣。迓，读为虞。驺虞，

即骀吾, 亦即骀牙。唐叔虞有文在其手曰虞, 即有文在其手曰
"牙"字也。迂衡, 山虞泽衡也。方明穆穆, 迂衡不迷。上语即"宾于四门,
四门穆穆", 下语即"纳于大麓, 烈风雷雨而不迷"也。不云山泽不迷, 而云
"迂衡不迷"者, 虞, 入山者也; 衡, 巡泽者也。由此可悟修辞之法。文武,
犹《诗》言"文武吉甫", 非谓文王、武王也。文武勤教, 言文武咸勤其教
也。毖, 慎也。毖祀犹斋漱也。言公德如此。予小子安受其成, 惟夙夜勤其
祭祀而已。王曰公者, 重呼公而告之也。功棐者, 言辅我以功。即答公朕教
汝于棐民语也。迪笃者, 言导我以厚, 即答公笃叙乃正父语也。若, 顺也。
时, 承也。罔不若时者, 言肇称殷礼以见诸侯, 祀于新邑以厚宗族, 罔不顺
承公训也。成王至是始允往洛。以上成王允赴洛躬莅祭享。此文以后, 成
王赴洛, 经未明叙, 但据后文王在新邑, 则知成王当于此后偕公赴洛也。

王曰: "公, 予小子其退, 即辟于周, 命公后。四方迪
乱未定, 于宗礼亦未克敉, 公功。迪将其后, 监我士师工,
诞保文武受民, 乱为四辅。"王曰: "公定, 予往已。公功
肃将祗欢, 公无困哉。我惟无斁其康事, 公勿替刑, 四方其
世享。"

【正读】上文成王允往洛, 则殷见诸侯, 祀于新邑之礼, 并已举行。经未明
叙, 读者可由前后文推知也。此节成王在洛, 受摄政复辟之命。欲即大位
于周, 命周公留后监师制礼之言也。王面命公, 故不称"拜手稽首"。退者,
退于周也。新安陈氏曰: "成王自谓'其退, 即辟于周', 味'退'之一字, 则
王时进洛邑可知。据身在洛邑言, 故以还归宗周为退。退固王之谦辞, 亦往
返语势之当然耳。"辟, 君位也。即辟于周, 还周行即位改元之礼也。后,
犹留后。命公后者, 王仍不欲居洛, 持二人共贞原议也。蔡沈云: "后者, 犹
后世留守留后之义。"先儒谓封伯禽以为鲁后者, 非是。考之《费誓》, 东
郊不开, 乃在周公东征之时, 则伯禽就国盖已久矣。下文"惟告周公其后",
"其"字之义, 益可见其为周公, 不为伯禽也。史浩亦云: "成王既归, 周公

在后。看‘公定予往已’一言，便见得周公且在后之意。”其说并是也。命，成王命辞。此史官所录，非王言也。“命”字下至“乱为四辅”三十六字作一句读，即成王命公语也。古策命皆在庙，当祭祀献宾之节。王降立阼阶南西向。臣当进爵者，北面受命。史君由右，执策命之。再拜稽首乃去。赐爵禄于庙者，示不敢专也。周公复辟之礼，亦当于庙行之，礼节未闻。迪，导也。乱，治也。宗礼，宗人礼典也。殺，读为弭，竟也。将，主也。监，临也。士也，师也，工也，执事之众官也。乱，率也。四辅者，道充疑丞也。《大戴礼·保傅篇》云：“笃仁而好学，多闻而道慎，天子疑则问，应而不穷者，谓之道。道者，导天子以道者也。”常立于前，是周公也。王曰，更端之词。上为命词。下则慰留语也。定，止也。往者，归于周也。肃，疾也。将，将事也。祗，敬也。欢，读如“申劝文王”之“劝”，勉也。哉，当为“我”，形之误也。《汉书·元后传》及《杜钦传》两引皆作“我”。言公之功敏勉于事，常所倚重。公其无去以困我也。康事，章太炎云：“康读为庚。《说文》：‘庚，更事也。’更事即复习吏事。不言莅政言更事者，谦也。”刑，常也。公无困我，答乃惟孺子颁朕不暇听语也。公勿替刑者，请公勿怀退志也。此命无答辞，留后治洛可知。以上成王慰留周公。

周公拜手稽首曰：“王命予来承保乃文祖受命民，越乃光烈考武王弘朕恭。孺子来相宅，其大惇典殷献民，乱为四方新辟，作周恭先。曰其自时中乂，万邦咸休，惟王有成绩。予旦以多子越御事笃前人成烈，答其师，作周孚先。考朕昭子刑，乃单文祖德。

【正读】成王还周即位改元，以秬鬯宁公，公具述奉命作洛及摄政复辟始末，以答王命。并以秬鬯裸祀介福，以答王宁之意。原辞即在本文序出。时盖当成王建元之春季以祠春享先王也。成王即辟于周，周公留后在洛，使命往来，故言“拜手稽首”。来，初来洛营新邑也。光，显也。烈，威也。《诗》“既右烈考”。弘，大也。朕，当作“训”。《说文》，伕，古文以为训字。

恭,读为共,法也。弘朕,犹《顾命》言"大训"也。弘恭,犹《商颂》言"大共"也。"越乃光烈考武王弘朕恭"作一句读,犹言光汝烈考之大训及大法也。《周书·度邑》武王告周公"无远天室",是营洛为武王所命。《尚书大传》亦云"以扬武王之大训"是也。惇典,犹镇守也。献,贤也。乱,率也,语词。公复辟,王即辟,故云"乱为四方新辟"也。作周恭先,言孺子恭己化民,作后嗣先导也。下文"作周孚先"者,言予旦心悦诚服,作百辟先导也。曰者,述复辟时之言也。言庶几于是宅中图大,万邦咸底休美,惟王其有成功矣。多子,大小各宗也。御事,治事之官也。《尚书》娄见。笃,厚也。答,合也。师,众也。孚,信也。如《诗》"成王之孚"之"孚"。考,成也。昭子者,文王为穆考,故周公为昭子。刑,常也。乃,汝也。单,袭也。言父死子继,周家传国常典。今归政于尔,作周孚先。朕成昭子之型,汝袭文祖之德。昭穆大法,永不乱矣。公于己必称"昭子",于成王必举"文祖"者,所以示昭与昭齿、穆与穆齿之意。周公建国之规与复辟之志,概可见矣。《荀子·儒效篇》云:"周公向有天下,今无天下,非擅也。成王向无天下,今有天下,非夺也。故以枝代主,而非越也。以弟诛兄,而非暴也。君臣易位,而非不顺也。因天下之和,遂文武之业,明枝主之义。"正本此经为说。

"伻来毖殷,乃命宁予以秬鬯二卣。曰:明禋,拜手稽首休享。予不敢宿,则禋于文王武王。惠笃叙,无有遘自疾,万年厌于乃德,殷乃引考。王伻殷,乃承叙万年,其永观朕子怀德。"

【正读】伻,使也。来,来洛也。毖,劳也。殷,庶殷。宁,安也。以辞安之。如《盘庚》言"绥于有众曰",《大诰》"绥予曰"云云,皆是。成王宁辞,必自成文,此经未载。仅于复书中见其略,曰"明禋,拜手稽首休享"八字而已。秬鬯,秬黍为鬯酒,用以祼祭者。卣,中尊也。盖成王在周即辟,告于宗庙,故以秬鬯宁公,使亦得告庙也。明禋,蠲絜也。享,献也。"明禋,拜手稽首休享",成王授使之辞。时王在周,公在洛,故称"拜手稽首"矣。宿,留也，犹言宿留停待也。"则禋"之"禋"，絜诚以祭也。"惠笃叙"以下，介福之词。惠，读为惟，语词。《酒诰》"予不惟若兹多诰"，《石经》"惟"亦作"惠"可证。笃，厚。叙，顺也。自疾，不成义。章太炎《古文尚书拾遗》云："'自'即'皋'之烂馀。'皋疾'连文，见《春官·小祝》及《盘庚》中篇。谦不敢言受福，故言不遇皋疾耳。"今按《金縢》"遘厉虐疾"，"厉虐"与"皋"义亦近。厌，饫也。"殷乃"之"殷"，盛也。引考，长寿也。"伻殷"之"伻"，俾也。殷，庶殷。承叙，承顺也。朕子，犹言吾民也。不可泥作周公之子伯禽也。如《君奭》言"在我后世子孙"，亦不可泥言公旦之子若孙也。怀，思也。上四语，为己祝福之词。下二语，为王祝福之词也。以上周公答王宁书。自篇首至此，皆记言也。

戊辰，王在新邑烝祭，岁。文王骍牛一，武王骍牛一。王命作册逸祝册，惟告周公其后。

【正读】上文皆记言，本文以下三节皆记事。与上文不相衔接。本节记成王在洛行烝祭，以周公留后告庙，尚为告祭，非正祭也。戊辰，摄政七年十二月晦日。烝祭，周礼以蒸冬享先王。言岁者，岁字从步从戌。戌，悉也，尽也。时当周正岁除，数将几终，岁且更始，故特书之。示周公摄政于是终，成王亲政于是始也。知非如郑说"岁为元年正月朔日"者，下文明记十二月，何得言正月也。知非如近人说祭岁为祈年者，此行于庙，非祈年于天宗也。作册，官名，《周官·内史》也。逸，即史逸，或称尹逸。祝册，犹《金縢》言"史乃册祝"，赞告书册之词于神也。惟告周公其后，明告祭也。

王宾杀禋咸格。王入太室裸。王命周公后，作册逸诰。在十有二月。

【正读】此正祭，命公留后也。杀，杀牲。禋，燎祭也。王宾，百辟助祭者。咸格，皆至也。近人王国维谓王宾即文王、武王，死则宾之，故谓之宾。不知此时尚未灌鬯以求神,何言文武咸格乎? 且此祭本行复辟大典,欲由诸侯助祭之多寡,以明天下归心与否,故言百辟咸格。若言文武咸格,于义无所起也。入太室时,尸未出户。裸而后延尸于堂,则策命在堂。文先言裸而后言命,其节次与《礼·祭统》所言正合。命周公后命辞,即前文 "命公后" 以下三十六字也。诰者,布王命于天下也。十有二月,为周公复辟记月也。上文曰 "戊辰",曰 "岁",为周公复辟记日也。

惟周公诞保文武受命,惟七年。

【正读】七年,为周公复辟记年也。皆特笔也。

多 士

成周既成,迁殷顽民,周公以王命诰,作《多士》。

【正读】《地理志》:"河南郡洛阳,周公迁殷民,是为成周。" "河南,周公致太平,营以为都,是为王城。" 按成周在今洛阳之东,王城在今洛阳之西。成周在瀍水之东,王城在瀍水之西涧水之东。成周殷遗所居,王城东周所都也。《汉书·地理志》及贾逵注《左传》,皆以为迁邶、鄘之民于成周。郑云:"此皆士也。周谓之顽民。顽民,无知之称。" 按《多士》自周而言,谓之 "顽民";自商而言,则为 "义士"。《左传》云:"武王克商,迁九鼎于邑洛,义士犹或非之。" 义士,盖即此 "顽民" 也。

惟三月,周公初于新邑洛,用告商王士。

【正读】郑云:"成王元年三月,周公自王城初往成周之邑,用成王命告殷之众士以抚安之。" 按时当周公还政明年之三月,故篇在《洛诰》后。此节史官叙事之辞。

王若曰："尔殷遗多士，弗吊旻天，大降丧于殷。我有周佑命，将天明威，致王罚，敕殷命终于帝。

【正读】吊，善也。旻天者，马云："秋曰旻天，秋气杀也。"方言降丧，故称"旻天"也。佑，助也。将，犹奉也。敕，语也。"敕殷命终于帝"作一句读，犹后文言"告敕于帝"也。言天大降丧乱于殷，我周佑助天命，奉天明威，致王者诛伐之罚，告敕殷命之终绝于帝，皆顺天命而行。

肆尔多士，非我小国敢弋殷命。惟天不畀允罔固乱，弼我。我其敢求位，惟帝不畀。惟我下民秉为，惟天明畏。

【正读】肆尔多士，犹《康诰》言"肆汝小子封"，呼而告之也。弋，篡取也。畀，予也。允，信也。罔，诬也。固，读为怙。《春秋传》曰："毋怙乱。"允罔固乱，允为诬罔，终行暴乱者。弼，辅也。"我其敢求位，惟帝不畀"语倒，犹云惟帝不畀，我岂敢求位也。意言天弼我，我不敢辞。天不畀我，我不敢篡。我下民惟承上天之化而已，权不操于自我。秉，承也。为读为化。

我闻曰：'上帝引逸。'有夏不适逸，则惟帝降格，向于时夏。弗克庸帝，大淫，屑有辞。惟时天罔念闻，厥惟废元命，降致罚。乃命尔先祖成汤革夏，俊民甸四方。

【正读】上帝引逸，古格言。逸，《说文》："失也。"兔谩訑善逃，逸之引伸义为奔放，《晋语》："马逸不能止。"注："奔也。"是也。引，牵引也。引逸者，牵引之使不至于跌也。董仲舒云："国家将有失道之败，而天乃先出灾害以谴告之。不知自省，又出怪异以警惧之。尚不知变，而伤败乃至。以此见天心之仁爱人君而欲止其乱也。"此"上帝引逸"之义。适，节也。奔轶绝尘，是不适逸也。格，格人也。格知天命，深明天心向背者。《商书·西伯戡黎》"格人元龟"，即此"格"也。向，劝向也。孙诒让《尚书骈枝》云："向于时夏，谓嘉劝于是夏国也。"庸，用也。弗克庸帝，不用天命也。大淫，淫，纵也。后文所谓"诞淫厥泆"，《多方》所谓"逸厥逸"也。屑，动作切切也。屑有辞者，矫诬上天，以布命于下也。天罔念闻者，无可念闻也。元，大也。革，更也。甸，治也。俊民甸四方，蒙上"命"字为文。此言"上帝引逸"之效。夏不适逸，先降格以引之。逸厥逸，则不复引也。

自成汤至于帝乙，罔不明德恤祀。亦惟天丕建，保乂有殷。殷王亦罔敢失帝，罔不配天其泽。在今后嗣王，诞罔显于天，矧曰其有听念。于先王勤家诞淫厥泆，罔顾于天显民祗。惟时上帝不保，降若兹大丧。

【正读】帝乙，纣父。恤，慎也。"丕建"二字无义。丕，当作"平"，因隶书形近而讹也。隶书"平"或从不从十，故致误。《后汉书·耿秉传》"吉丕"亦作"吉平"，可证。建为觋之古同音叚借字。在女曰巫，在男曰觋。所谓明神降之，是使制神之处位次主者也。平建，平读为伻，使也。《洛诰》"伻来以图及献卜"，或本作"平"。贾昌朝《群经音辨》云："平，使也。"引《书》"平来以图"。又《君奭》"天寿平格，保乂有殷"，平亦当读为伻。平格，亦使格也。是"平""伻"同声通用之证。平建，即《召诰》之"天迪格保"，亦即上文之"惟帝降格"。"亦惟"之"亦"，亦上文也。失帝，失帝意也。"罔不配天其泽"语倒，犹云"其泽罔不配天"。王者宅天下，子庶民，无彼疆此界之殊，故曰"配天"也。诞罔，欺诞诬罔也。"矧曰其有听念"句绝。言纣行暴虐，罔可听闻者，与上文"惟时天罔念闻"语意同。诞淫厥泆，诞，大也。淫厥泆，犹《多方》云"逸厥逸"也。逸厥逸，则无可牵引也。"于先王勤家诞淫厥泆"语倒，犹云"诞淫厥泆于先王勤家"也。天显，天明也。民祗，民病也。"祗"为"痕"之叚借字。顾，念也。此言殷之先世，上帝不建于殷以引其逸，后嗣诞淫厥泆，遂至覆败。

"惟天不畀不明厥德。凡四方小大邦丧,罔非有辞于罚。"

【正读】明,勉也。有辞者,言有罪状。罚,天罚也。此又言四方邦国之丧亡,皆由淫泆,为天所罚,不仅夏、商二国为然也。《周书·世俘解》云:"凡憝国九十有九国。"《孟子·滕文公篇》云:"周公相武王,诛纣伐奄,三年讨其君,灭国者五十。"上言殷之灭亡,由于淫纵无度,自干天罚。我周亦惟秉承帝命,恭行天罚也。

王若曰:"尔殷多士,今惟我周王丕灵承帝事,有命曰:'割殷,告敕于帝。'惟我事不贰适,惟尔王家我适。予其曰:'惟尔洪无度,我不尔动,自乃邑,予亦念天即于殷大戾,肆不正。'"

【正读】丕,大也。灵,善也。命,天命也。割,灭也。敕,语也。告敕于帝,犹上文言"敕殷命终于帝"也。《礼·大传》云:"牧之野,武王之大事也,既事而退,柴于上帝。"是"告敕于帝"之事。此承上文言商纣暴行周王承天之事。适,主于一也。蔡沈云:"上帝临汝,无贰尔心,惟我事不贰适之谓。上帝既命,侯于周服,惟尔王家我适之谓。"按"王家我适"语倒,犹言"惟尔适我王家"也。事不贰适者,言我一意承天也。王家我适者,言尔当一意承周也。洪,大也。洪无度,言殷民畔也。乃,汝也。言汝大无法度,非我动尔,动自汝邑,尔武庚实首先发难也。即,就也。戾,祸也。肆,故也。正者,郑注《周官·大司马》云:"正之者,执而治其罪也。"意言尔君既首先发难,我自可奉辞伐罪,歼厥渠魁,诛其徒党。但予亦念上天就降大祸于殷,天命使然,非汝多士之由。故未尝正尔之罪也。

王曰:"猷,告尔多士,予惟时其迁居西尔。非我一人奉德不康宁。时惟天命。无违。朕不敢有后,无我怨。

【正读】时，是也。指上天降大戾言。"迁居西尔"语倒，犹言"迁尔居西"也。成周在纣都朝歌之西南，故云西。康宁，安静也。后，后命也。文意言殷地朝歌，天心所厌，故迁尔西居。此非予一人之好动，天意使然也。尔多士其可违天意乎。

"惟尔知，惟殷先人有册有典，殷革夏命。今尔又曰：夏迪简在王庭，有服在百僚。予一人惟听用德，肆予敢求尔于天邑商。予惟率肆矜尔，非予罪，时惟天命。"

【正读】典册记载殷革夏命之事，汝所稔知也。汝等致疑者，周代用人之法也。又之言或也。又曰，犹言或曰也。迪，进也。简，择也。服，事也。尔等或曰殷革夏命，夏之多士，迪简在王庭，有职在百僚。周革殷命无是也。周公言周家用人，惟听从有德，故予敢求尔于天邑商，迁尔于洛，庶几兴贤而使能也。不谓征求之馀，无可登进，祗可悲悯。盖殷民反复，屡迪未同，故曰"予惟率肆矜尔"。率，语词。肆，缓也。矜，怜也。以上言周徙殷民，多士不获进用，皆由天命。

王曰："多士。昔朕来自奄，予大降尔四国民命。我乃明致天罚，移尔遐逖，比事臣我宗多逊。"

【正读】《多士》是成王元年作，践奄是摄政三年事，故云"昔朕来自奄"。四国，管、蔡、商、奄也。降命，下令也。遐逖，并远也。移尔遐逖者，即《逸周书》言"俘献民迁于九毕"及《左传》言分鲁六族、分卫七族事。比，亲也。我宗，宗周及鲁、卫也。逊，顺也。此追言往事以证今日，非谓迁洛也。

王曰："告尔殷多士，今予惟不尔杀，予惟时命有申。今朕作大邑于兹洛，予惟四方罔攸宾，亦惟尔多士攸服奔走，臣我多逊。

【正读】时，是也。指移尔遐逖之命。有之言又也。申，重也。前归自奄，大降民命，故此为重命也。宾，朝贡也。镐京远在西偏，四方道里不均，无所于宾。所以作大邑于兹洛者，一为四方诸侯宾礼之地。一为尔多士服事奔走，臣我多逊，而无所处故也。

"尔乃尚有尔土，尔乃尚宁幹止。尔克敬，天惟畀矜尔。尔不克敬，尔不啻不有尔土。予亦致天之罚于尔躬。

【正读】尚，庶几也。宁，安也。幹，《广雅·释诂》云："事也。"幹止，犹言作止也。畀，予也。矜，怜也。啻，但也。《无逸》"不啻不敢含怒"，郑本作"不但不敢含怒"，是"啻"为"但"也。"啻"、"但"声相近。

"今尔惟时宅尔邑，继尔居，尔厥有干有年于兹洛。尔小子乃兴，从尔迁。"

【正读】宅，托也。邑者，九夫为井，四井为邑。居，所居之业也。有年，若《春秋》书"有年"。小子，同姓小宗也。此篇诰多士，盖诰殷士大夫为大宗者。大宗既往，小宗乃兴。所谓"宗以族得民"也。周迁殷民，皆以族相从。若《左传》分鲁、卫以殷民六族、七族，是也。若训为民之子孙，则祖父既往，子孙焉有不从之理，于文无取。以上为迁洛诰命正文。

王曰，又曰："时予。乃或□言尔攸居。"

【正读】时，承也。时予，犹言顺我也。又曰者，孔氏《正义》云："凡言王曰，皆是史官录辞，非王语也。今史录称王之言曰，以前事未终，故言又曰也。"江声《尚书集注音疏》云："'王曰'下盖有脱文，以'王曰''又曰'之文不相联属。'王曰'下当别有一二语，而后称'又曰'。"按此皆不得"又曰"之解而强为之说也。《尚书》各篇惟周公各诰常称"又曰"，通校各篇，除本篇"今尔又曰"为引或言外,馀皆一语复言。本文"又曰",重言"时予"也。意言顺予乃得穆尔攸居也。言终丁宁之意。段玉裁《古文尚书撰异》云:"《唐石经》'或''言'之间多一字,谛视是'诲'字,与伪《传》教诲之言合。"今按段说是也。无"诲"字则文不成义。或之言有也。"乃或诲言尔攸居"语倒,犹云"尔攸居乃或诲言"也。意言尔多士顺予,则于尔之奠厥攸居,乃有诲言也。

无 逸

周公作《无逸》。

【正读】《史记·鲁世家》云:"周公恐成王壮治有所淫佚,乃作《毋逸》。"

周公曰:"呜呼。君子所其无逸。先知稼穑之艰难乃逸,则知小人之依。

【正读】所,犹处也,安也。安其无逸者,即下文"先知稼穑之艰难而逸"也。逸乃不逸,无逸乃逸矣。乃,犹而也。必言"乃"不言"而"者,"乃"难乎"而"也。内言之。先知稼穑之艰难而逸者,先劳而后逸也。依,隐也。隐,痛也。稼穑艰难即小人之依也。

"相小人,厥父母勤劳稼穑,厥子乃不知稼穑之艰难乃逸。乃谚既诞。否则侮厥父母,曰,昔之人无闻知。"

【正读】相,视也。"厥子"至"乃逸"十二字作一句读。谚,《论语》郑注云:"畈嗳也。"按,畈嗳即叛换,犹言跋扈也。"乃谚"之"乃",犹其也。诞,大也。今文作"延",长也。义亦通。乃谚既诞,倒文,犹言"既诞乃谚",大张其恣睢跋扈之行也。句例与《诗》"既备乃事"同。否当读为不,《汉石经》正作"不"。"否则"字有两相顾意,下文"民否则厥心违怨,否则厥口诅祝",是也。本文"否则"字与上"既"字相顾,言其子以逸为逸,既大张其跋扈之行。即不如此,亦大张跋扈之言,轻侮父母,以为无所闻知也。以上言君子与小人劳逸之辨。下就"无闻知"语,分出"我闻"两大节。

周公曰:"呜呼。我闻曰:昔在殷王中宗,严恭寅畏,天命自度。治民祗惧,不敢荒宁。肆中宗之享国七十有五年。

【正读】中宗,太戊也。严,矜庄貌。寅,敬也。严恭在貌,寅畏在心。度,图度也。祗惧,震动恐惧也。荒宁,荒废自安也。肆,故也。享,或作飨。

"其在高宗,时旧劳于外,爰暨小人。作其即位,乃或亮阴,三年不言。其惟不言,言乃雍。不敢荒宁,嘉靖殷邦。至于小大,无时或怨。肆高宗之享国五十有九年。

【正读】高宗,武丁也。时,寔也。旧,久也。爰,于。暨,与也。"时旧劳于外,爰暨小人"语倒,犹云"爰暨小人,时旧劳于外"也。马融云:"武丁为太子时,其父小乙使行役,有所劳苦于外,与小人从事,知小人艰难劳苦也。"作,犹及也。《酒诰》"作稽中德",《梓材》"作兄弟方来",亦为"及"也。或,有也。亮阴,郑云:"转作梁闇。楣谓之梁,闇谓庐也。小乙崩,武丁立,忧丧三年之礼,居倚庐柱楣,不言政事。"按"乃或亮阴",乃有丧礼也。雍,声和雍也。小大,郑云:"谓万民上及群臣也。"无时或怨,无有怨之也。

"其在祖甲,不义惟王,旧为小人。作其即位,爰知小人之依,能保惠于庶民,不敢侮鳏寡。肆祖甲之享国三十有三年。

【正读】马云："祖甲，武丁子帝甲也。"惟，犹为也。以王为不义者，马云："祖甲有兄祖庚，而祖甲贤，武丁欲立之，祖甲以王废长立少为不义，逃亡民间，故云'不义惟王，旧为小人'也。"作，犹及也。作其即位者，《史·殷本纪》云："帝武丁崩，子帝祖庚立，祖庚崩，弟祖甲立。"是也。保，安也。

"自时厥后立王，生则逸，生则逸，不知稼穑之艰难，不闻小人之劳，惟耽乐之从。自时厥后，亦罔或克寿，或十年，或七八年，或五六年，或四三年。"

【正读】"生则逸"一语已足，两言之者，周公喜重言也。《洛诰》"孺子其朋，孺子其朋，其往"，亦此类。史官于公重言之处，或书原文，或书"又曰"。《康诰》"非汝封，又曰"，《多士》"王曰，又曰时予"，皆公重言也。江声云："重言'生则逸'者，欲见非一王"，又疑为衍文，皆非也。耽，乐之久也。亦罔或克寿，言佚欲亡身也。此并举商先王以为法戒。

周公曰："呜呼。厥亦惟我周太王王季，克自抑畏。文王卑服，即康功田功。徽柔懿恭，怀保小民，惠鲜鳏寡。自朝至于日中昃，不遑暇食，用咸和万民。文王不敢盘于游田，以庶邦惟正之供。文王受命惟中身，厥享国五十年。"

【正读】"厥亦惟我周"，今文作"厥兆天子爵"，文不成义，不可从。亦，亦上殷三王也。抑，谦抑也。卑服者，章太炎《古文尚书拾遗》云："《释文》：'卑，马作俾，使也。'按《三体石经》，此字古文篆隶皆作'卑'，不从马读。康，《释宫》云'五达谓之康'，字亦作'庚'。《诗》有《由庚》，《春秋传》有夷庚，以为道路大名。康功者，谓平易道路之事。田功者，谓服田力稼之事。前者职在司空，后者职在农官。文王皆亲莅之，故曰卑服。"今按"康"与"垦"声相近。康功，即垦辟也。《诗》："天作高山，太王荒之。彼作矣，文王康之。彼徂矣岐，有夷之行。"康亦披荆斩棘以启山林之事。

徽，和也。懿，美也。鲜，斯也，语词，声相近。昃，日下侧也。遑，亦暇也。
"遑暇"连用。咸和，咸亦和也。"咸和"联用。联用之者，古人自有复语
也。盘，读为般，乐也。游，逸。田，猎。正，正税也。《周官·太宰》："以九赋
敛财贿，以九贡致邦国之用。"二者亦称九正。《司书》"掌邦之九职九正"
注："九正，谓九赋九贡正税也。"是正包国贡、民赋二者。上言"庶邦惟正
之供"，下言"万民之供"，互文也。供，待也。《周官·太府》"凡颁财关市
之赋，以待王之膳服。邦中之赋，以待宾客。凡邦国之贡，以待吊用"等，是
也。本文语倒，犹云"文王不敢以庶邦惟正之供，盘于游田"也。此正章首
所谓"先知稼穑之艰难乃逸，则知小人之依"者。知稼穑艰难，则知小民
痛苦。知小民痛苦，则无敢以小民"惟正之供"供其骄奢用度也。周公诰教
成王本旨在此。文王受命者，受命嗣位也。中身，中年也。《吕氏春秋·制乐
篇》云："文王即位八年而地动，已动之后四十三年，凡文王立国五十一年
而终。"此云"五十"者，举成数也。本戒淫泆，带言年寿者，勤劳摄生，佚欲
戕生，自然之理。凡人皆欲寿而恶夭。周公言此开其所欲，禁其所当戒也。
此举周先王为法。

　　周公曰："呜呼。继自今嗣王，则其无淫于观、于逸、
于游、于田，以万民惟正之供。无皇曰：'今日耽乐，乃非
民攸训，非天攸若。'时人丕则有愆，曰：'无若殷王受之
迷乱酗于酒德哉。'"

【正读】"则其"之"则"无义。《汉书·谷永传》引此无"则"字，当从之。
淫，放恣也。观，《穀梁·隐五传》："常视曰视，非常曰观。"本文语亦倒，
犹云继自今嗣王，其无"以万民惟正之供"，淫于观逸游田也。言"于观、于
逸、于游、于田"者，周公喜重言也。如《君奭》言"有若虢叔，有若闳夭，有
若散宜生，有若泰颠，有若南宫括，又曰"之比。《汉石经》作"无淫于酒，
无逸于游田"，词义与本文不协，盖有增窜。皇，《汉石经》作"兄"，古同音
字。兄，况词也。日，每日也。今日耽乐，犹言惟耽乐之从也。训，顺也。若，

亦顺也。丕则，斯则也。愆，訧议也。酗，醉酱也。文言今日事耽乐，无暇言此非民之所训，天之所善。时人即有愆言曰：无若殷王纣之迷乱酗于酒德哉。无暇者，况词也。本文反之，则曰，今日事耽乐，时人丕则有愆，曰：无若殷王纣之迷乱酗于酒德哉。况非民之所顺，天之所善乎？以上皆述所闻于古者。知稼穑之艰难而逸，则知小人之依也。带说年寿，以警成王。

周公曰："呜呼。我闻曰：'古之人犹胥训告，胥保惠，胥教诲，民无或胥诪张为幻。'此厥不听，人乃训之，乃变乱先王之正刑，至于小大。民否则厥心违怨，否则厥口诅咒。"

【正读】胥，相也。诪张，诳也。幻，相诈惑也。首语倒文，犹云"古之人民无或胥诪张为幻，犹胥训告，胥保惠，胥教诲"也。此即所闻于古者。听，从也。此厥不听，反于古人也。训之，顺之也。顺之者，恣为诪张幻惑也。刑，法也。小大者，小臣大臣也。否则，犹言或则。否，读为不。言群臣变乱政法，民罔适从。不则心违，不则口怒矣。

周公曰："呜呼。自殷王中宗，及高宗，及祖甲，及我周文王，兹四人迪哲。厥或告之曰：'小人怨汝詈汝。'则皇自敬德。厥愆，曰：'朕之愆。'允若时，不啻不敢含怒。

【正读】迪，导也。哲，智也。皇，今文作"兄"，滋也，益也。上"愆"，訧议也。下"愆"，过失也。允若时者，言信若是也。不啻，不但也。郑云："不但不敢含怒，且欲屡闻之，知己政得失之原也。"

"此厥不听，人乃或诪张为幻。曰：'小人怨汝詈汝。'则信之。则若时，不永念厥辟，不宽绰厥心，乱罚无罪，杀无辜。怨有同，是丛于厥身。"

【正读】此厥不听，反上四人所为也。则，即也。则若时，冒下之词。辟，法也。宽绰，缓绰也。乱读为率，语词。同，合会也。丛，积也。

周公曰："呜呼。嗣王其监于兹。"

【正读】以上戒其无轻信诞言，并举殷三王及周文王为法，皆所闻于古者。

君 奭

召公为保，周公为师，相成王为左右，召公不说，周公作《君奭》。

【正读】《礼·文王世子》云："师也者，教之以事而谕诸德者也。保也者，慎其身以辅翼之而归诸道者也。"相成王为左右者，马云："分陕为二伯，东为左，西为右。"按《公羊传》云："自陕以东周公主之，自陕以西召公主之。"召公不说者，马云："召公以周公既摄政，致太平，功配文武，不宜复列在臣位，故不说。以为周公苟贪宠也。"按《正义》引郑、王说并略同。《中论·智行篇》云："召公见周公既反政，而犹不知去，疑其贪位。周公为之作《君奭》。然后说。"按诸家皆以召公不说在还政后，《史记·燕世家》说在践阼时。依《书序》编次，《史》说非也。

周公若曰："君奭，弗吊，天降丧于殷，殷既坠厥命。我有周既受，我不敢知曰：厥基永孚于休。若天棐忱，我亦不敢知曰：其终出于不祥。

【正读】若曰者，周公意云然也，无义例。吊，善也。孚，信也，符也。休，美也。若,转词。《周语》:"若壅其口,其与能几何。"棐,辅也。忱,诚也。本文多箴对《召诰》立言,此因《召诰》有"夏殷早坠厥命"语而申言之。意言周受殷命,固不能决其基业永符于休。然若天辅诚信,亦不能决其终出不祥也。事在人为而已。

"呜呼。君已曰时我。我亦不敢宁于上帝命,弗永远念天威越我民罔尤违,惟人。

【正读】君,指召公也。已,已尝也。《墨经》曰:"自后曰已。""时我"之"我",召公自我也。时我,召公语。宁,荒宁也。永,长也。越,于也,及也。罔尤违,罔尤于天,罔违于人也。朱子云:"诸诰多是长句。如《君奭》'弗永远念天威越我民罔尤违',只是一句。'越'只是'及'。'罔尤违'是总说上天与民之意。"按朱说是也。违与尤对,读为愆,恨也。意言天命兴替之几,君以尝曰是在我矣。而我亦不敢宁于上帝命,弗永远念天威及我民罔尤违曰惟人。文中省一"曰"字,上文"亦"字足以明之。亦有两相须之意,有加甚之意。犹云君已曰时我,我亦不敢曰惟人矣。

"在我后嗣子孙,大弗克恭上下,遏佚前人光在家,不知天命不易。天难谌,乃其坠命,弗克经历,嗣前人恭明德。

【正读】上下,上天下民也。遏,绝。佚,失。"遏佚前人光在家"作一句读,犹《多士》云"于先王勤家诞淫厥泆"也,语倒。朱彬《经传考证》云:"《墨子》引《泰誓》:'若日月之乍照光于四方于西土。'遏止前人之光在家,其不克显于四方于西土可知矣。"易,难易之易。"不知天命不易"作一句读,犹《大诰》言"尔亦不知天命不易"也。谌,信也。天难谌者,惟命不于常也。历,久也。上言其因,下明其效。

"在今予小子旦非克有正，迪惟前人光，施于我冲子。"

【正读】克，能也。非克有正者，谦词也。迪惟，语词，犹下文言"道惟"也。施，延也。言我道惟延前人光于我冲子，不使遏佚。

又曰："天不可信。""我道惟宁王德延，天不庸释于文王受命。"

【正读】周公诰命多复语，如《洛诰》"孺子其朋，孺子其朋，其往"，《无逸》"自是厥后立王，生则逸，生则逸"，《康诰》"非汝封又曰"及本篇"有若泰颠有若南宫括又曰"之类，皆是。原文必是注二字于字旁以为识，史官读之，或书出原文，或易为"又曰"，其重复语羌无实义，惟在读者善审神恉而已。此文"又曰"，《正义》引王肃云："重言天不可信。"又申之云："肃意以周公重言，故称'又曰'，孔虽不解，当与王肃意同。"按王说是也。重言之者，意言天不可信，然耶否耶？下文决辞。道惟，犹迪惟也。《释文》："道，马本作迪。"宁王，《正义》云："言宁王者，即文王也。郑、王亦同。"按宁当为"文"，形之误也。详《大诰》。释，读为斁，庸斁，双声联词，犹言厌斁也。天不庸释于文王受命者，决天可信也。

公曰："君奭，我闻在昔成汤既受命，时则有若伊尹，格于皇天。在太甲，时则有若保衡。在大戊，时则有若伊陟臣扈，格于上帝。巫咸乂王家。在祖乙，时则有若巫贤。在武丁，时则有若甘盘。率惟兹有陈，保乂有殷。故殷礼陟配天，多历年所。

【正读】格，至也，读如《多方》"惟帝降格"之"格"。巫咸，人名。乂，治也。亡《书》有《咸乂》四篇，《墨子》引禽乂之书，禽乂则咸乂也。陈，久也，此云"有陈"，犹《庄子·寓言篇》之"陈人"，所谓老成人也。言有者，如言"有夏"、"有殷"之比。语助词也。陟，登也。《礼·祭法》云："殷人禘喾而郊冥，祖契而宗汤。"言殷世有格人辅政，故能祀祖配天也。《诗》："殷之未丧师，克配上帝。"

"天惟纯佑命则，商实百姓王人，罔不秉德明恤。小臣屏侯甸，矧咸奔走。

【正读】纯右，联用字，古彝器铭中常见。意言敦笃福厚也。此言纯佑，纯，大也。佑，福也。指老成人言。则，准则也。"商"如"爽邦由哲"之"爽"，犹尚也。与"矧"对用。实，读为寔，是也。百姓，百官致仕里居者。王人，微者，盖士也。明，勉也。恤，慎也。小臣，御事。屏，读为并，列也。侯甸，侯服甸服也。矧，况词。咸，覃也，覃，延也。《酒诰》"自成汤咸至于帝乙"，咸亦延也。奔走，近臣。《诗》曰："予曰有先后，予曰有奔走。"可证。本文语倒，犹云矧小臣并侯甸咸奔走也。文意言天命老成以树之则。是百姓里居及王人微者，尚罔不秉德勉慎。而况列位侯甸之小臣，延及内朝奔走之近臣，而不秉德勉慎乎？

"惟兹惟德称，用乂厥辟。故一人有事于四方，若卜筮，罔不是孚。"

【正读】兹，兹上"纯佑"也。称，举也。乂，相也。辟，君也。若卜筮罔不是孚者，言若卜筮之灵，罔有不符，神人皆信之矣。

公曰："君奭，天寿平格，保乂有殷。有殷嗣天灭威。今汝永念，则有固命，厥乱明我新造邦。"

【正读】此释召公"今相有殷，天迪格保，面稽天若，今时既坠厥命"之疑。即引原文释之。寿，当读为迪，道也。古声"寿"、"迪"同。故"䛦"、"诪"

同训，"宙"、"寿"同训，"筹箸"亦作"由豫"，"俦侣"亦为"妯娌"也。平，孙星衍云："与抨通，使也。"格，格人，格知天命者也。"天寿平格，保乂有殷"，即原文"天迪格保"也。文意言上天导使格人保乂有殷，宜可长享。卒后嗣易天灭威，故坠厥命。此文语意似未完者，因"灭威"下省去"则无固命"语，探下文"则有固命"语而省也。今汝永念天威，则国有固命，其治足以光明我新造之邦矣。以上言殷先世任贤承天，故致隆盛。后嗣易天灭威，故致覆败。以释召公夏殷坠命之疑。

公曰："君奭，在昔上帝割申劝宁王之德，其集大命于厥躬。惟文王尚克修和我有夏。

【正读】"割申劝宁"四字，《礼·缁衣》读作"周田观文"，汉博士读作"厥乱劝宁"，古文读为"割申劝宁"。三读不同，各有是非。割当本作"害"，《缁衣》读"周"，形之误也。博士读"厥"，古文读"割"，并声之误也。实当读为曷，如"时日害丧"之"害"，何也? 申，《缁衣》读"田"，博士读"率"，"率"转为"乱"，并形之误也。古文作"申"不误。申，重也。劝，《缁衣》读"观"，声之误也。宁，当本作"宎"，博士、古文皆读"宁"，形之误也。《礼·缁衣》作"文"，独不误。今定为"害申劝文王之德"。文意言在昔上帝曷其申劝文王之德，集大命于其躬乎，问辞。惟文王尚克修和我有夏，答辞。劝，勉也。

"亦惟有若虢叔，有若闳夭，有若散宜生，有若泰颠，有若南宫括。"又曰："无能往来，兹迪彝教，文王蔑德降于国人。

【正读】亦，亦文王也。言文王修和有夏，不仅一人而已。亦惟有若虢叔诸臣同心协力也。又曰，"有若"二字之重文。周公多言"有若"二字，未尝实指其人。意言当日贤材众多，不仅如我所举也。原文盖记二字于"有若"

旁，史官读为"又曰"。兹，读为孜，勉也。与《召诰》"兹服厥命"之"兹"同。迪，导也。彝，常也。蔑，无也。继言设此诸臣，不能往复开陈言说，勉迪彝教。文王虽贤，亦靡德降于国人矣。言同心戮力者不可少。

"亦惟纯佑秉德，迪知天威。乃惟时昭文王迪见冒，闻于上帝。惟时受有殷命。

【正读】亦，亦上文"天惟纯佑命则"也。纯佑，老成人也。秉，执也。迪，导也。时，承。昭，助也。"迪见冒"之"迪"，用也。见，显示也。冒，读为勖，勉也。古音"冒"、"勖"同。闻于上帝者，如《康诰》言"惟时怙冒闻于上帝"也。时受，承受也。言文王时亦惟老成秉德，导知天威，承助文王，显见勖勉。天命嘉之，乃受承有殷之命。亦《康诰》言"帝休，天乃大命文王"之意也。

"哉武王，惟兹四人尚迪有禄。后暨武王诞将天威，咸刘厥敌。惟兹四人昭武王惟冒，丕单称德。

【正读】哉，古文当本作"才"。今文《尚书·泰誓》"茂哉茂哉"祇作"茂才"可证。汉儒读为"哉"，声之误也，当读为在。《立政》"是罔显在厥世"，《汉石经》"在"亦作"哉"也。哉武王，犹言在武王时也。下文"今在予小子旦"，正与此"在"字相对。汉儒"哉"上属为句，非是。迪，犹也，声相近。尚迪，语词复用也。四人者，郑云："至武王时，虢叔等有死者，馀四人也。"按《尔雅》："无禄，死也。"此云四人尚犹有禄，故郑君云然。暨，与也。咸为"𢦏"之同音叚借字。《说文》："𢦏，绝也。古文读若咸。"刘，杀也。昭，亦助也。单，尽也。丕单称德，言尽称其德也。此言武王亦由四贤佐助以成其德，以况今王。

"今在予小子旦，若游大川，予往暨汝奭其济。小子同未在位，诞无我责。收罔勖不及，耇造德不降，我则鸣鸟不闻，矧曰其有能格。"

【正读】"今在予小子旦"，与上文"在武王"相对。言武王时，四人尚迪有禄。今则仅我二人，大川共济而已。《召诰》云："今冲子嗣，则无遗寿耇。曰其稽我古人之德，矧曰其有能稽谋自天。"召公意盖以公为老成人，冲子不可不就咨善道。公意召公讥切己，故依其语意反陈于彼。文亦与原文略同。同，读为侗。《庄子》："侗乎其无识。"未，读若昧。《释名》："未之言昧也。"同未，犹梼昧也。诞无我责，言汝大无非责我。盖对召公"无遗寿耇"立言。收罔，"爽"之合音，犹尚也。如"之乎"为"诸"、"者焉"为"旃"之例。勖，勉也。耇造，老成也。降，和同也。见《左·哀二十六年传》"六卿三族降听政"杜注。"和同"亦"降"之合音也。召公戒成王诗云："凤凰鸣矣，于彼高冈。"又云："蔼蔼王多吉士。"鸣鸟不闻，盖对《诗》语发。格，格知天命也。《大诰》："矧曰其有能格知天命。"此云"矧曰其有能格"，与《召诰》"矧曰其有能稽谋自天"语意亦正相对。意言此时耇造不和，贤俊未登，汝虽颂歌吉士，我则鸣鸟未闻。勖勉从事，尚虞不逮，矧曰其有能稽谋自天乎？斯不能不望汝同舟共济也。诸家不知"收罔"为"爽"之合音，训说虽多，于文义均嫌诘屈。

公曰："呜呼。君，肆其监于兹。我受命无疆惟休，亦大惟艰。告君乃猷裕，我不以后人迷。"

【正读】肆，今也。兹，兹下受命艰大也。"猷裕"双声联词，犹宽绰也。郑云："召公不说，似隘急，故令谋于宽裕也。"迷，惑也。言今汝不可不监于有周受命，有无疆之休，亦有无穷之艰。告君其宽缓，我不以子孙之故而迷于禄位也。以上言文武皆因贤才众多以成大业，今当艰大，故戒召公不可遽萌退志。

公曰："前人敷乃心，乃悉命汝，作汝民极。曰：汝明勖偶王，在亶，乘兹大命，惟文王德丕承，无疆之恤。"

【正读】此盖述武王顾命之言也。据序文，召公为保，周公为师，相成王为左右。经文言前人悉命汝，又云"汝明勖偶王"，则二公之相成王，乃受命于武王者也。前人，谓武王也。敷，布也。悉，详也。极，中也。《周官》："以为民极。"曰，顾命言也。明勖，并勉也。《尔雅》："偶，合也。"此云偶者，犹言夹辅也。亶，诚也。同命周、召二公，故云"偶王"。在亶者，犹《左传》荀息言"耦俱无猜"也。乘，载也。恤，忧也。意言汝等明勉，夹辅孺子，开诚布公，乘兹大命，惟在丕承文王之德，无穷之恤，所以警之也。

公曰："君，告汝，朕允保奭，其汝克敬以予，监于殷丧大否，肆念我天威。

【正读】允，信也。保，官名。以，犹与也。大否者，王葵园云："《易》天地交为泰，天地不交而万物不通为否。殷之末世，天地闭塞，是大否也。"肆，长也。言予深信保奭，其克敬前人之命，与予共济斯阨。

"予不允惟若兹诰。予惟曰：'襄我二人，汝有合哉？'言曰：'在时二人。'天休滋至，惟时二人弗戡。其汝克敬德，明我俊民，在让后人于丕时。

【正读】允惟，信惟也。与《酒诰》"兹乃允惟王正事之臣"词例同。兹，兹上文所诰也。予惟曰，承上文为转语也。襄，《尔雅》云："除也。"设问言除我二人，汝有合德者乎。言曰，代召公答，仅是二人也。戡，胜也。明，如《尧典》"明明扬侧陋"之"明"。俊民，贤人也。在，终也。丕时，犹丕承也。《诗》："帝命不时。"不时亦丕承，声相近。言天命悠远，耄老将及，国事丛脞，是二人亦将不能胜。汝其敬德明举，作育人才。后进能丕承前烈，二人始可引退让贤也。

"呜呼。笃棐时二人，我式克至于今日休。我咸成文王功于不怠，丕冒海隅出日，罔不率俾。"

【正读】笃，厚也。棐，辅也。"笃棐时二人"语倒，犹云"时二人笃棐"也。"我式"之"我"，我周也。式，用也。咸，遍也，竟也。《诗·閟宫》："克咸厥功。"怠，懈弛也。冒，覆冒也。俾，从也。《诗·閟宫》："莫不率从，鲁侯之功。"意言我二人夹辅周室，我周用能有今日之休美，我欲终成文王之功，永不懈弛，大冒覆天下，四海之内，日出所照，罔不率从法度也。

公曰："君，予不惠若兹多诰，予惟用闵于天越民。"公曰："呜呼。君，惟乃知。民德亦罔不能厥初，惟其终。祗若兹，往敬用治。"

【正读】惠，当作"惟"，声之误也。《酒诰》"予不惟若兹多诰"，《汉石经》"惟"亦作"惠"可证。不惠，与下"予惟"对言。《酒诰》"不惟"亦与下"予惟"对言也。闵，忧也。越，于也，及也。"民德亦罔不能厥初，惟其终"，对《召诰》"若生子，罔不在厥初生，自贻哲命"言。公意谨始固难，慎终匪易，故云亦。亦召公语意也。本勉召公，而言民德，盖托言也。祗，词也。往敬用治，犹云行矣勉之。以上反复慰留也。

成王政亡

成王东伐淮夷，遂践奄，作《成王政》。

【正读】郑云："奄国在淮夷之北，此伐淮夷与践奄，是摄政三年伐管蔡时事。其编篇于此，未闻。践，读曰翦。翦，灭也。"孙星衍云："《周本纪》云：'周公行政七年，成王长，周公反政成王，作《召诰》、《洛诰》、《多士》、

《无逸》。’下文‘召公为保，周公为师，东伐淮夷践奄，迁其君薄姑’，则是东伐淮夷在七年反政后。盖古文说也。”按郑君据《大传》，史公依《书序》，史说为当。

将蒲姑 亡

　　成王既践奄，将迁其君于蒲姑，周公告召公，作《将蒲姑》。

【正读】蒲姑，《史记》作“薄姑”。奄君名。成王既践奄，迁之于齐，遂以其名名地。孙星衍云：“又考《大传》云：‘君蒲姑谓禄父曰：“武王已死矣，成王幼，周公见疑矣，此世之将乱也，请举事。”’然后禄父及三监叛。’”江声云：“《周本纪》云‘㧾其君薄姑’，然则蒲姑郭君之名，此叙当言‘将㧾其君蒲姑’，‘于’乃衍字也。成王㧾郭君，其地遂为齐有。故《左传》云‘蒲姑氏因之，而后太公因之’。蒲姑氏即郭君也。”按《史记》依《书序》无“于”字，则“于”为衍字是也。将，读为戕。盖始迁后乃戕之。《大传》《书序》有《揜诰》，云“遂践奄，践之者，籍之也。籍之，谓杀其身，执其家，豬其宫。”“揜”、“奄”古同音。《揜诰》疑即《成王征》、《将蒲姑》。云杀其身，则是戕之也。

多 方

　　成王归自奄，在宗周，诰庶邦，作《多方》。

【正读】孙星衍云：“此篇《书序》列在《无逸》、《君奭》之后，前尚有《成王征》、《将薄姑》二佚篇。《史记·周本纪》，《召诰》、《洛诰》、《多士》、

《无逸》及此《多方》，俱在周公行政七年，成王长、周公反政之后。与伐诛管、蔡非一时事。《大传》则云'周公摄政，一年救乱，二年克殷，三年践奄，七年致政于成王'，则此是摄政三年事，当在《召诰》、《洛诰》诸篇之前。故《书序》疏引郑注云：'此伐淮夷与践奄，是摄政三年伐管、蔡时事，其编篇于此，未闻。'按古今文说《书》本不同。史公问故孔安国，又与《书序》编篇之次相合，未可非也。"今按孙说是也。上两佚篇序云："成王东伐淮夷，遂践奄，作《成王政》。""成王既践奄，将迁其君于蒲姑，作《将蒲姑》。"又《费誓序》云："鲁侯伯禽宅曲阜，徐、夷并兴，东郊不开，作《费誓》。"彼经云"淮夷、徐戎并兴"，是成王即政之始，淮夷与奄重叛，成王亲往征之，乃遂践奄，故经中云"我惟时其战要囚之，至于再至于三"也。又周公摄政之初，奄与淮夷从管、蔡作乱，周公征而定之，《诗》所谓"周公东征，四国是皇"者也。至成王即政，适为五年，故经云"今尔奔走臣我监五祀"也。云归自奄者，晚出孔《传》云："伐奄归也。"郑云："奄在淮夷之旁。"宗周，镐京也。

惟五月丁亥，王来自奄，至于宗周。

【正读】周公反政后之明年，成王元年五月廿一日丁亥。晚出孔《传》云："周公归政之明年，淮夷奄又叛，鲁征淮夷，作《费誓》。"王亲征奄，灭其国，五月还至镐京。按此经云"王来自奄"，《多士篇》云"昔朕来自奄"，彼文云"三月"，此文云"五月"，故郑疑《书序》编篇于此也。实则彼云"昔朕来自奄"，是周公自言东征管、蔡时事，与此经史臣记事词偶合，不必牵连为一事也。此为史官记事之词，下则诰命正文。

周公曰："王若曰：猷，告尔四国多方惟尔殷侯尹民。我惟大降尔命，尔罔不知。

【正读】王肃云："周公摄政，称成王命以告。及还政称'王曰'，嫌自成王辞，故加'周公曰'以明之。"今按周公称"王若曰"，犹言摄王意云然也。此为还政以后诰命，嫌仍为摄王意，故史于"王若曰"上加"周公曰"以明之。言成王之意，周公为之辞也。依此知《多士》作于摄政七年，迁殷顽于洛邑，故祇书"王若曰"；《多方》作于还政以后，诰诫庶邦，故称"王若曰"，又称"周公曰"也。猷，图也，诰命发端常语。四国者，管、蔡、商、奄也。首及之者，屡谋叛乱，民尤不静也。多方，言非一也。惟，与也，声相近。殷侯，众侯也。尹，正也。尹民，长民者。降，下也。命，教令。知，识词。尔罔不知，警之也。

洪惟图天之命，弗永寅念于祀。惟帝降格于夏，有夏诞厥逸，不肯戚言于民，乃大淫昏，不克终日劝于帝之迪，乃尔攸闻。

【正读】洪，代也。洪惟即代惟，周公代王诰命发端常语。《大诰》"洪惟我幼冲人"是也。图，度也，此当读为斁，闭塞也。寅，敬也。祀，祭无已也。格，格人，深通天命者也。言夏代闭于天降威，弗克敬事鬼神，深察天心向背。帝降格人以启迪之，冀其幡然改悟。此即《多士》所云"有夏不适逸，则惟帝降格，向于时夏"也。诞，大也。诞厥逸者，恣其奔放也。与《多士》"有夏不适逸"语意同。戚言于民，善言相慰也。大淫昏者，大为淫逸昏乱。迪，道也。攸闻，所闻也。帝之迪，帝所启迪，格人之言也。劝，勉也。终日崇朝也。不克劝者，如纣言"我生不有命在天"，祖伊言"惟王淫戏用自绝，故天弃我"也。

厥图帝之命，不克开于民之丽，乃大降罚，崇乱有夏，因甲于内乱，不克灵承于旅。罔丕惟进之恭，洪舒于民。亦惟有夏之民叨懫日钦，劓割夏邑。天惟时求民主，乃大降显休命于成汤，刑殄有夏。

【正读】厥，其也。其，夏桀也。开，开释也。丽，读为离，离于皋网也。《吕刑》："苗民匪察于狱之丽。"又云："越兹丽刑。"是也。大降罚者，大事杀戮也。崇，充也。甲，读为狎，习也。《释诂》"仍，因也。"因亦训仍。因仍狎习，谊相比近。内乱，郑云："习为鸟兽之行于内为内乱。"《周官·大司马》云："外内乱鸟兽行则灭之。"是也。灵，善也。旅，祭上帝之尸也。见《召诰》。罔，无也。丕，读为不，急气言之。进，读为赆，财也。《汉书·高帝纪》曰："萧何主进。"注："师古曰：'进，字本作赆。'"恭，读为供，给也。洪，大也。舒，《困学纪闻》曰："古文作'荼'。"按"舒"、"荼"古同音，《广雅》："荼，痛也。"按亦毒也。《诗》："民之贪乱，宁为荼毒。"贪才曰叨，忿戾曰懫。钦，敬也，崇也。劓割，犹言残害也。显，光。休，美也。殄，绝也。言夏桀闭于天威，不察天心向背，即民心好恶。以是严刑密网，滥杀无辜，崇乱夏邑。因习内乱，不克寅念祀事，善承帝命。行政用人，尤为乖谬。日惟厚敛殃民，崇奉贪饕，率割夏邑。天乃降命成汤，刑殄有夏。

惟天不畀纯，乃惟以尔多方之义民，不克永于多享惟夏之恭，多士大不克明保享于民，乃胥惟虐于民，至于百为，大不克开。

【正读】纯，大也。犹《诗》言"纯嘏"，《多士》言"纯佑"也。不畀纯者，不予以大福也。以，犹与也。义民，即献民。惟夏之恭，夏民正供也。明，勉。保，安也。享于民之享，言劝向也。胥，皆也。百为，民所行事也。大不克开，蒙上文"不克开于民之丽"而省也。言天不锡以纯嘏，乃与尔多方之献民，不克长享有夏之禄位者。以多士习桀为暴，民有过误，立寘刑典，为神人所共愤。火炎昆冈，玉石俱焚，故贤愚同失其位也。本文语倒，"多士"句宜在上，"惟天不畀纯"句宜在下，犹言多士大不克明保享于民，故尔多方之义民不克永于多享惟夏之恭也。上节言独夫为天人所共弃，本节言多方亦为天人所共弃也。

乃惟成汤克以尔多方简，代夏作民主。慎厥丽，乃劝，厥民刑，用劝。以至于帝乙，罔不明德慎罚，亦克用劝。要囚，殄戮多罪，亦克用劝。开释无辜，亦克用劝。今至于尔辟，弗克以尔多方享天之命。呜呼。"

【正读】简，择也。言夏桀君臣，既无足以长享者，故成汤因多方简择，而代夏作民主也。汤武均由诸侯拥戴为共主，故云"多方简"。"厥民刑，用劝"语倒，犹言"刑厥民，用劝"，与"慎厥丽，乃劝"对文。劝，勉也。言无论减刑加刑，皆所以劝民为善也。帝乙，纣父。亦克用劝，亦成汤也。要囚，为其罪法之要辞也。"要囚，殄戮多罪，亦克用劝"者，亦"厥民刑，用劝"也。"开释无辜，亦克用劝"者，亦"慎厥丽，乃劝"也。周公诰命之辞有繁而不杀者，此类是也。辟，君也。"弗克以尔多方享天之命"，与上文"弗克永于多享惟夏之恭"句例语意正同。必及多方者，诰命为多方发。言桀纣为虐，累及多方，夏殷往事皆同也。终举"呜呼"者，意言尔君而不能延其祀，尔多方亦同离其祸，是可慨也。此言夏商"图天之命，弗永寅念于祀"，以底灭亡。

王若曰："诰告尔多方，非天庸释有夏，非天庸释有殷。乃惟尔辟以尔多方，大淫图天之命，屑有辞。乃惟有夏图厥政，不集于享。天降时丧，有邦间之。乃惟尔商后王逸厥逸，图厥政，不蠲烝，天惟降时丧。

【正读】诰告，以诰辞告之也。庸释，厌斁也。屑，杂碎有声也。云"大淫图天之命，屑有辞"者，即《仲虺之诰》所谓"我闻有夏人矫天命，布命于下，帝式是增，用爽厥师"也。图厥政者，塞厥政也。集，与辑通，和也。享，享祭也。间，代也。逸厥逸者，纵放奔驰，不适逸也。蠲，洁烝，升也。不蠲烝，犹《酒诰》"弗惟德馨香祀，登闻于天。诞惟民怨，庶群自酒，腥闻在上"也。此申上文夏商"图天之命，弗永寅念于祀"之意。

惟圣罔念作狂。惟狂克念作圣。天惟五年须暇之子孙，诞作民主，罔可念听。天惟求尔多方，大动以威，开厥顾天。惟尔多方罔堪顾之。惟我周王灵承于旅，克堪用德，惟典神天。天惟式教我用休，简畀殷命，尹尔多方。

【正读】圣，通明也。念，常思也。蔡《传》云："圣而罔念，则为狂矣。愚而能念，则为圣矣。"按一念之差，圣狂互易，其几甚微。故圣人须有日新之功，愚人亦匪无迁善之路。故天不遽绝纣也。五年者，文王受命九年而崩，武王服丧三年，还师二年，至受命十三年，乃遂伐殷也。须，待也。暇，宽暇也。之，犹其也。诞，延也。言天觊纣悔悟，待宽暇汤之子孙，至于五年之久，延作民主。罔可念听，言终无善政闻于上也。天既不能得之于纣，乃转而求诸多方。大动以威者，以灾异谴告。《墨子·非攻篇》记纣时诸怪异是也。开，启示也。厥，其也。顾，顾念天威也。言天动威以启发多方，冀其上承天意，伐暴救民，而多方罔能胜顾天之任者。灵，神也，善也。旅，祭上帝之尸也。"克"、"堪"同义，联用。典，主也。言周王能用德以主神天，此即《多方篇》所云"丕灵承帝事"也。式，用也。休，美也。天用休祥式教我，即《泰誓》所谓"朕梦协朕卜，袭于休祥"也。简畀，简择付与也。尹，正也。此言周代善承帝意，寅念于祀，故能尹尔多方，非由力迫势取也。

今我曷敢多诰，我惟大降尔四国民命。

【正读】降，下也。四国民，管、蔡、商、奄之民也。言大降教令于尔四国民。

尔曷不忱裕之于尔多方。尔曷不夹介乂我周王，享天之命。今尔尚宅尔宅、畋尔田。尔曷不惠王熙天之命。

【正读】忱裕，犹优游也，古双声连词。夹介，犹洽比也，亦双声连辞。乂，通作艾。《释诂》："艾，相也。"尚，犹犹也。畋，治也。惠，顺也。熙，广也。

言尔多方诸侯，曷不优游于尔境土，曷不洽比臣服我周。主迁于上，臣易于下，汝诸侯之国，应随殷降黜。今汝诸侯尚居尔常居，群臣尚得畋汝故田。田宅不易，安乐由此。汝曷不顺从我周王之政，以广上天之命乎？

尔乃迪屡未静，尔心未爱。尔乃不大宅天命，尔乃屑播天命，尔乃自作不典，图忱于正。

【正读】迪，导也。屡，数也。迪屡未静，犹《康诰》云"屡迪未同"也。爱，惠也。惠，顺也。宅，度也。屑，碎也。屑播，播弃也。典，法也。图，谋也。忱，读如扰。告言不正也。见《说文》。图扰于正，谲张诳惑也。正，长也。言此以责之。

我惟时其教告之，我惟时其战要囚之。至于再，至于三。乃有不用我降尔命，我乃其大罚殛之。非我有周秉德不康宁，乃惟尔自速辜。"

【正读】教告之，谓讯以文告。战要囚之，谓讨其叛乱，受其要辞而囚之也。至于再至于三，孔《传》云："再，谓三监淮夷畔时。"三，谓成王即政又叛。言迪屡未同之事。罚殛，谓诛杀也。速，召也。言尔再三乱命，我惟执法以绳。言此以警之。以上诰告诸侯，篇首所谓"四国多方"也。与下告多士别。

王曰："呜呼。猷，告尔有方多士暨殷多士。今尔奔走，臣我监五祀，越惟有胥伯小大多正，尔罔不克臬。

【正读】此呼多士告之也。监，侯国也。《周官·太宰》："而建其牧，立其监。"五祀者，周公摄政三年践奄，至成王即政元年适五祀也。臣我监五祀，犹《多士》言"臣我宗"也。越，及也。"越惟有胥伯小大多正"，《尚书大传》引作"越维有胥赋小大多政"。"伯"当为"赋",声之误也。正与政通。胥,繇役也。赋,赋税也。正,贡赋也。《周官·太宰》"以九赋敛财贿","以九贡致邦国之用"。《司书》职谓之"九正",注:"九正,谓九贡九赋,正税也。"此云"小大多政",盖关口赋地税及邦国之贡而言也。臬,准的也,通作"艺"。《春秋传》云:"贡之无艺。"是也。此言尔多士自还洛以后,臣我侯国五祀矣。所有赋税正供,尔等无不惟力是视,是尔多士于我周无有贰心也。言此以慰之。

自作不和,尔惟和哉。尔室不睦,尔惟和哉。尔邑克明,尔惟克勤乃事。尔尚不忌于凶德,亦则以穆穆在乃位,克阅于乃邑谋介。

【正读】睦,亦和也。明,勉也。忌,读为惎,谋也。《秦誓》"未就予忌",即未就予谋也。《左传》"惎间王室",即谋间王室也。和顺为善德,怨恶为凶德。穆穆,敬也。阅,简阅也。介,善也。言尔自己及尔室,或有怨望,尔其和之哉。尔能勤汝职事,以为民倡,则尔邑皆勉于事矣,语倒。尔尚不谋于凶德,汝以和敬之德居于民上,抑又可简阅邑中之善者而与之谋事也。言此以教之。教之和者,销其戾气也。教之勤者,革其淫心也。教之谋介者,散其奸党也。

尔乃自时洛邑,尚永力畋尔田,天惟畀矜尔,我有周惟其大介赉尔。迪简在王庭,尚尔事,有服在大僚。"

【正读】永,长也。畋,治也。畀,与也。矜,怜也。大介,当为"奔",一字误为两字也。《说文》:"奔,大也。"赉,犹《论语》言"周有大赉,善人是富"。赉,赐也。迪,进也。简,择也。尚,加也。服,事也。僚,官也。言此以歆之。

王曰:"呜呼。多士,尔不克劝忱我命,尔亦则为不克享，凡民惟曰不享。尔乃惟逸惟颇，大远王命，则惟尔多方探天之威，我则致天之罚，离逖尔土。"

【正读】劝，勉也。忱，信也。享，劝向也，如"向于时夏"之"向"。"凡民惟曰不享"，盖当时常语，亦见《洛诰》。此言凡民皆曰不克享也。逸，放也。颇，邪也。探，《释言》云："试也。"探天之威，犹云以身试法也。离逖尔土，郑云："分离夺汝土也。"孙星衍申之云："《论语》云：'夺伯氏骈邑三百。'既放而离逖之，则故土非其所有也。"言此以警之。以上诰告多士，篇首所谓"殷侯尹民"也。《正义》云："成周一邑之士，不得谓之多方，此盖意在成周迁者，兼告四方诸国使知。"

王曰："我不惟多诰，我惟祗告尔命。"又曰："时惟尔初，不克敬于和，则无我怨。"

【正读】祗，敬也。时惟尔初，与之更始也。于，犹与也，声之转。《正义》引顾氏云："又曰者，是王又复言曰也。"今按本篇言"周公曰"、"王若曰"者一，称"王若曰"者一，称"王曰"者三，是复言皆称"王曰"。此称"又曰"，盖重言"时惟尔初"也。反复丁宁之意。

卷 六

立 政

周公作《立政》。

【正读】《史记·鲁世家》云："周之官政未次序，于是周公作《周官》，官别其宜。作《立政》，以便百姓。"按：便读为辨，言辨章也。百姓，百官也。犹《尧典》言"辨章百姓"也。依《书序》编次，《立政》在《周官》前，则是时《周官》六典尚未颁行。故公依旧制，而言用人行政之大法也。王引之曰："政与正同，正，长也。立正，谓建立长官也。篇内所言皆官人之道，故以'立正'名篇，所谓'惟正是乂之'也。《传》释序曰：'周公既致政成王，恐其怠忽，故以君臣立政为戒。'释篇名曰：'言用臣当共立政。'则是误以'政'为'政治'之'政'，失之矣。"又曰："解者不知'政'为'正'之假借，而以为'政治'之'政'，于是《立政》一篇遂全失其指。"

周公若曰，拜手稽首，告嗣天子王矣。用咸戒于王，曰王左右常伯、常任、准人、缀衣、虎贲。

【正读】《立政》之作，在周公致政以后，故称"告嗣天子王"。时王在宗周，公在洛，命使陈言，故称"拜手稽首"矣。矣，语已词。咸，遍也。"曰王左右"之"曰"，读为于。《左·宣十二年传》："其君无日不讨国人而训之于民生之不易。"杜注："于，曰也。"此"曰"字与彼文"于"字用例正同。《风俗通·十反篇》云："周公戒王以左右常伯、常任、准人、缀衣、虎贲，言此五官，存亡之机，不可不谨也。"应劭以"以"代"曰"，犹杜注以"曰"释"于"

也。左右，王之亲近大臣，如下文所举五官是也。常伯，即后文之牧与牧人，牧伯之职也。《周官》云："八命作牧，九命作伯。"常任，后文之事与任人，治事之官也。郑注《周官·大司马》云："任，犹事也。"准人，即后文之准与准人，平法之官也。今文"准"作"辟"，形近而讹。三者所谓三事也。缀衣，掌衣服者。虎贲，掌以武力事王者，《周官·虎贲氏》也。"用咸戒于王，曰王左右"云云者，言遍戒王于左右常伯、常任、准人、缀衣、虎贲五官之重要也。反言之，则曰以左右常伯、常任、准人、虎贲、缀衣遍戒于王也。以上史官记事之辞。

周公曰："呜呼。休兹知恤，鲜哉。古之人迪惟有夏，乃有室大竞，吁俊，尊上帝迪，知忱恂于九德之行。乃敢告教厥后曰：拜手稽首后矣。曰：宅乃事，宅乃牧，宅乃准，兹惟后矣。谋面用丕训德，则乃宅人，兹乃三宅无义民。

【正读】休，美。兹，犹斯也。恤，忧也。鲜，少也。"休兹知恤"作一句读。周初文言"休"、"恤"相对成义。《召诰》言"无疆惟休，亦无疆惟恤"，及此皆是也。休兹知恤，言居安而思危者鲜矣。迪惟，犹道惟。《正义》引王肃云："古之人道惟有夏之大禹为天子也，其意言古人之道说有此事。"按《君奭》"迪惟前人光，施于我冲子"，"迪惟"亦"道惟"也，正与下文"道惟"对用。有室，诸侯也。《大诰》"王宫邦君室"可证。竞，强也。《诗·烈文》："无竞维人。"《大雅》笺："人君为政，无强于得贤人者。"吁，呼也。俊，髦也。言夏代君臣，相竞招贤也。尊，读为遵，循也。迪，道也。上帝迪者，上帝所启导也。《召诰》"天迪格保"，《多方》"不克终日劝于帝之迪"，此帝、迪联用之证。知，识词也。忱，读为审，知审谛也。《礼·檀弓》"为榆沈"，沈即瀋也。"尤"声"审"声通叚，其例也。《传》训忱恂为诚信，诚亦信也，语复，非词例。恂，信心也。九德者，《皋陶谟》云"亦行有九德"，亦言其人有德，乃言曰"载采采宽而栗，柔而立，愿而恭，乱而敬，扰而毅，直而温，简而廉，刚而塞，强而义"也。文言有夏遵帝之迪，知审恂于九德之行也。九德必言行,又言信恂者,九德官人,不惟其言惟其行,不惟其貌惟其心。《皋陶谟》所谓"亦行有九德",本经下文所谓"文王惟克厥宅心",是也。"曰宅乃事"以下至"无义民",群臣陈官人之大法也。宅,度也,度量之也。治事之官,度其事之理乱。牧民之官,度其民之安否。执法之官,度其法之平否。度之而名副其实,功称其职,则得曰宅乃事、宅乃牧、宅乃准矣。兹惟后矣,言顾名思义,乃得后称矣。此以观行观心为官人之法也。面,读如"汝无面从"之"面"。谋面,犹言以貌取人也。丕,读为不,急气言之。训,顺也。不训德,即下文"憸人不训于德"也。文言观人者不考诸行,不审其心,徒听言观色,是谋面用不训德,是后文所谓"憸人不训于德",是《皋陶谟》所谓"巧言令色孔壬"者也。是非宅事、宅牧、宅准,是乃宅人矣。宅事者,验诸行事而事举。宅人者,私诸亲昵而事替。故云"兹乃三宅无义民"矣。义,贤也,献也。章太炎云:"义民即献民,万邦黎献,即万邦黎仪。民仪有十夫,即民献有十夫矣。"王引之读"面"为"勔",读"义"为"俄",迂曲怪僻,不可从。此以观色听言为官人之法也。与上文所举正对。谋面与忧恂对,不训德与九德对。九德以刚柔相济为德,不训德以刚愎傲很为德。一为善德,一为恶德。宅人与宅事、宅牧、宅准对。上言所当法,下言所当戒,千古官人之得失,尽兹二义。

桀德,惟乃弗作往任,是为暴德,罔后。

【正读】德,《说文》:"升也。"乃,犹其也。作,起也。往,旧也。往任,犹云老成人也。《盘庚》"古我先王,亦惟图任旧人共政",言夏桀既兴,弗任老成,惟暴德是举也。罔后,言绝世。

亦越成汤陟,丕厘上帝之耿命,乃用三有宅,克即宅,曰三有俊,克即俊。严惟丕式,克用三宅三俊。其在商邑,用协于厥邑;其在四方,用丕式见德。

【正读】亦，亦有夏也。越，于也，及也。陟，亦升也。古文"德"、"陟"二字声近义通。厘，受福也。耿，光也。丕厘上帝之耿命，大受上天之明命也。即，就也。曰，读为越，于也。俊，进也。严，刻也。丕式，大法也。协，洽也。见，显见也。三有宅，有，语词，犹《诗》言"三有事"也。以事、牧、准之成绩考核官吏，曰"三有宅"。以事、牧、准之科目登进人才，曰"三有俊"。克即者，蔡沈《传》云："言汤所用三宅，实能就是位而不旷其职。"所称三俊，实能就是德而不浮其名也。言适用三宅考吏之法于三俊登贤，垂为定式。由是商家用人，克用三宅三俊。官无废事，野无遗贤。其在商邑，则能和协其民。其在四方，亦大法其所见之德也。

　　呜呼。其在受德，暋惟羞刑暴德之人，同于厥邦。乃惟庶习逸德之人，同于厥政。帝钦罚之，乃伻我有夏式商受命，奄甸万姓。

【正读】受，商纣也。古文作"受"，今文作"纣"。德，亦升也。"其在受德"句绝。"暋"连下读，与《康诰》"暋不畏死"句例同。《尔雅·释诂》："暋，强也。"羞，当为"政"，声之误也。羞刑暴德，谓任刑弃德也。同于厥邦者，同恶相济也。《牧誓》言"纣乃惟四方之多罪逋逃是崇是长，是信是使，是以为大夫卿士，俾暴虐于百姓，以奸宄于商邑"，盖即指此而言。庶，众也。习者，与人君相狎，所谓左右近习之人也。逸德，犹失德也。《酒诰》言"庶群自酒，腥闻在上"，谓此也。钦，崇也。伻，使也。有夏，周旧地称。《康诰》："用肇造我区夏，以修我西土。"《君奭》："惟文王尚克修和我有夏。"《左传》："为之歌《秦》，季札曰：'此之谓夏声。'"是也。式，读为代。奄，大有馀也，覆也。甸，治也。以上言夏、商二代官人之得失。

　　亦越文王、武王克知三有宅心，灼见三有俊心，以敬事上帝，立民长伯。立政：任人、准夫、牧，作三事。虎贲、缀衣、趣马、小尹、左右携仆、百司庶府、大都小伯、艺人、表臣百司、太史、尹伯、庶常吉士、司徒、司马、司空、亚旅。夷微卢烝。三亳阪尹。

【正读】亦，亦上有夏成汤也。灼，《说文》引作"焯"，明也。克知三有宅心，言能知事、牧、准三宅之心，而使在官。灼见三有俊心者，言明见事、牧、准三俊之心，而不失实也。克知、灼见，互文也。知见皆言心者，忱恂而不谋面也。立民长伯，伯亦长，冒下文所举各官。三宅三俊以敬事上帝者，刘逢禄云："贤俊者，上帝之心也。文武能官人，所以事天治民，即夏王之吁俊尊上帝也。"立政，政与正通，长也。冒下三事。任事者曰任人，平法者曰准人，牧民者曰牧。作三事者，晚出孔《传》云："文武亦法禹汤以立政，常任准人及牧，治为天地人之事也。"按《诗·十月之交》"三事大夫"笺云："三公，则此三事也。"虎贲、缀衣、趣马、小尹、左右携仆、百司庶府，盖内官侍御之臣也。虎贲、缀衣已见前。趣马，掌养马。小尹其属也。此官职虽卑而常近人君。《诗·正月》"蹶为趣马"，与卿士、司徒、内史、师氏同举，可知其宠重矣。左右携仆，江声云："盖若《周礼》大仆、射人也。郑注《周礼·射人》云：'射人与仆人，俱掌王之朝位也。'"按携者，提携之谓。《礼·檀弓》："扶君，仆人师扶右，射人师扶左。"是其职也。百司庶府者，《周官》官名言司者多，府则有太府、玉府、内府、外府、泉府、天府之属。言百言庶，皆凡最之词也。大都小伯、艺人、表臣百司，盖外臣都家之官也。大都，三公之采邑。小都，卿大夫之采邑。伯，长也。大都言都不言伯，小都言伯不言都，互文见意也。艺人，盖征税官也。《左·昭十三年传》："贡之无艺。"《家语》："合诸侯而艺贡焉。"注："艺分别贡献之事。"《多方》："越惟有胥伯小大多正，尔罔不克臬。"臬亦艺也。表臣百司，表之言外，是外百司也。太史、尹伯，庶常吉士，复言内官也。太史掌建邦之六典。尹伯，《周官》每官有长，若太史为史官之长、大司乐为乐官之长也。庶，众也。常，祥也。吉，善也。常吉联用字。《皋陶谟》"彰厥有常吉哉"，是也。庶常吉士，总括上举各官，言在位者皆祥吉也。司徒、司马、司空、亚旅，此侯国官制也。司徒、司马、司空，三卿也。亚旅，次卿众大夫也。夷微卢炱,夷,东夷。微,南蛮。卢,西戎。炱,君也。刘逢禄云:"立之君而不为官制,从其俗。春秋夷狄无大夫,本此义。"三亳阪尹,郑云:"三亳者,汤旧都之民服文王者,分为三邑。其长居险,故曰阪尹。盖东成皋,南轘辕,西降谷也。"刘逢禄云:"经意盖以前代旧都,九州之险,《王制》所谓'名山大泽不以封诸侯者,皆立尹以统之',是也。"按本文序官,先大臣而后小臣,先近臣而后远臣,先王朝而后侯国,先诸夏而后戎狄,其大较也。

文王惟克厥宅心,乃克立兹常事司牧人,以克俊有德。

【正读】"克厥宅心",依下文"克立"、"克俊"语例,当作"克宅厥心"。《汉石经》径删"克"字,非也。克宅厥心者,克度其心,即上文"忧恂于九德之行"也。常事,即上"常任",所谓"宅乃事"也。常司,即上"准人",所谓"宅乃准"也。牧人,即上"常伯",所谓"宅乃牧"也。"立兹常事司牧人",即上文"三有宅克即宅"也。"克俊有德",即上文"三有俊克即俊"也。此言文王官人之法。

文王罔攸兼于庶言。庶狱庶慎,惟有司之牧夫是训用违。庶狱庶慎,文王罔敢知于兹。

【正读】庶言,教令也。此"言"即下文"一话一言"之"言"。彼云"时则勿有间之",此云"罔攸兼于庶言",其义一也。文王勤于求贤,逸于任贤。持其大体,不侵庶职,故云"文王罔攸兼于庶言"矣。庶狱,众狱讼也。慎,《诗·桑柔》笺:"成也。"庶慎,即庶成。《周礼》所云"邦成"、"官成",则犹今之簿书矣。之,犹与也。有司,即上文所立之司,亦即准人也。牧夫,即牧人也。训,顺也。言庶狱庶慎,其或用或违,惟有司与牧夫是顺也。庶狱,准夫之事。庶慎,牧夫之事。文王罔敢知于兹,故舜不能救瞽叟于皋陶执法之下。王之玩好,祇式贡之馀财,不能取盈于九贡九赋也。此言文王任贤之法。

亦越武王率惟敉功，不敢替厥义德，率惟谋从容德，
以并受此丕丕基。

【正读】亦，亦文王也。率惟，语词。敉，抚也，竟也。如《大诰》"敉宁王
大命"之"敉"。敉功者，竟文王所图之功也。替，废也。义德，德合于宜，
如《皋陶谟》所言九德也。谋，读为敏，见《礼·中庸》郑注。容德者，休休
有容，如《秦誓》所举"一介臣"是也。义德，即"文王之克宅厥心，克俊有
德"。容德，即"文王之罔攸兼于庶言"也。言武王竟文王之功，不敢废文
王官人之道，惟敏从文王任贤之法，君臣相与受此大大之基业，传之子孙
而已。以上言文武立政之法。

呜呼。孺子王矣，继自今我其立政。立事、准人、牧
夫，我其克灼知厥若。丕乃俾乱，相我受民，和我庶狱庶
慎。时则勿有间之，自一话一言。我则末惟成德之彦，以乂
我受民。

【正读】矣，语已词。立政，冒下三事，准人、牧夫，蒙上"立"字为义。言建
立事、准、牧三官也。厥若，指示代词，即指上文"三有宅心"、"三有俊心"
也。《洛诰》"无若火始焰焰，厥攸灼叙，弗其绝厥若"，"厥若"即指上文
焰焰之火也。《顾命》"用奉恤厥若"，"厥若"即指王室也。上文已言"文
王、武王克知三有宅心，灼见三有俊心"，故此处惟云"我其克灼知厥若"
也。"丕乃"连文，犹斯乃也。下文"兹乃俾乂"与此语例相同，知"丕乃"即
"兹乃"也。《盘庚》"丕乃"字四见，并同。俾，使也。乱，治也。相，助也。受
民者，受之于天，受之于祖也。《洛诰》"承保乃文祖受命民"，又"诞保文
武受民"，并此义也。和，平也。间，代也。话，《释诂》"话"训"言"。"话"、
"言"并举者，极言庶职之不可侵也。本文语倒，犹云"自一话一言，时则
勿有间之"也。此即上文所称"文王罔攸兼于庶言"也。文言宅心官人任
贤受职，斯乃俾治。使之助我受民，和我狱讼财赋。自一话一言，为君者皆

无所与，我惟垂拱仰成而已。劳于求贤，逸于任贤，职是道也。刘逢禄云："末，终也。"成德之彦，即九德之吉士也。《尔雅》："美女为媛，美士为彦。"此告以官人之法。

呜呼。予旦已受人之徽言，咸告孺子王矣。继自今文子文孙，其勿误于庶狱庶慎，惟正是乂之。

【正读】旦，周公名，礼，君前臣名，故称"予旦"。已受，《汉石经》作"以前"。按"已"、"以"声通。受，当为"前"，形之误也。徽言，美言也。咸，遍也。文子文孙，犹言守成之主也。误，自误也。正，长也。乂，治也。言文武任贤之法，不仅今所当遵，即后世守成之主，亦当奉为定式也。此告以任贤之法。

自古商人亦越我周文王立政。立事、牧夫、准人则克宅之，克由绎之，兹乃俾乂。国则罔有立政，用憸人，不训于德，是罔显在厥世。继自今立政，其勿以憸人，其惟吉士，用劢相我国家。

【正读】宅之，度之也。"由绎"双声联词，犹言筹箸审慎，所谓国君进贤如不得已也。言商周先王官人，皆先量度其功，次又审慎于心，灼知其贤，兹乃使治。憸，利佞人也。不训于德，《汉石经》无"于"字，当从之。不训德，即上文"谋面用丕训德"也。"是罔显在厥世"，《汉石经》"在"作"哉"，非是。"国则罔有立政，用憸人，不训德"语倒，犹云"用憸人，不训德，国则罔有立政"矣。罔有立政者，言虽建官，犹未建也。是罔显在厥世，言国其无后矣。以，犹用也。劢，勉也。吉士，即《皋陶谟》"彰厥有常吉"也。以上反复丁宁，告以官人之法。

今文子文孙，孺子王矣。其勿误于庶狱，惟有司之牧夫。其克诘尔戎兵，以陟禹之迹，方行天下，至于海表，罔有不服。以觐文王之耿光，以扬武王之大烈。

【正读】重呼"孺子王"而告之。矣，语已词。蔡沈《集传》云："始言和我庶狱庶慎，时则勿有间之。继言其勿误于庶狱庶慎，惟正是乂。至是独曰'其勿误于庶狱'者，盖刑者，天下之重事，挈其重而独举之，使成王尤知刑狱之可畏也。"诘，责也。戎兵者，戎服兵器也。陟，升也。陟禹之迹，犹言循禹之迹。方，蒭也，普也。觐，见也。扬，续也。文言庶狱则有司存，可勿过问。尔当务其大者远者。张皇六师，横行四海，以显扬文武之光烈，此孺子王之事也。刘逢禄云："周公以周家忠厚开基，虑后王积弱为蛮夷所逼，故大建亲贤以守卫中国。特著诘兵之训于勿误庶狱之后，示戒深矣。"

呜呼。继自今后王立政，其惟克用常人。"

【正读】常人，犹吉士也。复言之者，庶狱庶慎，固须吉士。诘兵诛寇，尤赖常人也。以上告嗣王所当务。

周公若曰："太史，司寇苏公式敬尔由狱，以长我王国。兹式有慎，以列用中罚。"

【正读】太史者，呼太史令出苏公折狱之道以告成王也。《周官·太史》："掌建邦之六典，五曰刑典。又掌八法，七曰官刑。"又云："辨法者考焉。"盖苏公治狱之书藏于太史，故公令出之也。司寇苏公者，《左·成十一年传》云："昔周克商，使诸侯抚封，苏忿生以温为司寇。"杜注："苏忿生，周武王司寇也。""式敬"之"式"，用也。由狱，由读为邮，实当读为尤。《王制》"邮罚丽于事"，是也。敬，读为矜。《吕刑》"哀敬折狱"，《尚书大传》作"哀矜哲狱"，《论语》所谓"如得其情，则哀矜而勿喜"也。长，引祚也。言苏公用哀矜折狱之道，以延我国命也。兹，今兹也。式，法也。有，读为又。兹式有慎,言今兹效法苏公,又当益加详慎。何者?周官用刑之道,曰:刑新国,用轻典。刑平国,用中典。刑乱国,用重典。苏公在武王时天下初定,则刑乱国用重典时也。今则承平已久,当用中典,不当仍以严厉为治。列者,《服问》云:"等比也。"注云:"上附下附,列也。"中法,平法也。以列用中法者,《吕刑》云:"上刑适轻下服,下刑适重上服,轻重诸法有权,刑法世轻世重也。"苏公为司寇定刑详审,决狱持平,周公命太史出之,陈告成王,垂为定制。后此穆王度作祥刑,盖犹本其遗意也。

周 官 <small>亡,晚出古文有</small>

成王既黜殷命,灭淮夷,还归在丰,作《周官》。

【正读】《史记·鲁世家》云:"周之官政未次序,于是周公作《周官》,官别其宜。"《尚书正义》云:"成王于周公摄政之时,既黜殷命,及其即位之后,灭淮夷,于是天下大定。自灭淮夷还归在丰,号令群臣,言周家设官分职用人之法,史叙其事,作《周官》。"是也。又《尧典正义》:"孔以《周官》在《立政》后,第八十八。郑以为在《立政》前,第八十六。《周本纪》作《多士》后即作《周官》。《鲁世家》作《周官》后乃作《立政》。是《立政》应在《周官》后。但《立政》所举各官,全不与《官礼》相应,疑《立政》是旧制,《周官》乃新制也。孔序为长。"

贿肃慎之命 <small>亡</small>

成王既伐东夷,肃慎来贺。王俾荣伯,作《贿肃慎之命》。

【正读】既伐东夷者，承上叙"灭淮夷"言也。肃慎，郑君本作"息慎"，云："息慎，或谓之肃慎，东北夷。"按《鲁语》："武王克商，通道九夷八蛮，肃慎氏贡楛矢石砮。"是肃慎武王时曾来贡，今既伐东夷，复来贺也。俾，使也。马本作"辨"，亦"俾"之声借字。《酒诰》"勿俾乃司民湎于酒"，马本"俾"亦作"辩"，是也。荣伯者，郑云："周同姓畿内诸侯为卿大夫者也。"贿，财也。主国赠宾之礼也。《记》曰："贿，在聘于贿。"郑注云："于，读曰为。"言主国礼宾，当视宾之聘礼而为之财。王俾荣伯，语意未完，当是"王俾荣伯贿肃慎。作《贿肃慎之命》"，涉下文而误脱三字也。

亳　姑 亡

　　周公在丰，将没，欲葬成周。公薨，成王葬于毕，告周公，作《亳姑》。

【正读】丰，文王所都也。成周在瀍水东，周公所营也。毕者，《孟子》言"文王卒于毕郢"，赵岐注云："毕，文王墓，近于酆镐之地。"《史·鲁世家》云："周公在丰病将没，曰：'必葬我成周，以明吾不敢离成王。'周公既卒，成王亦让葬周公于毕，从文王，以明予小子不敢臣周公也。"《大传》云："三年之后，周公老于丰，心不敢远成王，而欲事文武之庙。然后周公疾，曰：吾死，必葬于成周，示天下臣于成王。'周公死，成王不葬于周 "周"上疑脱"成"字。而葬之于毕，示天下不敢臣也。所以明有功，尊有德。故忠孝之道咸在成王周公之间。故鲁郊，成王所以礼周公也。"按依《史记》、《大传》言，则周公在丰之时，欲事宗庙。及其疾，则欲东葬成周，一示不间文王成王之昭列相从，一示己之终臣于成王也。成王则让葬周公于毕，让其次于文王，以示不敢臣之意。合二家意，乃与序文相当。告周公者，告以不敢臣之意也。《亳姑》篇名，其义未详。

君 陈 亡，晚出古文有

周公既没，命君陈分正东郊成周，作《君陈》。

【正读】郑云："君陈，盖周公之子，伯禽弟也。"成周在近郊五十里。天子之国五十里为近郊。今河南雒阳，相去则然。江声云："郑君注《雒诰》，以涧水东瀍水西为王城，以瀍水东为成周，则成周在王城之东。叙言东郊成周，是据王城而目成周为东郊也。"

顾命 康王之诰

成王将崩，命召公、毕公率诸侯相康王，作《顾命》。

【正读】《史记·周本纪》云："成王将崩，惧太子钊之不任，乃命召公、毕公率诸侯以相太子而立之。成王既崩，二公率诸侯，以太子钊见于先王庙，申告以文王、武王所以为王业之不易，务在节俭，无多欲，以笃信临之，作《顾命》。"郑云："临终出命，故谓之《顾命》。回首曰顾。"

成王崩，康王既尸天子，遂告诸侯，作《康王之诰》。

【正读】"成王崩"三字，依《释文》引马本增。伏生今文书本合《顾命》为一篇，欧阳、大小夏侯并同，马、郑泰书古文本析"王若曰庶邦侯甸男卫"以下为《康王之诰》，晚出孔《传》本析"王出在应门之内"以下为《康王之诰》。见《正义》及《释文》。今按《顾命》及《康王之诰》，同篇异序，如《尧典》、《舜典》。是篇中自"诸侯出庙门俟"以上，为在庙传受顾命告祭之礼；自"王出在应门之内"以下，为诸侯朝见新君、新君诰告诸侯之事。篇中所记，自成王顾命登假，召公告庙传命，康王继体莅朝，典礼隆盛，绵历旬日，故史特侈陈其本末云。

惟四月哉生魄，王不怿。甲子，王乃洮颒水。相被冕服，凭玉几。

【正读】成王自癸巳年即政，至是年壬戌，在位三十年。依四分周历推得是年四月己酉朔，甲子，月之十六日。死霸，朔也。生魄，望也。则"哉生魄"即十五日癸亥也。不怿，不豫也。甲子，哉生魄之昱日。不言"越翼日"者，省文，从可知也。洮，洮发也。颒，洒面也。水者，《疏》云："谓洮盥俱用水也。"相者，郑云："正王服位之臣，谓太仆。"被，加其身也。冕，衮冕。衮冕之服，衣五章，裳四章。《正义》云："觐礼，王服衮冕而有玉几。此既凭玉几，明服衮冕也。《周礼·司几筵》云：'凡大庙觐，王位设黼依，左右玉几。'是也。"凭，依几也。此当在路门外之治朝，受朝于庭。若路朝则不应被衮冕也。

乃同召太保奭、芮伯、彤伯、毕公、卫侯、毛公、师氏、虎臣、百尹、御事。

【正读】"太保奭"以下六人，即冢宰等六卿也。太保毕公、毛公，以三公兼领卿职也。师氏，《地官》有师氏，中大夫。虎臣，《夏官》有虎贲氏，下大夫。百尹，尹正也。正，长也。百官之长也。御事，众治事者。

王曰："呜呼。疾大渐，惟几，病日臻。既弥留，恐不获誓言嗣，兹予审训命汝。昔君文王武王宣重光，奠丽陈教，则肄肄不违，用克达殷集大命。在后之侗，敬迓天威，嗣守文武大训，无敢昏逾。今天降疾，殆弗兴弗悟。尔尚明时朕言，用敬保元子钊，弘济于艰难。柔远能迩，安劝小大庶邦。思夫人自乱于威仪，尔无以钊冒贡于非几兹。"

【正读】渐，剧也。几，危也。病，疾加也。臻，至也。弥，终也。誓，以言约束也。嗣，嗣续，犹言嗣子也。审，详慎也。言疾大渐惟危。病至日臻，既当终命淹留之际，恐不获约言嗣续，故今详慎命汝也。宣，显也。重光，重明也。《易·离卦》传云："明两作离，大人以继明照于四方。"是"重光"之义也。奠，定也。丽，刑也，法也。如"慎厥丽乃劝"之"丽"。陈，列也。教，教令也。肄，读如惕。《周官·小宗伯》"肄仪为位"注："故书肄为肆。"《夏官·小子》"羞羊肆"注："肆，读为鬣。"是"肆"、"肄"、"惕"通叚之理。肄肄，犹言惕惕也。《楚语》："岂不使诸侯之心惕惕焉。"韦注："惕惕，惧也。"是其义也。江声不得其解，乃云"肄，习也，重言之者，病甚气喘而语吃"，真野言也。达，读为挞，即古"挞"字，犹云挞伐也。集，就也，成也。言文、武继世重光，宣昭令德，定法垂教，民用震动恪恭，用克挞伐殷商，承受天命，以见王业之艰难也。侗，《论语》孔注云："未成器之人也。"此成王自称，言文、武既没，愚稚如予，敬将天威，嗣守前训，罔敢昏乱逾越。殆，几也。兴，起也。悟，读为寤，觉也。尚，庶几也。明，勉也。时，承也。钊，康王名。弘，大也。言予今疾笃，殆于不起。汝其勉承予言，敬保嗣王，济斯艰阻也。能，郑云："犹伽也。"按伽亦安抚之意。劝，教也。夫人，犹凡人也。乱，治也。威仪者，有威可畏，有仪可象也。冒，《说文》："冡而前也。"贡，马本作"赣"，陷也。王鸣盛云："凡人为恶，或进而冒触，或退而坠陷，故兼言冒贡也。"几，读为机。《淮南·主术训》云："治乱之机。"高注："机，理也。"兹，读为哉，言之间也。《诗·下武》"昭兹来许"，《续汉书·祭祀志》注引作"昭哉来许"。《礼·中庸》："故栽者培之。"郑注："栽，或为兹。"是"兹"、"哉"通读之理。诸家"兹"属下读，云兹既受命还，无所取义也。言汝其辅导嗣王，柔远能迩，安教庶邦。思凡人尚自治于威仪，尔其勿以嗣王触陷于非理乎。能左右之曰以。此记成王顾命之言。

既受命，还，出缀衣于庭。越翼日乙丑，王崩。

【正读】既，《汉石经》作"即"，形之误也。受，当为授。《周官·司书》"受其币"，《大司徒》"五家为比，使之相受"，注并云："故书受为授。"盖

"受"为本字，原兼"予"、"受"两义。故古文"受"、"授"通作。此"受"当为"授"，授命者王也。还者，自治朝还于路寝也。发命于治朝，卧疾于路寝，乃其宜也。缀，《大戴礼记》卢注云："饰也。"按为绘绣也。缀衣，龙衮。即上文所被之"冕服"。庭，朝位也。《尔雅·释宫》："两阶间谓之乡，中庭之左右谓之位。"乡者君所立，位者臣所立也。知必为龙衮者，衮衣九章，天子受朝觐时所服。出之于庭者，王病不能视朝，则出衣于庭，为群臣瞻拜之资也。贾谊云："植遗腹，朝委裘，而天下不乱。"孟康《汉书注》云："委裘若容衣，天子未坐朝，事先帝裘衣也。"正是此义。晚出孔《传》谓："缀衣幄帐，群臣既退，彻出幄帐于庭。"试思幄帐既彻，委之于庭，殊不足以壮观瞻。史官记此琐事，亦大费笔墨也。乙丑，四月十七日。王崩，马本作"成王崩"，后史加之，非本文也。以上记成王顾命及登假。

太保命仲桓、南宫毛俾爰齐侯吕伋，以二干戈、虎贲百人逆子钊于南门之外。延入翼室，恤宅宗。

【正读】太保，君奭也。俾，从也。爰，于也。齐侯吕伋，太公子丁公也。《史记·齐世家》云："太公卒，子丁公吕伋立。"二干戈者，仲桓、南宫毛所执。虎贲，虎士也。《周官》属虎贲氏。南门，皋门也。天子五门，皋门最南，故曰南门。江声云："王既崩，世子犹在外。世子盖以王未疾时，奉使而出，比反而王崩。忧危之际，故以兵迎之于南门外云。"又云："据上文王命群臣时，太子实不在左右也。"今按江说是也。晚出孔《传》谓南门为路寝门，如仅为路寝门，则二人往迎，不必盛陈仪卫也。或又谓南门即庙门，《史记》所云"二公率诸侯以太子钊见于先王庙"者，不知庙门本文称"毕门"，下文"立于毕门之内，诸侯出庙门俟"，即其证。此时成王方崩，不导嗣王先入殡宫，反先导之入庙，非礼之节次也。延，道也。翼室，江声云："路寝旁室也。翼是左右两旁之名。然则翼室有两，此盖东翼室也。知者，以既殡之后，居倚庐，在中门外东方。此时未殡，暂居翼室，当亦在东可知矣。"恤，忧也。宅，居也。宗，犹主也。延子钊入路寝之旁室，忧居为丧主也。以上记嗣王反国居丧之事。

丁卯，命作册度。越七日癸酉，伯相命士须材。

【正读】丁卯，十九日。作册，官名，太史也。度，审议也。详稽居丧节次及见庙策告典礼也。《周官·太史》"凡丧事考焉"注："为有得失也。"癸酉，二十五日。郑云："盖大敛之明日也。"《正义》云："郑以大夫以上殡敛，皆以死之来日数。天子七日而殡，于死日为八日，故以癸酉为殡之明日也。"伯相，盖毕公也。时召公与毕公为左右二伯。召公称太保，则此伯相为毕公也。须者，江声云："须当为颁，字之误也。《礼·玉藻》：'大夫以鱼须文竹。'《释文》崔云：'用文竹及鱼班也。'《隐义》云：'以鱼须饰文竹之边。须音班。'"按"须"无音"班"之理，"须"为"颁"之讹字也。材，即下文所陈诸器物也。命士颁材者，《周官》司尊彝、司几筵、天府、典瑞、司服、典路诸职，皆士官也。下文所陈几筵、宝器、乘辂，皆士所颁也。上命蒙上太保为文，下命则伯相毕公所命也。

狄设黼扆缀衣。牖间南向，敷重篾席，黼纯，华玉仍几。西序东向，敷重厎席，缀纯，文贝仍几。东序西向，敷重丰席，画纯，雕玉仍几。西夹南向，敷重笋席，玄纷纯，漆仍几。

【正读】狄，向来诸家皆据《祭统》言"翟者乐吏之贱者"以释之。然《丧大记》狄人说阶、狄人出壶及此文"设黼扆缀衣"，皆与乐事无涉。疑此所谓狄，即《周官·守祧》之职。《守祧》注："故书'祧'作'濯'。""翟"与"狄"通，故"夷狄"亦作"夷翟"，"翟服"亦称"狄服"，"守祧"亦作"狄人"矣。《周礼·守祧》："掌守先王先公之庙祧，其遗衣服藏焉。"此设黼扆，正在庙中。陈缀衣，正先王遗衣服也。黼扆者，黼与斧通，扆与依通。《礼·明堂位》注云："斧依，为斧文屏风于户牖之间。"按《尔雅》："斧谓之黼，牖户之间谓之扆。"缀衣,龙衮也。设缀衣者,意犹《中庸》"设其裳衣",事死如事生也。本文所陈均在庙中,旧以为殡宫者误也。牖间,户牖之间也。敷,布也。篾,竹肤也。重者,再重也。黼,斧文也。纯,缘也。以黑白杂缯为之。华玉,五色玉也。仍,因也。因其质,谓无饰。凡吉事,变几;凶事,仍几。此席为新陟王设也。郑云:"不用生时席,新鬼神之事也。"传云:"此见群臣觐诸侯之坐。"按《周官·司几筵》:"凡大朝觐封国命诸侯,王位设黼依,依前南乡。"是也。堂上东西墙谓之序。在西者谓西序,在东者谓东序。底席,篾纤致席也。缀为画饰也。文贝,有黄白文之贝。此席在西阶上,盖为嗣王设。如在殡宫,则枢前不容此席也。东序者,东墙也。丰席,筦席也。画纯,画为云气也。雕,刻镂也。此席在阼阶上,盖为太保设。西夹,西房西堂之间也。笋,析竹青皮也。玄纷纯,以玄组为之缘。漆几也。此席在黼扆之西,盖为太史迓王策命之席也。晚出孔《传》谓西序东向,为旦夕听事之坐;东序西向,为养国老飨群臣之坐;西夹南向,为亲属私宴之坐。成王既崩,多设此坐,意欲何为。王国维《周书顾命考》谓牖间东序西序三席,盖为太王、王季、文王。西夹南向之席则为武王。本传顾命,新陟王既无专席,武王又挤入西夹,均臆说不可从。

越玉五重、陈宝。赤刀、大训、弘璧、琬琰在西序。大玉、夷玉、天球、河图在东序。胤之舞衣,大贝、鼖鼓在西房。兑之戈、和之弓、垂之竹矢在东房。

【正读】陈宝,郑云:"方有大事以华国也。"越,于也,及也。"越玉五重陈宝"语倒,犹言"陈宝越玉五重"也。《周官·天府》:"凡国之玉镇大宝器藏焉。若有大祭大丧则出而陈之。"此当陈于牖间南向之席前。而西夹南向之席前无陈者,容太史御王策命也。赤刀,郑云:"武王诛纣时刀。大训,谓礼法,先王德教,虞书典谟。"是也。弘璧琬琰,皆席尺二寸者。弘,大也。在西序者,西序东向之席前也。大玉,华山之球也。夷玉,东北之珣玕琪也。天球,盖即浑天仪,舜时璇玑玉衡也。河图,伏羲氏所得,即地图也。在东序者，东序西向之席前也。晚出孔《传》云："于东西序坐北列玉五重，又陈先王所宝之器物。"列玉陈宝，方资华国，不列于席前，反陈于序北，可谓明珠闇投也。胤者，郑云："胤也，兑也，和也，垂也，皆古人造此物者之名。"大贝，如车渠，散宜生取之江淮之浦也。鼖鼓，大鼓也。房，旁也。西房东房，在室左右旁也。

大辂在宾阶面，缀辂在阼阶面。先辂在左塾之前，次辂在右塾之前。

【正读】郑云："大辂，玉辂。缀，次。次在玉辂后，谓玉辂之贰也。先辂，象辂。"按次辂在象辂后，亦象辂之次也。面，南向。在前者，北向。门侧之堂谓之塾。郑云："象辂之贰与玉辂之贰相对，在门内之东，北面。不陈金辂、革辂、木辂者，主于朝祀而已。"按依郑说，则先辂亦宜与大辂相对，在门内之西，北面。郑不言者，省文从可知也。《周官·巾车》职："王之五路，玉路以祀，象路以朝。"以上陈设几席、宝器、车辂备传命。

二人雀弁，执惠，立于毕门之内。四人綦弁，执戈上刃，夹两阶戺。一人冕，执刘，立于东堂。一人冕，执钺，立于西堂。一人冕，执戣，立于东垂。一人冕，执瞿，立于西垂。一人冕，执锐，立于侧阶。

【正读】雀弁，郑云："赤黑曰雀，言如爵头色也。雀弁制如冕，黑色，但无藻尔。"惠，三隅矛。毕门，郑司农"阍人"及"朝士"注并云："路门，一曰毕门。"金榜云："康王受册命在祖庙。毕门者，祖庙门也。先儒以下经王出在应门之内，因释毕门为路门，盖失考。"今按金说是也。此云立在毕门之内，下经云"诸侯出庙门俟"，则毕门即庙门也。《周礼·阍人》："大祭祀丧纪之事，跸宫门庙门。"《典祀》："掌外祀之兆守，及祭，帅其属而跸之。"跸，止行人也。此"毕"为"跸"之借字。宫门庙门皆跸，庙门独称跸门者，庙事尤宜肃也。《春官·小宗伯》："掌建国之神位，右社稷，左宗庙。"郑注：
"谓在库门内雉门外之左右。"宋刘敞、清戴震、金鹗、孙诒让并云天子庙
在应门内路门外，夹治朝。今按戴、金诸家说并是也。康王即位于庙，上云
"诸侯出庙门俟"，下云"王出在应门之内"，是庙在应门内也。綦弁，青黑
色。阰，孔《传》："堂廉曰阰。"今按堂下皆弁，若阰为堂廉，则当冕矣。阰
与阶皆属于堂涂。堂涂北端，属于中堂之廉，可循级而升降于堂庭者谓之
阶。堂涂南端，属于门堂之基，可循级而升降于门庭者谓之阰。刘，钺属。
东序之东，谓之东堂，亦曰东箱。西序之西，谓之西堂，亦曰西箱。戣、瞿，
并三隅矛。堂侧边谓之垂，即堂廉也。锐，《说文》作"銳"，"矛属，读若
允。"侧，特也。侧阶，北堂北下阶也。北下阶无东西之别，故云"特阶"。以
上陈兵卫。

王麻冕黼裳，由宾阶隮。卿士邦君麻冕蚁裳，入即位。
太保、太史、太宗皆麻冕彤裳。太保承介圭，上宗奉同瑁，
由阼阶隮。太史秉书，由宾阶隮，御王册命。

【正读】孔《传》云："王及群臣皆吉服。"麻冕者，《正义》云："礼，绩麻三
十升以为冕，故称麻冕。"王麻冕者，盖衮冕也。衮是王之上服，于此正王
之尊，明其服必衮冕也。郑《周礼》注云："衮之衣五章，裳四章。"则裳非
独有黼。以裳之章色黼黻有文，故特取为文。由宾阶隮者，不敢当主也。王
国维曰："王谓康王，上言子钊，此变言王者，上纪成王崩日事，系于成王，
故曰子。此距成王崩已八日，称王无嫌也。"卿士邦君者，《传》云："公卿
大夫及诸侯皆同服，亦庙中之礼也。"《疏》云："同服吉服，言其如助祭，
各服其冕服也。"蚁裳者，《疏》云："色玄如蚁，故以蚁名之。礼，祭服皆玄
衣纁裳，此独云玄裳者，不可全与祭同，改其裳以示变于常也。"入即位者，
郑玄云："卿西面，诸侯北面。"《疏》云："郑玄惟据经'卿士邦君'言之。
其公亦北面，孤东面也。"彤裳者，《疏》云："彤，赤也。礼，祭服纁裳，纁
是赤色之浅者，故以彤为纁，言是常祭服也。"王国维云："太保、太史、太

宗彤裳纯吉者，太保摄成王，为册命之主，太宗相之，太史命之，皆以神道自处，故纯吉也。"今按宾阶，西阶也。位者，《尔雅》云："中庭之左右谓之位。"阼阶，东阶也。王由宾阶隮者，盖就西序东向之席，北面。太保、太宗由阼阶隮者，盖就东序西向之席，亦北面。太史由宾阶隮者，盖就西夹南向之席，南向立。王国维云："王由宾阶隮者，未受策，不敢当主位也。太保由阼阶隮，摄主，故由主阶。"是也。太宗伯从太保由阼阶隮者，傧也。《周礼·大宗伯》职"王命诸侯则傧"，此传顾命，当亦太宗为之傧，立于太保之右。太史由宾阶隮者，将就西夹南向之席，代神语以御命王也。《觐礼》："天子赐侯氏以车服，太史氏右。"此西夹南向之席，正右于新陟王牖间南向之席也。介圭，大圭也。《考工记·玉人》云："镇圭尺有二寸，天子守之。"承之者，《传》云："奉以奠康王所位。"《疏》云："以明正位为天子也。"其奉介圭，下文不言受介圭者，太保必奠于其位，但文不见耳。同，郑云："酒杯。"瑁，《考工记·玉人》云："天子执瑁四寸以朝诸侯。"《传》云："瑁，所以冒诸侯圭以齐瑞信。方四寸，邪刻之。"秉，执也。书，策书也。御，讶也。御王册命，迎王而以顾命册书授之也。王此时立宾阶上北面，太史氏立于西夹南向，故云讶王也。凌廷堪《礼经释例》云："授受之礼，同面者谓之并授受，相向者谓之讶授受。"

曰："皇后凭玉几，道扬末命，命汝嗣训，临君周邦，率循大卞，燮和天下，用答扬文武之光训。"

【正读】此太史传顾命册书而致辞也。扬，亦道也。末命，终命也。嗣训，嗣守文武大训也。卞，《说文》作"弁"。王肃云："法也。"

王再拜，兴，答曰："眇眇予末小子，其能而乱四方，以敬忌天威。"

【正读】眇眇，微也。末，蔑也。而，犹如也。晚出孔《传》云："其能如父祖治四方以敬忌天威德乎。"以上传命及答辞。

乃受同瑁，王三宿、三祭、三咤。上宗曰："飨"。

【正读】王国维曰："受同者王，授之者太宗也。授同者何，献王也。太宗奉同，太保拜送，王拜受。不书者，亦略也。何以知太保献王也？曰：下云：'太保受同降盥，以异同秉璋以酢。'又云：'太保受同，祭哜宅。'古礼有献始有酢，不献王，则何酢之有。何以知太宗受同？曰：《周礼·太宗伯》职：'大宾客则摄而载果。'郑注：'载，为也。果，读为祼。'代王祼宾客以鬯，君无酌臣之礼，言为者，摄酌献耳。拜送则王也。时太保摄主以命康王，故知授同者太宗也。册命嗣王，何以献也？曰：冠礼，宾之醮冠者也。昏礼，父之醮子也，女父之醴女也，舅姑之飨妇，以一献之礼，以著代也，皆古礼之尚存于周世者也。此述先王之命，付天下之重，故行以祼享之礼也。宿，进也。祭，祭酒至地也。咤，奠酒爵也。王受同者，重先王之命，祭之奠之，而不啐酒，不卒爵者，居丧故也。宿、祭、咤皆以三者，《周礼·大行人》职：'上公，王礼再祼而酢。诸侯诸伯，王礼壹祼而酢。诸子诸男，王礼壹祼不酢。'此所献为嗣王，尊于上公，当三祼而酢。此云'三宿三祭三咤'，不云'三祼或三献'者，互文也。飨者，上宗侑王之辞。"今按上文言太保承介圭，太史秉书，此不及之者，圭已奠于王所，书已御王授册也。王所受之瑁，当亦奠于其所，事讫乃以授人也。

太保受同，降，盥，以异同秉璋以酢，授宗人同，拜，王答拜。太保受同，祭哜宅，授宗人同，拜，王答拜。

【正读】王国维曰："此太保既献，王乃自酢也。古敌者之礼，皆主人献宾。宾酢主人，惟献尊者，乃酌以自酢。《燕礼》：'主人献公毕，更爵洗，升酌膳酒，以降，酢于阼阶下。北面坐奠爵，再拜稽首。公答再拜。主人坐祭，遂卒爵，再拜稽首。公答再拜。主人奠爵于篚。'此太保自酢，节目略同。所异者,惟酢于堂下,又不奠爵不卒爵耳。太保有自酢用臣礼者,册命时,摄主以行先王之命,故以鬼神之尊自处。既命之后,嗣王已即王位,故退而以臣自处也。以异同秉璋以酢,此异同谓璋瓒。以异同自酢者,不敢袭尊者之爵也。王祭而奠之,太保祭而哜之者,王兼居君父之丧,太保但居君丧,哀有间也。”今按异同秉璋为璋瓒,则王所受之同,其圭瓒与?《礼·祭统》:“君执圭瓒裸尸,太宗执璋瓒亚裸。”注:“圭瓒,璋瓒,裸器也。”以圭璋为柄酌郁鬯以献曰裸。

太保降,收。诸侯出庙门俟。

【正读】王国维曰:“此云太保降,知太保自酢在堂上也。不言王与太宗、太史降者,略也。《士昏礼》:‘舅姑共飨妇,以一献之礼。奠酬。舅姑先降自西阶,妇降自阼阶。’今册命礼成,太保摄主事已毕,当先自西阶降,而王降自阼阶也。”今按:收,彻也。此云“诸侯出庙门”,知上文毕门为庙门也。俟,俟王出朝也。以上行裸享礼,以成册命之事。王国维据《通典》卷七十引郑此注为以醴齐成即位之说,释此文为裸享,深遶礼例,故本节全引其说。

王出在应门之内,太保率西方诸侯入应门左,毕公率东方诸侯入应门右,皆布乘黄朱。

【正读】晚出古文本析此以下为《康王之诰》。然上文“诸侯出庙门”,此云“王出在应门之内”,文意相接,不能分为异篇也。周制,天子五门,其外为皋门,次为库门,次为雉门,内为应门,最内为路门。宋刘敞、清戴震、金鹗、孙诒让等,均说宗庙在应门之内路门之外,与正朝平。此云“王出在应门之内”,则出庙门而西,正当正朝之位,即两阶之间也。上云“诸侯出庙门”,则知王亦出庙门。此云“王出在应门之内”,则知诸侯出庙门为出在应门之外。上下文互相足也。太保率西方诸侯,毕公率东方诸侯者,《公羊传》云："自陕以东周公主之，自陕以西召公主之。"是时周公既没，毕公分厘东郊，则召公为西伯，毕公为东伯，分率诸侯矣。西方诸侯入门而左，东方诸侯入门而右者，各从其方也。布乘，今文《尚书》作"黼黻"。《白虎通·绋冕篇》云："《书》曰：'黼黻衣黄朱绋。'亦谓诸侯。"是也。孙星衍云："布与黼声相近，乘与黻形相近。解黄朱以绋者，《诗传》云：'朱芾，黄朱芾也。'于《斯干》又曰：'芾者，天子纯朱，诸侯黄朱。'"今按孙说是也。黼黻衣黄朱绋，是诸侯朝服也。

宾称奉圭兼币曰："一二臣卫，敢执壤奠。"皆再拜稽首。王义嗣德答拜。

【正读】宾，诸侯也。《周官·大行人》职云："掌大宾之礼。"注："大宾，要服以内诸侯。"称，释辞也。圭者，《考工记·玉人》云："命圭九寸，谓之桓圭，公守之。命圭七寸，谓之信圭，侯守之。命圭七寸，谓之躬圭，伯守之。"注云："命圭者，王所命之圭也，朝觐执焉。"币者，《小行人》职云："合六币，圭以马，璋以皮，璧以帛，琮以锦，琥以绣，璜以黼。"注云："六币，所以享也。""宾称奉圭兼币"语倒，犹云"宾奉圭兼币称曰"云云也。臣卫，谓蕃卫。奠，礼献也。壤奠，谓土壤所产也。《觐礼》云："庭实惟国所有。"言壤奠也。皆，皆诸侯也。郑云："此朝兼享礼也，与常礼不同。释辞者一人，其馀奠币者，再拜稽首而已。"按郑注《曲礼》云："受贽于朝，受享于庙。"是常礼皆先朝而后享。此同时并行，又同在朝，故云"与常礼不同"也。义嗣，冢子宜为嗣者。《左·襄十四年传》云："君，义嗣也，谁敢奸君。"正用此文。德，《说文》云"升也"。此用本义。受朝于庭，受享于堂，诸侯朝毕而享，故王升阶答拜也。王答拜者，礼无不答也。以上诸侯朝享。

太保暨芮伯咸进相揖，皆再拜稽首曰："敢敬告天子，皇天改大邦殷之命，惟周文武诞受羑若，克恤西土。惟新陟王毕协赏罚，戡定厥功，用敷遗后人休。今王敬之哉。张皇六师，无坏我高祖寡命。”

【正读】曁，与词。诞，大也。羑，《说文》："进善也。"或作"诱"。如《诗》"天之牖民"之"牖"。若，读为诺。如《召诰》"面稽天若"之"若"。诞受羑若，犹言大承帝命也。恤，收也。克恤西土，言能抚恤西土也。新陟王，指成王言。陟，升也。《曲礼》云："天王登假。"是赴告之词称天子崩为"登假"也。敷，普也。休，美也。张皇，整齐之也。六师，天子六军。周制，一万二千五百人为师。寡，大也。《诗》"刑于寡妻"，即"刑于大妻"。《康诰》"乃寡兄勖"，即"乃大兄勖"。本文"高祖寡命"，即"高祖大命"也。云"张皇六师"者，犹周公言"诘尔戎兵"意也。

　　王若曰："庶邦侯甸男卫，惟予一人钊报诰，昔君文武丕平富，不务咎，底至齐，信用昭明于天下。则亦有熊罴之士、不二心之臣，保乂王家，用端命于上帝。皇天用训厥道，付畀四方。乃命建侯树屏，在我后之人。今予一二伯父尚胥暨顾，绥尔先公之臣服于先王。虽尔身在外，乃心罔不在王室。用奉恤厥若，无遗鞠子羞。"

【正读】马、郑本析"王若曰"以下为《康王之诰》。《史·周本纪》："太子钊立，是为康王。康王即位，遍告诸侯，宣告以文武之业以申之，作《康王之诰》。"是史公亦从此处分篇也。惟此文明为康王答太保辞，截此分篇，仍嫌割裂，不如说为同篇异序也。六服不数采服、要服者，随文便也。平富者，《论语》所谓"不患寡而患不均"也。咎，罚也。不务咎者，《孟子》所谓"省刑罚"也。底，止也。齐，《释言》云："中也。"信，读为斯，此也。《庄子·大宗师》"申徒狄"，《史记·留侯世家》"以良为韩申徒"，申徒者，司徒也。"申"之读为"司"，犹"信"之读为"斯"也。信用昭明于天下，与晚出《禹谟》"兹用不犯于有司"、《盘庚》"鲜以不浮于天时"，向例相同。信，读为斯，亦犹"鲜"读为"斯"矣。言文武为政，等贫富之差，协宽猛之宜，

止于至中，斯用宣昭义闻于天下也。义，治也。端，正也。训，顺也。付、畀
并与也，联词。屏，蔽也，言屏藩。"在我"之"在"，王念孙云："谓相顾在。
《左襄二十六年传》云：'卫献公使让太叔文子曰：吾子独不在寡人。'即
此'在'字之义。下文'尚胥暨顾'，亦谓相顾在也。"尚，庶几也。胥，相也。
暨，与也。顾，念也。绥，读为绥，继也。"绥尔先公之臣服于先王"作一句
读，言继尔先公之臣服于先王也。恤，忧也。厥若，指示词，犹言那个。即指
上文"王室"也。鞠，稚也。以上召公及诸侯陈戒之词及康王答词。

群公既皆听命，相揖，趋出。王释冕，反，丧服。

【正读】释冕者，释吉服也。反，反于路寝之翼室也。受顾命于庙，见诸
侯于朝，成服于殡宫。天子七日而殡，诸侯五日而殡，大夫、士三日而殡，
殡之明日成服。士四日而成服，天子八日而成服。癸酉成王崩后八日，故云
"反，丧服"。《白虎通》无"反"字，非也。以上成服。

毕 命 <small>亡，晚出古文有</small>

康王命作册毕，分居里，成周郊，作《毕命》。

【正读】《史·周本纪》云："康王命作册毕公，分居里，成周郊，作《毕
命》。"据此则本序"作册毕"下脱"公"字。命作册者，孔《传》云："命为册
书以命毕公也。""分居里，成周郊"者，孔《传》云："分别民之居里，异其
善恶，成定东周郊境，使有保护也。"郑康成云："今其逸篇有册命霍侯之
事，不与此序相应。《毕命》亡。"

君 牙 _{亡，晚出古文有}

穆王命君牙为周大司徒，作《君牙》。

冏 命 _{逸，晚出古文有}

穆王命伯冏为周太仆正，作《冏命》。

【正读】《史·周本纪》："穆王闵文武之道缺，乃命伯臩申诫太仆国之政，作《臩命》。"

吕 刑

吕命穆王训夏赎刑，作《吕刑》。

【正读】《史·周本纪》云："甫侯言于王，作修刑辟。"《诗·崧高》笺云："甫侯相穆王，训夏赎刑。"是说作《吕刑》之事。《史记》"吕"作"甫"，《礼·缁衣》、《孝经》均引此《书》作《甫刑》者，《书》疏云："《扬之水》，平王之诗，云'不与我戍甫'，明子孙改封为甫侯。穆王时未有甫名，称《甫刑》者，后人以其子孙国号名之。犹叔虞初封唐，子孙封晋，而史公称《晋世家》也。"吕命穆王者，命，告也。郑注《缁衣》云："傅说作书，以命高宗。"则此书为吕侯所说以命穆王。故《史记》云"甫侯言于王"也。训夏赎刑者，申训夏时赎刑之法也。《书》疏云："周礼五刑皆五百，此则墨、劓皆千，剕刑五百，宫刑三百，大辟二百，轻刑多，重刑少，是改从轻也。"

惟吕命，王享国百年，耄。荒度作刑，以诘四方。

【正读】惟吕命，与晚出古文"惟说命"语意同。言此书吕侯所命也。《周本纪》云："穆王即位，春秋已五十矣。"又云："穆王立五十五年崩。"是"享国百年"，兼数未即位之年也。耄，老也。言当此时年已老矣。荒，大也。度，量度也。"荒度"连读，《皋陶谟》"予荒度土功"是也。诘，责也。以上史官记事之词。下乃正文。

王曰："若古有训，蚩尤惟始作乱，延及于平民，罔不寇贼，鸱义奸宄，夺攘矫虔。苗民弗用灵，制以刑，惟作五虐之刑曰法。杀戮无辜，爰始淫为劓刵椓黥。越兹丽刑并制，罔差有辞。

【正读】若，读为曩，声之转也。《大诰》"若昔朕其逝"，言曩昔朕其逝也。晚出《周官》"若昔大猷"，言曩昔大猷也。蚩尤霸天下，黄帝所伐者，古苗族酋长也。寇贼者，寇钞贼害也。鸱义者，王引之云："鸱者，冒没轻儳。义者，倾邪反侧也。古者俄义同声。"奸宄者，于内为奸，外为宄。夺，强取也。有因而盗曰攘，诈称为矫，强取为虔。灵，当为"令"，声之讹也。《礼·缁衣》引《甫刑》作"苗民匪用命"，注："命，谓政令也。"古文"命"、"令"字通用。苗民弗用灵者，弗用其政令也。制以刑者，《墨子》引作"折以刑"，"制"、"折"声近义通。虐，残杀也。五虐之刑，蚩尤所作也。淫，过也。劓刵椓黥者，郑本作"刵劓椓黥"，许氏《说文·攴部》引作"刖劓斀黥"，夏侯等书作"膑宫劓割头庶黥"。<small>王引之校："割在劓上，庶乃鹿之误。"</small>今谓当作"刖、劓、宫割、头鹿、黥"。郑本、晚出古文"刖"误作"刵"，许书作"刖"，不误。晚出古文"劓"、"刵"误倒，郑本及许本作"刖劓"，不误。宫割，许、郑及晚出古文均脱，今文不脱。惟"宫"、"割"不连，间在"劓"间，非是。刖，《周礼·司刑》注："断足也。刑名，或称剕。"《释言》："跳，刖也。"后文亦称"剕"。今文用"剕"之对转字作"膑"。《大传》云："决关梁、踰城郭而略盗者，其刑膑。"是也。劓，郑注《司刑》云："截鼻也。"《大传》云："易君命、革舆服制度、奸轨盗攘伤人者，其刑劓。"是也。宫割者，《尚书刑德放》云："女子淫乱，执置宫中，不得出。"割者，丈夫淫，割其势也。《白虎通义》云："割宫，在其中刑者也。宫者，女子淫，执置宫中，不得出也。丈夫淫，割其势也。"郑注《礼·文王世子》云："宫割，淫刑也。"按"宫"与"割"对，则"宫"为女子之刑，"割"为男子之刑。"宫割"与"头鹿"对，则"宫割"为女子之刑，"头鹿"为男子之刑。宫割，割出子宫而幽闭之也。头鹿，即涿鹿，即"椓"之合音。《说文》作"劅"，"去阴之刑也"。晚出古文作"椓"，《尚书大传》作"触"。所谓男女不以义交者，其刑宫触。宫，即夏侯等书之"宫割"。触，即夏侯等书之"头鹿"。今文并言"宫触"，古文祇言"椓"言"劅"，疑文有脱误也。黥，墨刑也。刵、劓、宫割、头鹿、黥，五者皆肉刑，所谓"五虐之刑"。周制以宫刑包括宫、触二者，郑《周礼·司刑》注云："宫者，丈夫则割其势，女子闭于宫中也。"故大辟在五刑之中。蚩尤之刑，宫、椓分举，大辟则在五虐之刑以外也。越兹，于是也。丽，罪网也，罚也。刑，杀也。丽刑并制者，既罚金，又加以刑。或既加刑，又籍其家也。差，择也。罔差有辞者，言不问其有辞与否也。

民兴胥渐，泯泯棼棼，罔中于信，以覆诅盟。虐威庶戮，方告无辜于上，上帝监民，罔有馨香德，刑发闻惟腥。皇帝哀矜庶戮之不辜，报虐以威，遏绝苗民，无世在下。

【正读】胥，相也。渐，犹诈也。《荀子·正论篇》云："上幽险则下渐诈矣。"泯泯棼棼，乱也。中，俞曲园云："中与忠通。《大司乐》注：'中，犹忠也。'"于，犹与也。声之转。罔中于信，无忠与信也。覆，反也。诅，诅祝。盟，盟誓。民无忠信，其诅盟未有不反复者。庶，众也。方，并也。监，视也。德，升也。腥，腥臊之气也。不辜，言无辜也。报虐以威者，言以刑止乱也。遏，遮遏。绝，殄灭之也。言蚩尤始作五虐之刑，民起相诈，不顾信义，以败诅盟。用刑加严，犯者愈众。被戮者并告无辜于上。上帝下视，罔有馨香之气升闻于天，所发闻者惟刑戮之腥气耳。皇帝哀无辜之被戮，以兵殄遏苗民，无嗣于后。举此以见淫刑以逞者之无后也。皇帝，郑君以为颛顼也。

乃命重黎绝地天通，罔有降格。

【正读】乃命，皇帝命之也。格，格人，能知鬼神情状者，降格，言天降格人也。《多士》"则惟帝降格，向于时夏"，亦此意。彼言"惟帝降格"，此言"罔有降格"者，彼欲明天人相感之理，故言"惟帝降格"；此欲惩苗民家为巫史之风，故言"罔有降格"也。重黎，颛顼时司天地官名。《楚语》昭王问于观射父曰："《周书》所谓重黎实使天地不通者何也？若无然，民将能登天乎？"对曰："非此之谓也。少昊之衰也，九黎乱德，民神杂糅，不可方物。夫人作享，家为巫史。无有要质，民匮于祀，而不知其福。烝享无度，民神同位，民渎齐盟，无有严威。神狎民则，不蠲其为。嘉生不降，无物以享。祸灾荐臻，莫尽其气。颛顼受之，乃命南正重司天以属神，命北正黎司地以属民。使复旧常，无相侵渎。是为绝地天通。其后三苗复九黎之德，尧复育重黎之后，不忘旧者，使复典之，以至于夏商。故重黎氏世叙天地，而别其分主者也。"

群后之逮在下，明明棐常，鳏寡无盖。

【正读】"群后之逮在下"语倒，犹云"逮在下之群后"，谓若高辛及尧舜也。明明，察也。棐，辅也。棐常，惩民神杂糅之风也。盖，害也，声相近。《孟子》"谋盖都君"，即"谋害都君"也。《尔雅·释言》"盖"、"割"同训"裂"，亦"盖"、"害"声近义通之证。鳏寡无盖，惩"虐威庶戮"之弊也。郑康成以"皇帝哀矜庶戮之不辜"至"罔有降格"，皆说颛顼之事。"乃命重黎"即是命重黎之身，非羲和也。

皇帝清问下民，鳏寡有辞于苗。德威惟畏，德明惟明。

【正读】郑康成以"皇帝清问下民"以下，乃说尧事。颛顼与尧，再诛苗民，故上言"遏绝苗民"，此言"有辞于苗"，异代别时，非一事也。今按郑说

是也。《楚语》言三苗九黎之德,则此所云"有辞于苗"也。清问,马融云:
"清,讯也。"《表记》引《甫刑》云:"德威惟畏,德明惟明,非虞帝其孰能
知此乎?"注:"德所威,则人皆畏之,言服罪也;德所明,则人皆尊之,言得
人也。"按德所威,即《尧典》言"窜三苗于三危"也;德所明,即下文"乃
命三后"也。二句承上起下。

乃命三后恤功于民。伯夷降典,折民惟刑。禹平水土,
主名山川。稷降播种,农殖嘉谷。三后成功,惟殷于民。士
制百姓于刑之中,以教祗德。

【正读】后,君也。恤,收也。伯夷者,《尧典》:"帝曰:'咨四岳,有能典朕
三礼?'佥曰伯夷。"《国语》亦云:"伯夷,能礼于神以佐尧者也。"降典者,
《大传》曰:"伯夷降典礼,折民以刑。谓有礼然后有刑也。"主名山川者,
《尔雅·释水》云:"从《释地》以下至九河,皆禹所命也。"稷降播种者,
《大戴记·五帝德》云:"使后稷播种,务勤嘉谷也。"农,《广雅·释诂》云:
"勉也。"殖,种也。殷,正也。士,士师也。《尧典》云:"皋陶作士。"言三
后成功,而后士师制止百姓于刑之中也。祗德,敬德也。刑亦言教者,晚出
《禹谟》云:"明于五刑以弼五教。"是明刑即以弼教也。

穆穆在上,明明在下。灼于四方,罔不惟德之勤。故乃
明于刑之中,率乂于民棐彝。典狱,非讫于威,惟讫于富。
敬忌,罔有择言在身。惟克天德,自作元命,配享在下。"

【正读】穆穆,美也。明明,察也。灼,光也。惟德之勤,惟德是勤也。刑之
中,言中道也。棐彝,犹上言"棐常"也。"率乂于民棐彝"语倒,言棐彝以
率治斯民也。讫,止也。威,如《洪范》"威用六极"之"威"。富,如《洪范》
"向用五福"之"福"。忌之言戒,言外敬而心戒慎也。择,读为殬,败也。
克,肩也。自作元命,犹言自求多福也。配享,言配天而享其禄矣。文言尧、

舜时，君有穆穆之美，臣有明明之察，光昭四方，罔不惟德是勤，故能明于制刑之道，辅常以率乂斯民也。典狱之意，非惟终于立威，惟欲惩一劝百，为民作福也。又虑其身不正，虽令不从，故又言其以身作则，外敬内忌，罔有败言加于其身者。惟能自任天德，故能自求多福，配享天命于无极也。上言蚩尤作五虐之刑，而无世在下。尧舜作中刑，而配享在下。文意相对。

　　王曰："嗟。四方司政典狱，非尔惟作天牧，今尔何监？非时伯夷播刑之迪，其今尔何惩？惟时苗民匪察于狱之丽，罔择吉人，观于五刑之中，惟时庶威夺货，断制五刑以乱无辜。上帝不蠲，降咎于苗。苗民无辞于罚，乃绝厥世。"

【正读】司政典狱，谓诸侯也。呼司政典狱告之曰："汝非为天牧民者乎？"《左传》："天生民而立之君，使司牧之。"监，视也，戒也。播，施也。迪，启导也。言尔天牧何所取法，非是伯夷播刑之道，藉以导斯民于正轨乎？惩，创艾也。匪，犹不也。丽，系也。匪察于狱之丽，犹《多方》言"不克开于民之丽"也。吉人，善士也。庶威，盛为威势，犹上文言"虐威庶戮"也。夺货，广征货贿，犹上文言"丽刑并制"也。乱，乱罚，犹《君奭》言"乱罚无辜"也。蠲，絜也。咎，罚也。郑云："天以苗民所行腥臊不洁，故下祸诛之。"无辞于罚，言无辞以自解于天也。乃绝厥世者，犹上文言"遏绝苗民，无世在下"也。"惟时苗民"至"乃绝厥世"，承"其今尔何惩"之问为答语。言尔为天牧，何所惩艾乎？惟是苗民虐威重戮，上帝不蠲，卒绝厥世，汝当知所惩戒也。

　　王曰："呜呼。念之哉。伯父、伯兄、仲叔、季弟、幼子、童孙，皆听朕言，庶有格命。今尔罔不由慰曰勤，尔罔或戒不勤。天齐于民，俾我一日，非终惟终在人。尔尚敬逆天命，以奉我一人。虽畏勿畏，虽休勿休。惟敬五行，以成三德。一人有庆，兆民赖之，其宁惟永。"

【正读】格命，固命也。《君奭》"今汝永念，则有固命"，"格"、"固"声相通。由，用也。慰，自慰藉也。勤，劳也。由慰曰勤，孔《传》本"曰"作"日"。《释文》云："一音曰。"按依文义作"曰"者为是。或者，《诗笺》云："或之言有也。"今尔无不用自慰藉曰：已勤劳矣。尔无有以不勤为戒者。齐，整齐之也。如《论语》"齐之以刑"之"齐"。俾，使也。今文作"假"，义亦相近。非终，如《康诰》言"乃有大罪，非终，乃惟眚灾，适尔"。惟终，如《康诰》言"人有小罪，非眚，乃惟终，自作不典，式尔"。文言民有过恶，天欲整齐之，俾我一日司其柄，我不可以私意参与其间。眚灾肆赦，怙终贼刑，亦在人之本身而已。天之生物，因材而笃，栽者培之，倾者覆之。天命如是，尔等庶几敬迓天命，以奉我一人乎。虽畏勿畏，不畏高明也。休，喜也。虽休勿休，"得其情，哀矜勿喜"也。三德，《洪范》所云"正直、刚克、柔克"也。惟敬五刑以成三德者，明刑所以弼教。刑法所以裁成天下之人，使无过不及之差者也。庆，善也。赖，利也。王者牧民，生杀与夺，凭其喜怒。一人有善，兆民利赖，其国祚乃永宁矣。《魏志·王朗传》朗上疏曰："《易》称敕法，《书》著祥刑，一人有庆，兆民赖之，慎法狱之谓也。"以上承前言所当法戒，并及国祚悠久之道。

王曰："吁。来，有邦有土，告尔祥刑。在今尔安百姓，何择非人，何敬非刑，何度非及。

【正读】有邦者，畿外诸侯。有土者，畿内有采地之臣。祥，善也。古者"美"、"善"、"义"、"祥"皆从"羊"。祥刑，善刑也。择，如上"罔择吉人"之"择"。敬，矜也。度，审议也。及，《古书疑义举例》云："及为及之讹。《尔雅》：'服，宜，事也。'《史记》：'何度非其宜。'"按"及"如下文"上服下服"之"服"。《说文》："及，治也。"三语皆倒，犹言非人何择，非刑何敬，非服何度也。三者皆宜审慎。

两造具备，师听五辞。五辞简孚，正于五刑。五刑不简，正于五罚。五罚不服，正于五过。五过之疵，惟官，惟反，惟内，惟货，惟来。其罪惟均，其审克之。

【正读】两造者，《周官·大司寇》："以两造禁民讼。"注："造，至也。使讼者两至。"师，士师，《周礼·刑官》之属，"士师，下大夫"，注："士，察也，主察狱讼之事。"听，郑注《小宰》云："平治也。"五辞，即五听也。《周礼·小司寇》云："以五声听狱讼，求民情，一曰辞听，二曰色听，三曰气听，四曰耳听，五曰目听。"简，简核也。孚，验也。正，质也。五刑，墨、劓、剕、宫、大辟也。不简，谓核其罪与五刑不相应也。五罚，墨、劓、剕、宫、大辟五等之罚也。不服，谓其罪与五罚仍不相应也。五过，疑于五刑五罚而为过失者。言五辞简核，与刑相应，则正之于五刑。五辞与刑参差不应，是刑之疑者也，则质之于五罚，所谓"罪疑惟轻"也。五辞与罚仍不相应，是罚之疑者也，则质之于五过而宥免之，所谓"宥过无大"也。疵，瑕也。官，谓挟威势。反，谓报恩怨。内，谓从中制。货，谓勒索货贿。来，马融本作"求"，读为"赇"。《说文》："赇，以财物枉法相谢也。"均，等也。审，察也。克，《汉书·刑法志》引作"核"，当读为"覈"。《说文》："覈，实也。考事而笮，邀遮其辞，得实曰覈。"按"克"、"覈"声相近。审克犹言察实也。言五过宜宥，然有必当审实者，即防士师故出入人罪也。是为五过之疵。或恃威势，或任恩怨，或畏高明，或贪货贿，或受请求。本过而误为非过，非过而误以为过，以至出入人罪，其罪与犯法者均。《王制》所谓"凡执禁以齐众者不赦过，所以儆官邪"也。其审克之，戒有邦有土者也。

五刑之疑有赦，五罚之疑有赦，其审克之。简孚有众，惟貌有稽。无简不听，具严天威。

【正读】刑疑有赦，正于五罚也。罚疑有赦，正于五过也。简孚有众，核验于大众也。《周官·小司寇》："以三刺断庶民狱讼之中，一曰讯群臣，二曰

讯群吏,三曰讯万民。"《王制》所谓"疑狱,泛与众共之"也。貌,《说文》
引《周书》作"緢"。孙星衍曰:"《说文》编字,以类相从,'緢'次'细'字
'纤'字后,则为细微必加考察之义,盖孔壁古文。是经文之'貌'或'藐'
省文也。"按孙说是也。刑罚有疑,须核其实。核验于众,细微必谨也。狱
以核实为主,无实者不论为罪。言当严天威,无轻用刑也。

墨辟疑赦,其罚百锾,阅实其罪。劓辟疑赦,其罚惟
倍,阅实其罪。剕辟疑赦,其罚倍差,阅实其罪。宫辟疑
赦,其罚六百锾,阅实其罪。大辟疑赦,其罚千锾,阅实其
罪。墨罚之属千,劓罚之属千,剕罚之属五百,宫罚之属三
百,大辟之罚其属二百,五刑之属三千。

【正读】墨,黥也。先刻其面,以墨窒之。疑赦者,吴闿生云:"谓其罪疑
于可赦,故拟罚款之数,而更阅实其罪,罪当则仍刑之,疑则罚而赦之
也。"罚者,金作赎刑也。锾,锊也。重六两又大半两也。"锾"以声转叚借
为"选"为"馔","锊"亦以双声叚借为"率"。其罚古用铜,《周礼·职金》
云:"掌受士之金罚货罚,入于司兵。"古以铜为兵器,今所传戈剑皆铜也。
阅实,犹上言"审克"也。刑疑惟罚,犹当审克其罪,使罪与罚相应。劓,割
鼻也。倍者,倍百锾为二百也。剕,断足也。倍差者,倍二百为四百,又增其
差为五百也。宫者,《周礼·司刑》注云:"丈夫则割其势,女子闭于宫中。"
大辟,死刑也。《周礼·司刑》云:"墨罪五百,劓罪五百,宫罪五百,剕罪五
百,杀罪五百。"江声《尚书集注音疏》云:"墨劓倍于其初,宫与大辟皆减
焉。以是差之,轻于周礼也,此穆王祥刑之意也。"孙星衍云:"罪之条目必
有定数者,恐后世妄加之。故律所无,辄比附以定罪。今例犹云比照某律
也。"

上下比罪,勿僭乱辞,勿用不行,惟察惟法,其审
克之。

【正读】比者,《王制》云:"凡听五刑,必察小大之比以成之。"注云:"小大,犹轻重。已行故事曰比。"按彼云"小大",犹此云"上下"也。罪重者比于上刑,罪轻者比于下刑也。僭,差也。辞,囚辞,狱辞也。孙星衍云:"《汉书·路温舒传》温舒上书曰:'囚人不胜痛,则饰辞以视之,吏治者利其然,则指道以明之,上奏畏却,则锻炼而周内之。'又《刑法志》云:'奸吏因缘为市,所欲活则傅生议,所欲陷则予死比。'是差乱囚辞及决狱之辞也。"按"僭"与"乱"义相近,"僭乱"联词,句例与《无逸》"不遑暇食"同。古人自有复语耳。不行者,孙星衍云:"谓蠲除之法。《春秋保乾图》曰:'王者三百年一蠲法。'已蠲,罚又行之,则刑罚不信,民无所措手足。"惟察惟法者,《尚书大传》云:"听狱之术,大略有三。治必宽,宽之术归于察,察之术归于义。"王葵园云:"宽之术归于察,不可故纵,故经云'惟察'。察之术归于义,勿用非刑,故又云'惟法'。"其审克之,戒之也。

上刑适轻,下服。下刑适重,上服。轻重诸罚有权。刑罚世轻世重,惟齐非齐,有伦有要。

【正读】服,治也。蔡《传》云:"事在上刑而情适轻,则服下刑。舜之宥过无大,《康诰》所谓'大罪非终'者是也。事在下刑而情适重,则服上刑。舜之刑故无小,《康诰》所谓'小罪非眚'者是也。"权者,《公羊传》云:"反于经,然后有善者也。"轻重诸罚有权,言罚之轻重,亦皆有权焉。权者进退推移以求其轻重之宜也。"刑罚世轻世重"者,言随世而为轻重也。《荀子·正论篇》云:"刑称罪则治,不称罪则乱。故治则刑重,乱则刑轻。犯治之罪故重,犯乱之罪固轻。《书》曰:'刑罚世轻世重。'此之谓也。"惟齐非齐者,江声云:"上刑适轻,下刑适重,非齐也。轻重有权,随世制宜,齐非齐也。"有伦有要,伦,条理也。要,纲要也。二句总该上文四句。

罚惩非死,人极于病。非佞折狱,惟良折狱,罔非在中。察辞于差,非从惟从。哀敬折狱,明启刑书胥占,咸庶中正。其刑其罚，其审克之。狱成而孚。输而孚。其刑上备，有并两刑。”

【正读】罚，五刑之罚也。惩，创艾也。极者，孙星衍云：“‘极’与‘剧’声相近。《说文》‘一曰甚也’。”按犹言困也。言五刑罚款，其惩创犯者，虽非至死，而人已困于病矣。此二语释赎刑之旨。佞，口才辨给也。良，善也。言折狱者匪恃口才辨给，使困穷于辞，惟当大畏民志，使民输其情，庶公正不偏，无不得中也。差者，参差不齐一也。从者，顺也，承也。辞非情实，必有参差矛盾之处。听狱者察之于差，则辞非承而情已承。故曰“非从惟从”也。哀敬，“敬”当为“矜”，怜也。胥，相也。占，隐度也。咸，皆也。庶，幸也。言以哀矜之心折狱，又明启刑书相隐度，情罪胹合，庶几咸协于中正也。至于刑罚之上下轻重，又当审克之无忽。成，狱辞也。《王制》：“凡听五刑，必察小大之比以成之。”成狱辞，史以狱成告于正。所谓成者，谓狱吏初责覈罪人之辞也。“输”与“成”相对为文。王引之云：“输之言渝也。《尔雅》：‘渝，变也。’《广雅》：‘输，更也。’狱辞或有不实，又察其曲直而变更之，后世所谓平反也。狱辞定而人信之，其有变更而人亦信之，所谓民自不以为冤也。”至于加刑事罚，则有其刑上备者，轻重同犯，以轻罪并入重罪，不复科其轻。有并两刑者，两罪俱发，则但科以一罪，不复责其馀，皆取宽厚之意也。以上皆祥刑之条目及折狱之方法。

王曰：“呜呼。敬之哉，官伯族姓，朕言多惧，朕敬于刑，有德惟刑。今天相民，作配在下，明清于单辞，民之乱，罔不中听狱之两辞，无或私家于狱之两辞。狱货非宝，惟府辜功，报以庶尤。永畏惟罚。非天不中，惟人在命。天罚不极，庶民罔有令政在于天下。”

【正读】官伯，谓司政典狱也。族姓，谓伯父伯兄仲叔季弟幼子童孙也。有德惟刑者，言有德于民惟此刑耳。慎刑则人被其德，滥刑则人蒙其祸，故不可不兢兢也。相，佐也，助也。配，与天地为配也。犹言"天生民而立之君，使司牧之"也。单辞，无佐证者也。明清者，明察也。《后汉·光武纪》引作"明察单辞"，是也。乱，治也。两辞，双方之讼辞也。自营为私。家，孙星衍云："读如《檀弓》'君子不家于丧'之'家'，言不以为利也。"罔不中听狱之两辞，无或私家于狱之两辞者，言听讼当求其平。不可因偏听而有所袒，不可因贿赂而有所私也。狱货非宝者，言刑狱罚金，乃以惩罪，非可资以肥家。取而宝之，惟以府怨也。府，聚也。辜功，怨事也。报以庶尤，报当罪人也。庶尤，众过也。言国家惩贪墨之吏，报以众过。永畏惟罚，言大罚可畏也。此即上文"五过之疵，惟货惟来，其罪惟均"者也。"非天不中，惟人在命"者，中，均也。在，终也。见《释诂》。言墨吏宝货府辜，国家报以大罚，罪在不赦。此非天之不均，惟人自终厥命，犹祖己言"非天不相我后人，惟用淫戏用自绝"也。天罚，犹言天威天讨也。极，至也。言此贪墨之吏，国法不加其身，则为民牧者，罔有令政在于天下庶民矣。"庶民"在句首，倒装语。

王曰："呜呼。嗣孙，今往何监，非德。于民之中，尚明听之哉。哲人惟刑。无疆之辞，属于五极。咸中有庆，受王嘉师，监于兹祥刑。"

【正读】嗣孙，诰后世也。监，戒也。"今往何监，非德"，设问答以明其意，与上文"何择非人，何敬非刑，何度非及"语意同，特有正倒耳。于民之中，即士师所受之中也。哲，读为折。哲人为刑，犹上言"折民惟刑"也。疆，竟也。辞，讼辞也。属，系也。极，读如《洪范》"威用六极"之"极"。《诗·菀柳》笺云："极，诛也。""无疆之辞，属于五极"，言狱辞之虚实，系于五刑之诛罚。死者不可复生，刑者不可复续，咸协于中，民乃有庆也。"中"字为全篇主旨。首云"士制百姓于刑之中"，又云"故乃明于民之中"，云"观于五刑之中"，云"罔非在中"，云"咸庶中正"，云"罔不中听狱之两辞"，云"于民之中，尚明听之哉"，云"咸中有庆"，凡八用"中"字。得此中道，守而弗失，庶几其祥刑矣。嘉，善。师，众也。言受王庶民而治之，当监兹祥刑也。民之犯刑，本为恶也，而谓之嘉师。刑本不祥之器也，而谓之祥刑。能以恶为嘉，以不祥为祥，而后知用刑之道也。末二语亦总结一篇之意。以上告以惩贪慎刑之旨。

文侯之命

平王锡晋文侯秬鬯圭瓒，作《文侯之命》。

【正读】《说文》："鬯，以秬酿郁草，芬芳攸服以降神也。"圭瓒者，以圭为杓柄，谓之圭瓒。《正义》云："《周本纪》云：'幽王嬖褒姒，褒姒生子伯服，幽王废申后，并去太子。用褒姒为后，伯服为太子。申侯怒，乃与西夷犬戎共攻杀幽王。于是诸侯乃与申侯共立太子宜臼，是为平王。东徙于洛邑避戎寇。'《左·隐六年传》周桓公言于王曰：'我周之东迁，晋、郑焉依。'《郑语》云：'晋文侯于是乎定天子，故平王锡命焉。'"今按《左·僖二十八年传》叙晋文公城濮之捷，献俘锡命之事，曰："用平礼也。"杜注云："以周平王享晋文侯仇之礼享晋侯。"是平王锡命晋文侯仇之证。《史记·周本纪》、《晋世家》、《新序·善谋篇》均以文侯之命为襄王锡晋文公重耳之命，与《书序》不合，于"父义和"三字尤不可解。刘逢禄云："马本《书序》作'王锡晋文侯秬鬯圭瓒'，无'平'字，故《史记·晋世家》、刘向《新序·善谋篇》皆误以为襄王赐晋文公命。马亦同误也。"

王若曰："父义和，

【正读】义和，呼文侯字而告之也。郑云："义，读为仪，仪、仇皆匹也。故名仇字仪。"今谓"和"与"仇"义相反亦相成。《周官·调人》："掌司万民之难而调和之。"是名"仇"字"义和"之义。郑君不解"和"字，失之矣。晚出孔《传》云:"文侯同姓,故称曰父。义和,字也。称父者非一人,故以字别之。"是也。文侯名仇者,《晋世家》:"穆侯四年取齐女姜氏为夫人,七年伐条,生太子仇。十年伐千亩有功,生少子,名曰成师。晋人师服曰:'异哉,君之命子也。太子曰仇,仇者雠也。少子曰成师,成师大号,成之者也。名,自命也。物,自定也。今適庶名反逆,此后晋其能毋乱乎?'二十七年穆侯卒,弟殇叔自立,太子仇出奔。殇叔四年,太子仇率其徒袭殇叔而立,是为文侯。"

丕显文武,克慎明德,昭升于上,敷闻在下。惟时上帝,集厥命于文王。亦惟先正克左右昭事厥辟,越小大谋猷罔不率从,肆先祖怀在位。

【正读】显,光也。明,勉也。昭,见也。敷,布也。闻,声闻也。上谓天,下谓人。《诗·文王》云:"文王在上,于昭于天。""昭升于上"也。"亹亹文王,令闻不已。""敷闻在下"也。时,是也。文王,《史记》作"文武",当从之。此承上文"丕显文武"来,当兼言文武也。集厥命于文武,犹《君奭》言"集大命于厥躬"也。亦,亦今也。先正,郑云:"先臣,谓公卿大夫也。"左右者,如《诗》言"在帝左右"也。昭,与钊声同。《释诂》:"钊,勉也。"厥,其也。辟,君也。越,于也,及也。肆,故也。怀,安也。言文武之时,先臣能左右勉事其君,及于小大谋猷罔不率从,故先祖得安在位也。此言先祖亦赖群臣之辅弼以宁,以况今兹。

呜呼。闵予小子嗣,造天丕愆,殄资泽于下民,侵戎,我国家纯。即我御事,罔或耆寿俊在厥服,予则罔克。曰:'惟祖惟父,其伊恤朕躬。'呜呼。有绩予一人,永绥在位。

【正读】闵,悼伤之言。造,与遭声相近。《大诰》:"弗造哲",即"弗遭哲";

"予造天役"，即"予遭天役"；《吕刑》"两造具备"，即"两遭具备"也。丕愆，大过也。殄，绝也。资，财也。泽，《孟子》赵注云："禄也。"殄资泽于下民者，刘逢禄云："当幽王时，东国已伤于财，《大东》所以刺也。"侵，读为祲，《穀梁传·襄二十四年传》："五谷不熟，谓之大侵。"亦借侵为祲。《说文》："祲，精气感祥也。"戎，兵也。《竹书纪年》："幽王十一年，申人、鄫人及犬戎入宗周，弑王及王子伯服。申侯、鲁侯、许男、郑子立太子宜臼于申。平王元年，王东徙洛邑。"是戎兵之事也。纯，读为屯，难也。侵为五谷不熟，承上"殄资泽于下民"来；戎为犬戎内犯，承上"造天丕愆"来。兼斯二者，是为屯难。文意言小子嗣位，遭天大罚，资禄绝于下民，五谷不升，寇戎踵至，我国家丁斯大难也。御事，治事之臣也。耆寿，老成人也。俊，进也。服，事也，位也。克，能也。曰，读为欥，诠词也。伊，庶也，语词。恤，忧也，收也。绩，功也，成也。永，久也。绥，安也。言就我御事言，罔有老成人登进在位者，予则不能任此艰险，聿惟我同姓祖父行之诸侯，庶其忧恤朕躬乎。又叹言有能成予一人，永安在位乎。两"乎"字均省去。与《微子》"殷其弗或乱正四方"、《西伯戡黎》"我生不有命在天"同例。此言小子嗣位，遭国大难，无与国休戚之臣以扶危定倾也。承上即以起下。

父义和，汝克绍乃显祖，汝肇刑文武，用会绍乃辟，追孝于前文人。汝多，修扞我于艰，若汝，予嘉。"

【正读】父义和者，重呼其字而命之也。绍，当为昭。《魏石经》亦作"昭"。阮氏《校勘记》以作"绍"为误。按《传》释此文为汝能明汝显祖唐叔之道，则作"昭"者是也。肇，始也。刑，法也。会，谓会合。绍，读如"以臣召君"之"召"，言惩召诸侯也。《左传》周桓公言于王曰："我周之东迁，晋、郑焉依。"《郑语》："晋文侯于是定天子。"《竹书纪年》："平王元年，王东徙洛邑。晋侯会卫侯、郑伯、秦伯，以师从王，入于成周。"是"会绍乃辟"之事。孝，当为孥，形之讹也。《说文》："孥，效也。""前文人"，指唐叔，晋始封之君也。"追孝于前文人"者，所谓"先正克左右昭事厥辟"也。

战功曰多。修，敬也。《鲁语》"吾冀尔朝夕修我"，语意与此文相当。扞，卫也。艰，上文所谓"侵戎，我国家纯"也。"若汝，予嘉"，王肃云："如汝之功，我所嘉也。"意言汝之功绩能敬捍我于艰险之中，予是以深嘉汝也。此言晋文侯与郑武公夹辅周室之功。

王曰："父义和，其归视尔师，宁尔邦。用赉尔秬鬯一卣，彤弓一，彤矢百，卢弓一，卢矢百，马四匹。父往哉。柔远能迩，惠康小民，无荒宁。简恤尔都，用成尔显德。"

【正读】师，众也。宁，安也。时晋亦有殇叔争国之事，故命之归，视其师，宁其邦也。赉，赐也。卣，中尊也。赐秬鬯者，必以圭瓒副焉。此不言者，省文从可知也。彤，赤也。卢，黑也，《说文》："齐谓黑为驢。"《礼·王制》："诸侯赐弓矢然后征，赐鈇钺然后杀，赐圭瓒然后为鬯。"晚出孔《传》云："当以赐命告其始祖，故赐鬯。"是也。四匹曰乘。《周官·司勋》云："凡赏无常，轻重视功。"父往哉，命之归国也。能，郑《诗笺》云："犹伽也。"按犹言安扰也。康，安也。荒宁者，荒废安逸也。简，择也。恤，收也。都，都人士也。显，明也。言慎简尔都人士以为辅翼，用能成尔明德也。此言所赐之器及所命之辞。

费 誓

鲁侯伯禽宅曲阜，徐、夷并兴，东郊不开，作《费誓》。

【正读】《史记·鲁世家》："武王封周公旦于曲阜，是为鲁公。周公不就封，留佐武王。武王崩，卒相成王，而使其子伯禽代就封于鲁。周公卒，子伯禽固已前受封，是为鲁公。伯禽即位之后，有管、蔡等反也。淮夷、徐戎

亦并兴反。于是伯禽率师伐之于肹，作《肹誓》。遂平徐戎，定鲁。"但据
《周本纪》，《多方》之作，在周公行政七年成王长周公反政之后。序云：
"成王归自奄，在宗周。"书云："惟五月丁亥，王来自奄，至于宗周。"上两
亡篇序云："成王东伐淮夷，遂践奄，作《成王政》。"又云："成王既践奄，
将迁其君于蒲姑，周公告召公，作《将蒲姑》。"是周公摄政时，淮夷为乱。
周公归政，成王初元，淮夷重叛。故晚出孔《传》云"周公归政之明年，淮
夷奄又叛，鲁征淮夷，作《费誓》"也。考序云"伯禽宅曲阜"，经云"鲁人三
郊三遂"，若在管、蔡时，伯禽方就国，其郊遂区画，恐尚未臻完善也。当以
成王初元说为当。淮夷者，《诗传》云："东国在淮浦而夷行也。"徐，《说
文》作"郐"，云"郐下邑也"。并兴者，同时兴反也。开，马本作"辟"。段玉
裁云："鲁东近郐，故曰'东郊不辟'。"费，今山东费县地。《史记》作"肹"，
音相近。《说文》作"茀"，声相近也。至或作"鲜"作"狄"，则又"肹"之
变转也。《书·尧典》正义云："孔以《费誓》在《文侯之命》后第九十九，郑
以为在《吕刑》前第九十七。郑以事在穆王以上，故当编次在前，实则《费
誓》、《秦誓》二篇皆以诸侯之事而连帝王者。"晚出孔《传》云："孔子序
《书》，以鲁有治戎征讨之备，秦有悔过自誓之戒，足为世法，故录以备王
事。犹《诗》录商、鲁之颂。"

公曰："嗟。人无哗，听命。徂兹，淮夷、徐戎并兴。

【正读】哗，讙也。徂，往也。兹，读为哉。《诗·下武》"昭兹来许"，或作
"昭哉来许"。《顾命》"尔无以钊冒贡于非几哉"，"哉"亦作"兹"可证。
"淮夷、徐戎并兴"者，《左·昭元年传》"周有徐奄"《疏》引贾逵注云：
"《书序》曰：'成王伐淮夷，遂践奄。'徐即淮夷。"按徐非即淮夷，徐与淮
夷同时并叛也。

善敹乃甲胄，敿乃干，无敢不吊。备乃弓矢，锻乃戈
矛，砺乃锋刃，无敢不善。

【正读】敉，读如"弥纶"之"弥"，郑云："谓穿彻之。"甲，衣也。胄，兜鍪也。敿，《说文》"系连也"。弔，亦善也。备，具也。锻，椎也。砺，磨也。锋，兵端也。先治戎备。

今惟淫舍牿牛马，杜乃擭，敜乃穽，无敢伤牿。牿之伤，汝则有常刑。

【正读】淫，《广雅·释言》云："游也。"舍，《释诂》郭注云："放置也。"牿，郑云"牿"为"梏桎"之"梏"，施梏于牛马之脚，使不得走也。杜，读为敠，闭也。擭，郑云："山林之田，春始穿地为穽，或设擭其中，以遮兽。"擭，柞鄂也。敜，塞也。孙星衍云："军行以牛载辎重，马驾兵车，常驾不舍，力不能任，故放置之，而以横木闲之也。"春田之际，人设阱以遮兽，牿牛马常陷焉。故令民杜擭敜穽，防伤牿也。汝则有常刑，警之也。次谨牧政。

马牛其风，臣妾逋逃，勿敢越逐，祗复之，我商赉汝。乃越逐，不复，汝则有常刑。无敢寇攘，踰垣墙，窃马牛，诱臣妾，汝则有常刑。

【正读】风，服注《左传》云："放也。牝牡相诱谓之风。"臣妾，郑云："厮役之属。"王葵园云："臣者，《公羊·宣十二年传》'厮役扈养死者数百人'何注：'艾草为防者曰厮，汲水浆者曰役，养马者曰扈，炊烹者曰养。'故郑以'厮役之属'言之。"妾者，《墨子·备城门篇》"守法，五十步，丈夫十人，丁女二十人，老小十人，计之，五十步四十人"，是军中有女子。《书疏》云："古人或以妇女从军也。"祗，敬也。复，还也。商，读为章，段云："章度乃周汉古语，商度即章度。"按犹言量度也。赉者，赐也。言牛马臣妾有逃逸者，毋得越次而逐，致失军律。失者不得越逐，得者敬复其主，我当商度而赉汝也。乃或失者越逐，得者干没，则有常刑也。强取为寇，有因而盗曰攘。次严军纪。

甲戌，我惟征徐戎。峙乃糗粮，无敢不逮，汝则有大刑。

【正读】峙，具也。糗，干粮也。逮，及也。大刑，马云："死刑。"以下三节皆立期会。

鲁人三郊三遂，峙乃桢榦。甲戌，我惟筑，无敢不供。汝则有无馀刑，非杀。

【正读】《周官》注："王城五十里以内曰近郊，百里曰远郊，六卿即在郊内。"此本当云"三乡"，云"三郊"者，郊、乡对文则异，散文不殊也。三郊即三乡。古者天子六军，出于六乡。诸侯三军，亦当出于三乡。此兼言"三遂"者，《周官·小司徒》疏云："凡出军之法，先六乡，赋不止。次出六遂，赋犹不止，征兵于公邑及三等采。"依此推及诸侯，则三军出自三乡，三乡不足，乃及三遂。犹不足，然后总征境内之兵。此时淮夷徐戎并兴，势甚危急，故三郊三遂并供调发也。桢榦，马云："皆筑具。桢在前，榦在两旁。"无敢不供者，将以筑营垒也。"无馀刑"之"无"，读如《仪礼》"无有后艰，无有近悔"之"无"，疑问倒语。《西伯戡黎》"不无戮于尔邦"，"无"亦疑问倒语也。本文意言非杀尚有馀刑无，犹上下文"汝则有大刑"，特变文以取曲折耳。古音"无"读如"吗"。郑云："无馀刑非杀者，谓尽奴其妻子，不遗其种类，在军使给厮役，反则入于罪隶舂槀，不杀之。"按本文三节，"峙乃桢榦"与"峙乃糗粮"、"刍茭"事同一律，二文皆言"汝则有大刑"，此独言"非杀"，同皋异刑，疑非经旨。又无馀刑，亦无由证为尽奴其妻子也。晚出孔《传》言"不供，汝则有无馀之刑，刑者非一也，然亦非杀汝"，说尤含混。本文文法与《左·僖二十三年传》"其人能靖者与有几"同例，皆倒文以取姿也。

鲁人三郊三遂，峙乃刍茭。无敢不多，汝则有大刑。"

【正读】刍，刈草也。茭，干刍也。"多"字无义，《史·鲁世家》作"无敢不及"，"多"盖"及"之讹字也。此云"无敢不及"，上文云"无敢不逮"，"及"亦"逮"，字异义同也。

秦　誓

秦穆公伐郑，晋襄公帅师败诸崤，还归，作《秦誓》。

【正读】《左传》："杞子自郑使告于秦曰：'郑人使我掌其北面之管，若潜师以来，国可得也。'穆公访诸蹇叔，蹇叔曰：'劳师以袭远，非所闻也。'公辞焉。召孟明、西乞、白乙，使出师。晋襄公帅师败秦师于殽，获百里孟明视、西乞术、白乙丙。既而归之。秦伯素服郊次，乡师而哭曰：'孤违蹇叔，以辱二三子，孤之罪也。不替孟明，孤之过也。'"《秦誓》之作，盖在此时。《史记》所谓"哭之三日，乃誓于军"也。惟《史记·秦本纪》以为在秦伐晋封殽尸之后，与《书序》戾，不可从。此誓，穆公深悔听杞子之言，不从蹇叔之谏，遂致败衂。孔子深有取焉，故殿诸帝典王谟之后。

公曰："嗟。我士，听无哗，予誓告汝群言之首。

【正读】誓于军中，故呼"我士"。群言之首，犹言开宗明义第一章也。

古人有言曰：'民讫自若是多盘。责人斯无难，惟受责俾如流，是惟艰哉。'

【正读】古谚言也。讫，止也，终也。盘，读为般，反也。俾，《尔雅·释诂》："从也。"《立政》"罔不率俾"，即"罔不率从"也。言民行常自相矛楯，责人无难，而受责则艰，所谓"多般"也。此文"盘"、"难"、"艰"古韵叶。

我心之忧，日月逾迈，若弗云来。

【正读】逾，越也。迈，行也。云，《诗传》云："旋也。"字亦作"员"，声近义通。言我心之所忧，日月运行，如弗旋来，悔过如不及也。王肃云："年已衰老，恐命将终。日月遂往，若不云来，将不复见日月，虽欲改过无所及。盖自明改过迟晚，深自咎责之辞。"

惟古之谋人，则曰未就予忌。惟今之谋人，姑将以为亲。虽则云然，尚猷询兹黄发，则罔所愆。

【正读】惟古之谋人，缅想古人也。忌，读为綦，谋也。《说文》引《周书》作"綦"。未就予忌者，未成予之所谋也。《多方》"尔尚不忌于凶德"，即"尔尚不谋于凶德"；《左传》"綦间王室"，即"谋间王室"也。姑将，姑且也。犹，亦尚也。"尚犹"连文。《左传》"一熏一莸，十年尚犹有臭"，是也。黄发，寿也。愆，过也。言古之谋臣，既不可作，且与今之谋臣为亲。虽以为亲，然军国大计，尚犹咨询老寿之人，则罔所愆也。此泛说。

番番良士，旅力既愆，我尚有之。仡仡勇夫，射御不违，我尚不欲。惟截截善谝言，俾君子易辞，我皇多有之。

【正读】番，读为皤，《说文》："老人发白貌也。"良，善也。旅，读为膂。《广雅》："膂，力也。"愆，读为骞，亏损也。我尚有之者，幸之也。意盖指蹇叔言。仡仡，勇壮也。违，失也。我尚不欲者，言尚非我所欲也。意盖指当时免胄超乘者言。《左传》："秦师过周北门，左右免胄而下超乘者三百人也。"截截，《说文》作"戋戋"，浅薄之貌。谝，《说文》："巧言也。"辞，《公羊传》引作"怠"，古音"辞"读如"怠"也。易怠，犹轻惰也。皇，《公羊》作"况"。云而况乎我多有之。"皇"、"况"古同音也。我皇多有之，言不宜有也。"我皇"语倒，犹言况我也，意盖指杞子言，此实指诸臣。言有三臣于此，吾宜何从。江声云："我尚有之，我庶几有此人而用之，贵其知识周也。我尚不欲，我庶几不欲用之，恶其轻脱寡谋以取败也。我皇多有之，便巧之言，使君子轻易怠惰，忽于祸败，我况乎多有其人乎。"

　　昧昧我思之，如有一介臣，断断猗无他技，其心休休焉，其如有容。人之有技，若己有之。人之彦圣，其心好之，不啻若自其口出。是能容之，以保我子孙黎民，亦职有利哉。人之有技，冒疾以恶之。人之彦圣，而违之俾不达。是不能容，以不能保我子孙黎民，亦曰殆哉。

【正读】昧昧，《广雅·释训》云："暗也。"介，《大学》引作"个"，即"介"字别体也。一介，马云："耿介一心端者。"断断，《广雅》云："诚也。"猗，《大学》引作"兮"，声相近，词之舒也。休休，郑云："宽容也。"技，能也。彦，《释训》云："美士为彦。"不啻，不但也。自，从也。黎民，众民也。职，《大学》引作"尚"，并主也。冒，读为媢，郑云："妒也。"疾，读为嫉，妒也。妒，亦妬也。违，郑云："犹戾也。"按犹言乖隔也。俾，使也。达，通也。弗戾贤人所为，使功不通于君也。殆，危也。兼举贤不肖，使后人知所法戒。

　　邦之杌隉，曰由一人。邦之荣怀，亦尚一人之庆。"

【正读】杌隉，迭韵连语，危也。曰，读为欥，聿也。荣怀，古双声连语，安也。尚，主也。庆，善也。言邦之危，聿由人君所用非人。邦之安，亦由人君所任得人。举以自责，兼戒后世也。

附 录

曾星笠《尚书正读》序

余生平持论，谓读古书当通训诂，审词气，二者如车之两轮，不可或缺。通训诂者，昔人所谓小学也。审词气者，今人所谓文法之学也。汉儒精于训诂而疏于审词气，宋人颇用心于词气矣，而忽于训诂，读者两慊焉。有清中叶，阮芸台、王怀祖、伯申诸公出，兼能二者，而王氏尤为卓绝。其所为《广雅疏证》，通训诂之事也；《经传释词》，审词气之事也；合二者而为《读书杂志》、《经义述闻》。宋元以来，儒者说经校史之作数盈千万，未有能与二书颉颃者，可谓伟矣。

《尚书》一经，以诘诎聱牙为病者二千年矣。王氏《书》说虽善，顾未能及全经也。自如江艮庭、王西庄、孙渊如诸家，能说全经矣，训释之精不逮王氏远甚。往往读一篇竟，有如闻异邦人语，但见其唇动，闻其声响，不知其意旨终何在也。吾友益阳曾君星笠精通小学，于音韵既有所阐发矣，比设教于广州中山大学，以《尚书》课多士，为《尚书正读》一书，于训诂、辞气二者，既极其精能矣，而又能以此通解全书，直不欲令其有一言之隔，读者依其训释以读经文，有如吾人读汉唐人之诏令奏议。呜呼，何其盛也。盖骎骎乎欲驾王氏而上之矣。前岁之冬，余以省觐归长沙，适星笠自广州北返，握手相见，为余说《大诰》一篇，为之愉快者屡日。近者以二十八篇将就，书来属序于余。呜呼，余言岂足以重君哉！特余于训诂、词气二事夙颇究心，二十年来时时温故诵经，间有一隙之得，然极其所诣，不过王氏之百一，以视君今日之所成就欲突过王氏者，瞠乎后矣。执笔以序君书，虽欲无愧，安可得也！

一九三六年四月四日

杨树达

《国学典藏》丛书已出书目

周易 [明] 来知德 集注

诗经 [宋] 朱熹 集传

尚书 曾运乾 注

周礼 [清] 方苞 集注

仪礼 [汉] 郑玄 注 [清] 张尔岐 句读

礼记 [元] 陈澔 注

论语·大学·中庸 [宋] 朱熹 集注

孟子 [宋] 朱熹 集注

左传 [战国] 左丘明 著 [晋] 杜预 注

孝经 [唐] 李隆基 注 [宋] 邢昺 疏

尔雅 [晋] 郭璞 注

说文解字 [汉] 许慎 撰

战国策 [汉] 刘向 辑录
　　　　[宋] 鲍彪 注 [元] 吴师道 校注

国语 [战国] 左丘明 著
　　　[三国吴] 韦昭 注

史记菁华录 [汉] 司马迁 著
　　　　　　[清] 姚苧田 节评

徐霞客游记 [明] 徐弘祖 著

孔子家语 [三国魏] 王肃 注
　　　　　　（日）太宰纯 增注

荀子 [战国] 荀况 著 [唐] 杨倞 注

近思录 [宋] 朱熹 吕祖谦 编
　　　　[宋] 叶采 [清] 茅星来等 注

传习录 [明] 王阳明 撰
　　　　（日）佐藤一斋 注评

老子 [汉] 河上公 注 [汉] 严遵 指归
　　　[三国魏] 王弼 注

庄子 [清] 王先谦 集解

列子 [晋] 张湛 注 [唐] 卢重玄 解
　　　[唐] 殷敬顺 [宋] 陈景元 释文

孙子 [春秋] 孙武 著 [汉] 曹操 等注

墨子 [清] 毕沅 校注

韩非子 [清] 王先慎 集解

吕氏春秋 [汉] 高诱 注 [清] 毕沅 校

管子 [唐] 房玄龄 注 [明] 刘绩 补注

淮南子 [汉] 刘安 著 [汉] 许慎 注

金刚经 [后秦] 鸠摩罗什 译 丁福保 笺注

维摩诘经 [后秦] 僧肇等 注

楞伽经 [南朝宋] 求那跋陀罗 译
　　　　　[宋] 释正受 集注

坛经 [唐] 惠能 著 丁福保 笺注

世说新语 [南朝宋] 刘义庆 著
　　　　　[南朝梁] 刘孝标 注

山海经 [晋] 郭璞 注 [清] 郝懿行 笺疏

颜氏家训 [北齐] 颜之推 著
　　　　　[清] 赵曦明 注 [清] 卢文弨 补注

三字经·百家姓·千字文
　　　　[宋] 王应麟等 著

龙文鞭影 [明] 萧良有等 编撰

幼学故事琼林 [明] 程登吉 原编
　　　　　　　[清] 邹圣脉 增补

梦溪笔谈 [宋] 沈括 著

容斋随笔 [宋] 洪迈 著

困学纪闻 [宋] 王应麟 著
　　　　　[清] 阎若璩 等注

楚辞 [汉] 刘向 辑
　　　[汉] 王逸 注 [宋] 洪兴祖 补注

曹植集 [三国魏] 曹植 著
　　　　[清] 朱绪曾 考异 [清] 丁晏 铨评

陶渊明全集 [晋] 陶渊明 著
　　　　　　[清] 陶澍 集注

王维诗集 [唐] 王维 著 [清] 赵殿成 笺注

杜甫诗集 [唐] 杜甫 著 [清] 钱谦益 笺注

李贺诗集 [唐] 李贺 著 [清] 王琦等 评注

李商隐诗集 [唐]李商隐 著
　　　　　　　[清]朱鹤龄 笺注
杜牧诗集 [唐]杜牧 著 [清]冯集梧 注
李煜词集（附李璟词集、冯延巳词集）
　　　　　　　[南唐]李煜 著
柳永词集 [宋]柳永 著
晏殊词集·晏幾道词集
　　　　　　　[宋]晏殊 晏幾道 著
苏轼词集 [宋]苏轼 著 [宋]傅幹 注
黄庭坚词集·秦观词集
　　　　[宋]黄庭坚 著 [宋]秦观 著
李清照诗词集 [宋]李清照 著
辛弃疾词集 [宋]辛弃疾 著
纳兰性德词集 [清]纳兰性德 著
六朝文絜 [清]许槤 评选
　　　　　　　[清]黎经诰 笺注
古文辞类纂 [清]姚鼐 纂集
乐府诗集 [宋]郭茂倩 编撰
玉台新咏 [南朝陈]徐陵 编
　　　　[清]吴兆宜 注 [清]程琰 删补
古诗源 [清]沈德潜 选评
千家诗 [宋]谢枋得 编
　　　　[清]王相 注 [清]黎恂 注
瀛奎律髓 [元]方回 选评
花间集 [后蜀]赵崇祚 集
　　　　　　　[明]汤显祖 评
绝妙好词 [宋]周密 选辑
　　　[清]项絪 笺 [清]查为仁 厉鹗 笺

词综 [清]朱彝尊 汪森 编
花庵词选 [宋]黄昇 选编
阳春白雪 [元]杨朝英 选编
唐宋八大家文钞 [清]张伯行 选编
宋诗精华录 [清]陈衍 评选
古文观止 [清]吴楚材 吴调侯 选注
唐诗三百首 [清]蘅塘退士 编选
　　　　　　　[清]陈婉俊 补注
宋词三百首 [清]朱祖谋 编选
文心雕龙 [南朝梁]刘勰 著
　　　　　[清]黄叔琳 注 纪昀 评
　　　　　李详 补注 刘咸炘 阐说
诗品 [南朝梁]锺嵘 著
　　　古直 笺 许文雨 讲疏
人间词话·王国维词集 王国维 著

戏曲系列
西厢记 [元]王实甫 著
　　　　　　　[清]金圣叹 评点
牡丹亭 [明]汤显祖 著
　　　　　[清]陈同 谈则 钱宜 合评
长生殿 [清]洪昇 著 [清]吴人 评点
桃花扇 [清]孔尚任 著
　　　　　　　[清]云亭山人 评点

小说系列
封神演义 [明]许仲琳 编 [明]锺惺 评
儒林外史 [清]吴敬梓 著
　　　　　　　[清]卧闲草堂等 评

部分将出书目